"十二五"职业教育国家规划教材

经全国职业教育教材审定委员会审定

航空危险品运输

王益友　主编　　朱益民　主审

方洪仙　副主编　　汤志强　副主审

化学工业出版社

·北京·

本教材是按照国际民用航空组织有关危险品培训要求编写的，系统地介绍了航空危险运输的相关知识及国际、国内相关法律、法规。具体内容包括：总则、危险品运输限制、危险品分类、危险品识别、危险品包装、危险品标记和标签、危险品运输文件的制作、航空运输危险品的操作、放射性物质、危险品紧急情况处理程序。内容翔实丰富，十分贴近危险品运输的工作实际，对各类航空危险品货主、国际国内货运代理公司、快递公司、航空危险品鉴定企业、航空公司危险品接收、制单、保管等部门有较权威性的指导意义。

图书在版编目（CIP）数据

航空危险品运输/王益友主编．—北京：化学工业出版社，2013.1（2025.2重印）
高职高专"十二五"规划教材
ISBN 978-7-122-16096-6

Ⅰ.①航⋯ Ⅱ.①王⋯ Ⅲ.①航空运输-危险货物运输-高等职业教育-教材 Ⅳ.①F560.84

中国版本图书馆CIP数据核字（2012）第304304号

责任编辑：陈有华　旷英姿　　　　　文字编辑：颜克俭
责任校对：宋　玮　　　　　　　　　装帧设计：王晓宇

出版发行：化学工业出版社（北京市东城区青年湖南街13号　邮政编码100011）
印　　装：大厂回族自治县聚鑫印刷有限责任公司
787mm×1092mm　1/16　印张15　字数361千字　2025年2月北京第1版第13次印刷

购书咨询：010-64518888　　　　　　售后服务：010-64518899
网　　址：http://www.cip.com.cn
凡购买本书，如有缺损质量问题，本社销售中心负责调换。

定　价：36.00元　　　　　　　　　　　　　　　　　　版权所有　违者必究

序言 FOREWORD

——中国货运航空公司总裁　朱益民

自改革开放以来，中国经济突飞猛进，国民生产总值跃居世界第二位，其中国内外贸易迅猛发展，航空货运业务蒸蒸日上。著名的飞机制造公司——空中客车公司在其《全球市场报告》中指出：2006～2025年的20年里，中国的航空货运将增长6倍，共需要近400架货机，中国的航空货运将保持较高的增长速度，其中国内货运的年均增幅将达到10.9%，国际货运的年均增幅将达到8.9%。波音公司则在其《全球航空货运市场预测》中指出："中国国内航空货运市场的运输量将增长7倍以上，中国市场占世界航空货运总量的份额将增长1倍以上。"

截至2012年4月，中国境内共有已颁发公共航空运输企业经营许可证的航空公司46家，其中全货运航空公司10家。2011年，共有106家外国航空公司执飞中国内地，其中全货运航空公司18家。这其中包括了以高端快件业务为主的货运航企，如联邦快递、UPS和EMS等；以普货运输为主的传统货运航企，如国泰货运、汉莎货运和国内三大航旗下的货运公司等。国内外企业摩拳擦掌，皆欲在中国航空货运这一蓬勃发展的市场上取得骄人业绩。

中国国内各家航空公司对航空货运业务，也经历了从以往的"轻货重客"向"客货并举"的战略转型，国内主要航空公司在运力和基础设施建设上加大了对货运的投入力度，引进大型全货机投入国内、国际货运航线的运营，欲与国际同行一比高下。

中国航空货运产业快速发展的同时，也暴露出经验丰富、专业知识扎实的人才匮乏这一短板，极大地制约了中国航空货运的发展，使得国内许多航空货运企业在向专业化、规模化和高端集约化企业转型之路中进展缓慢，无法与国际上的同行进行竞争。现代航空货运人才所要掌握的技能，不再是单纯的运输和调度，而是要本着"以客为尊、倾心服务、延伸服务、全方位服务、增加航空运输的附加值"的理念，熟悉航空货运各环节业务流程与规则，能够熟练地应用计算机网络技术，优化航空货运各环节等。

目前，很多高职高专学校开设了航空货运、物流的课程，旨在培养航空货运领域的专门人才。为此我们组织了我公司一批在航空货运领域有着多年从业经验的专家，编写了这套航空货运的核心教材。从内容体系上看，这套教材全面、系统地阐述了航空货运领域各项基础业务、主要业务的操作环节，语言浅显易懂，便于理解。从编者的编写意图上看，该套教材着眼于应用人才的培养，在介绍基本原理、规则方法的同时，通过案例分析清楚说明了重点业务的操作规范，具有很强的操作性和应用性。纵观全书，该套教材力求结构严谨、内容翔实、操作性强、语言浅白，充分体现了理论和实践相结合的原则，非常适合高职高专院校中航空货运、航空物流专业、航空货运代理专业、空乘专业、地面服务专业的学生学习。

最后，希望该教材的出版和发行，成为我国航空货运专业人才培养的良师益友，并为进一步完善我国的航空货运学科的体系建设贡献一份力量。

伴随着全球化的不断深入与中国经济进一步融入世界经济体系，中国航空货运迅猛发展，成为中国改革开放取得巨大经济成就的重要助推力量。改革开放三十多年来，中国航空货运表现出总量迅速增长、政策法规日益完善、企业运作水平逐步提高等特点。

面对这样一个蓬勃发展的朝阳行业，目前国内很多高职院校为培养该领域的专门人才都开设了民航运输类专业。为了满足学校教学需求，我们组织了中国货运航空公司有关专家，编写了此教材。本教材具有如下特点。

（一）内容丰富，要点突出。本教材将航空货运的各项业务与行业规范全面、系统地加以阐述；着重描述了航空货运的基础业务、重点业务，介绍了航空危险品运输的相关知识及国际国内的相关法律法规。

（二）立足实务，操作性强。本教材由中国货运航空公司的工作人员根据多年工作积累的经验编写而成，详细阐述了相关业务的操作细节，具有很强的操作指导性。

（三）结合案例，易于理解。本教材中运用了最新的行业案例，对行业操作规范与国内、国际规则、法律的适用加以说明，叙述清晰、易懂，适合学生理解与掌握。

本书为高职高专民航运输类专业教材，还适合国际、国内货运代理公司及物流公司从业人员学习参考，并可以作为考取相关证书的培训教材。

本教材在编写过程中得到了中国货运航空公司各级领导的支持与帮助，在此表示由衷感谢。

本书由王益友主编，方洪仙副主编。参加编写的还有程颖、王重华、孙梅、杜文博、张祎、刘慧。

中国航空货运业发展迅猛、知识更新快，作为民航运输类专业的教材，在今后的使用过程中，我们也将不断查漏补缺、更新完善。希望本领域的专家和读者提出宝贵的意见，使本书日臻完善。

编　者

2013年5月

说 明

《航空危险品运输》是按照国际民用航空组织有关危险品运输与管理培训要求编写的。

根据国际民航组织《危险品安全航空运输技术细则》(TI)和中国民用航空局《中国民用航空危险品运输管理规定》(CCAR-276部)的规定，无论是否运输危险品，参与运输的人员都必须接受危险品知识的培训，并获得证书。未按经局方批准的危险品训练大纲进行培训或培训不合格的，不得安排其从事相关工作，该人员也不得接受运营人安排的相关工作。任何人员违反民航局《中国民用航空危险品运输管理规定》的要求从事相关航空运输活动的，将由局方处以警告或罚款。

通过接受本危险品课程培训，受训人员可以：

1. 熟悉危险品定义；

2. 了解现行危险品规定的来源；

3. 了解旅客和机组人员携带危险品的规定；

4. 正确识别旅客行李和货物中隐含的危险品；

5. 知道危险品分类；

6. 了解危险品品名表的基本内容；

7. 正确识别危险品标签；

8. 了解危险品的标记；

9. 了解危险品的运输文件；

10. 了解危险品储存和装载的规定；

11. 掌握有关危险品事故/事件和错误申报的报告要求，并且能够对紧急情况采取适当的应急处置措施。

在《中国民用航空危险品运输管理规定》中，危险品是指对健康、安全、财产或环境构成危险的物品或物质。

危险品与人们的日常工作和生活密切相关！人们使用的大量生活日用品中的日用化工品、化妆品、发胶、火柴、打火机、锂电池，居家生活用品中的天然气、液化石油气、油漆、胶黏剂、管道疏通剂，野营用品中的野营炉、燃气罐、固体酒精，医疗用品中的医疗器械、医用放射性同位素、温度计、血压计、X射线检查仪、酒精、消毒液，娱乐及庆典用品中的烟花爆竹、礼花弹，体育比赛器材中的射击比赛用的弹药，生产原材料及生产工具、飞机、航天器中的氧气瓶、氧气发生器、电池、灭火瓶，国防及治安的军警物资等都含有危险品，而且是人类生活与生产活动中不可缺少的。

由于上述物品的存在，就避免不了运输。而快速、及时、便捷的运输只有空运能够做到。但是危险品又会对人们的健康、安全、财产或环境构成危险，因此，必须学习安全运输危险品的知识，掌握安全运输危险品的技能，将自然科学、运输工程学和安全管理学等知识有机结合，才能保障安全、便捷和有效的运输。

CONTENTS 目 录

	Page
第一章	
总则	001
第一节 法律、法规介绍	001
一、国际法规	001
二、国内法规	003
三、适用范围	004
第二节 责　任	004
一、托运人的责任	004
二、运营人的责任	005
第三节 航空危险品运输管理培训	006

	Page
第二章	
危险品运输限制	009
第一节 禁止航空运输的危险品	009
一、在任何情况下都禁止航空运输的危险品	009
二、经豁免可以运输的危险品	010
第二节 隐含的危险品	011
第三节 旅客或机组携带的危险品	014
一、针对旅客和机组携带危险品的有关条款	014
二、旅客/机组携带危险品不同的处理要求	015
第四节 航空邮件中的危险品	021
第五节 运营人资产中的危险品	022
一、国际航协《危险品规则》的相关规定不适用于运营人资产中的物品	022
二、飞机零备件	022
第六节 限制数量的危险品	022
一、准许客机运输的限制数量危险品	022
二、不允许以限制数量运输的危险品	023
三、数量限制	023
四、包装	024

第七节　例外数量的危险品　　024
　　一、适用范围　　024
　　二、允许以例外数量运输的危险品　　025
　　三、识别　　025
　　四、托运人责任　　026
　　五、行李和航空邮件　　026
　　六、包装要求　　026
　　七、标记　　026
　　八、文件　　027
第八节　国家及运营人差异　　027
　　一、已申报差异条款的国家和地区　　027
　　二、已申报差异条款的运营人　　028

第三章　危险品的分类　　032

第一节　九类危险品介绍　　033
　　一、第1类——爆炸品　　033
　　二、第2类——气体　　036
　　三、第3类——易燃液体　　039
　　四、第4类——易燃固体；自燃物质；遇水释放易燃气体的物质　　040
　　五、第5类——氧化剂和有机过氧化物　　043
　　六、第6类——毒性物质和感染性物质　　045
　　七、第7类——放射性物质　　048
　　八、第8类——腐蚀性物质　　049
　　九、第9类——杂项危险品　　051
第二节　多重危险性物品和物质的分类　　053
　　一、主次危险性　　053
　　二、例外　　054
　　三、放射性物质　　054
　　四、磁性材料　　054
　　五、感染性物质　　054

第四章　危险品识别　　057

第一节　国际航协《危险品规则》危险品表　　057
　　一、选择运输专用名称　　057
　　二、名称已列入国际航协《危险品规则》4.2表中的条目　　059
　　三、名称未列入国际航协《危险品规则》4.2表中的条目　　062
第二节　在危险品表中未列明的混合物和溶液　　064

一、含有一种危险物质的混合物和溶液	064
二、含有两种或两种以上危险物质的混合物和溶液	065

第五章 危险品包装 — 067

第一节 概 述	067
一、托运人责任	067
二、包装方式	068
三、有关包装的术语	068
第二节 包装的类型	069
一、UN规格包装	069
二、限制数量包装	069
三、例外数量包装	069
四、其他类型包装	070
五、包装等级	070
第三节 补救包装	070
一、定义	070
二、补救包装必须满足的要求	070
第四节 合成包装件	071
一、定义	071
二、相关规定	071
第五节 包装标记和说明	073
一、UN规格包装的标记	073
二、联合国（UN）用于包装指定类型的UN规格包装的代码	073
三、UN规格包装标记的组成（标记必须包括）	074
四、包装说明	076
第六节 装入同一外包装的不同危险品	077
一、UN规格包装	077
二、限制数量包装	078
第七节 包装要求及检查	078
一、一般包装要求	078
二、内包装要求	079
三、其他包装要求	079
四、危险品货物包装的检查	080

第六章 危险品标记和标签 — 082

第一节 标 记	082
一、托运人的具体责任	082

二、标记种类　　083
　　三、标记的规格与质量　　088
　第二节　标　签　　088
　　一、危险品托运人具体责任　　088
　　二、标签的质量与规格　　089
　　三、危险性标签的使用　　089
　　四、操作标签　　095
　　五、标签的粘贴方法　　099

第七章　危险品运输文件　　Page　102

　第一节　托运人危险品申报单　　102
　　一、申报单的规格　　102
　　二、填写申报单的一般原则　　103
　　三、填写申报单的一般说明　　103
　　四、托运人危险品申报单实样　　107
　　五、托运人危险品申报单填写实例　　108
　　六、两种以上可配装危险品装在同一包装内要求注明"Q"值　　109
　　七、两种或两种以上可配装的限量危险品装在同一个包装内要求注明"Q"值　　109
　第二节　航空货运单　　110
　　一、航空货运单"操作说明栏"的填写　　110
　　二、航空货运单"品名栏"的填写　　110
　　三、其他填写说明　　111
　第三节　危险品收运检查单　　112
　　一、使用说明　　112
　　二、危险品收运检查单　　112
　第四节　特种货物机长通知单　　120
　　一、特种货物机长通知单的填写　　120
　　二、签收与存档　　121
　　三、不需要填写机长通知单的物品和物质　　121
　　四、特种货物机长通知单　　121
　　五、特种货物机长通知单实样　　123

第八章　操作　　Page　125

　第一节　危险品的收运　　125
　　一、危险品收运的限制　　125
　　二、托运人责任　　126
　　三、收运危险品的一般要求　　126
　　四、收运危险品的特殊要求　　127

第二节　危险品的存储　　　　　　　　　　　　　128
　　一、危险品仓库设施　　　　　　　　　　　128
　　二、危险品仓库管理　　　　　　　　　　　129
　　三、危险品的存储　　　　　　　　　　　　129
　　四、特殊要求的危险品存放　　　　　　　　130
　　五、仓库管理人员的注意事项　　　　　　　131
第三节　危险品的装载　　　　　　　　　　　　131
　　一、装载原则　　　　　　　　　　　　　　131
　　二、装载要求　　　　　　　　　　　　　　133
　　三、不相容危险品的装载和隔离　　　　　　133
　　四、危险品和其他特种货物的隔离　　　　　135
　　五、第六类危险品与其他物品的隔离　　　　135
　　六、固体二氧化碳（干冰）的装载　　　　　135
　　七、第4.1项和第5.2项危险品的装载　　　　136
　　八、磁性物质的装载　　　　　　　　　　　136
　　九、放射性物质的装载　　　　　　　　　　136
　　十、作为交运行李的轮椅或其他电池驱动的代步工具的装载　138
　　十一、仅限货机危险品的装载　　　　　　　138

第九章 放射性物质　　　　　　　　　　　　　141

第一节　放射性物质的定义及分类　　　　　　　141
　　一、定义　　　　　　　　　　　　　　　　141
　　二、限制　　　　　　　　　　　　　　　　141
　　三、测量单位　　　　　　　　　　　　　　142
　　四、放射性物质的危险性　　　　　　　　　142
　　五、放射性物质的分类　　　　　　　　　　143
　　六、活度的确定　　　　　　　　　　　　　144
第二节　放射性物质的包装　　　　　　　　　　145
　　一、一般包装要求　　　　　　　　　　　　145
　　二、其他要求　　　　　　　　　　　　　　146
　　三、包装件类型　　　　　　　　　　　　　146
　　四、运输放射性物质的包装功能　　　　　　147
　　五、例外包装件　　　　　　　　　　　　　147
　　六、工业包装件　　　　　　　　　　　　　148
　　七、A型包装件　　　　　　　　　　　　　148
　　八、B（U）型和B（M）型包装件　　　　　148
　　九、C型包装件　　　　　　　　　　　　　149
　　十、含裂变物质的包装件　　　　　　　　　149
　　十一、运输指数和临界安全指数的确定　　　150
　　十二、特殊安排　　　　　　　　　　　　　151

十三、专项运输	151
第三节　放射性物质的标记和标签	152
一、托运人责任	152
二、需要的标记	152
三、标签	154
第四节　放射性物质的运输文件	158
一、托运人危险品申报单	158
二、主管当局证书	160
三、航空货运单	162
四、放射性物质收运检查单（英文版）	163
五、特种货物机长通知单	168

第十章　危险品紧急情况处置程序

	Page
	169
第一节　危险品事故和事件	169
一、危险品事故和事件	169
二、未申报或误申报的危险品	169
三、事故的调查	170
四、危险品事故和事件的报告	170
五、各类危险品事故的处理	170
第二节　空中事故的处理	176
一、发生意外时所需考虑的事项	176
二、出现危险品事件和事故时的措施	178
三、附飞机应急反应预先设置方案表	179
四、采取措施	182
第三节　地面人员的应急程序	182
一、国际航协推荐的地面人员标准应急程序	182
二、受污染货物或行李的处理	183
三、危险品紧急处理流程	183
第四节　灭火措施和常见危险品的急救措施	184
一、灭火措施	184
二、急救措施	185

附录

	Page
	188
附录一　危险品的安全航空运输（国际民航公约附件18）	188
附录二　中国民用航空危险品运输管理规定（CCAR-276）	213
参考文献	226

第一章 总则

> **学习目标**
> 1. 了解国内、国际有关危险品运输的法律、法规及使用范围。
> 2. 重点掌握托运人、运营人的责任和各类人员的培训要求。

根据《中国民用航空危险品运输管理规定》的定义，危险品（Dangerous Goods）是指对健康、安全、财产或环境构成严重危害的物品或物质，并在ICAO《危险品安全运输技术细则》的危险品表列出并进行分类的。

危险品具有潜在危险特性，能危害健康、危及安全、造成财产损失或环境污染的物品或物质。这些物品或物质不光是指酸、爆炸物和毒品，也包括日常用品如漂白剂、喷雾剂以及平时较少使用的磁性物质和冷冻剂。

危险品运输的基本准则是确保危险品的安全运输，确保飞机和机上旅客、货物不承担额外风险。

第一节 法律、法规介绍

一、国际法规

1. 国际民航公约附件18《危险品的安全航空运输》

国际民航组织（ICAO）是联合国下设的专门机构，于1944年在芝加哥签署了一系列国际公约，其中有关危险品安全航空运输的规则是《国际民用航空公约》附件18，即《危险品的安全航空运输》，见图1-1。它是掌管全球航空运输危险品的规则，各缔约国可以在此条约的基础上制定适合本国情况的更加严格的法律、法规。

附件18是纲领性文件。

2.国际民航组织《危险品安全航空运输技术细则》

国际民航组织《危险品安全航空运输技术细则》(Doc9284-AN/905)(ICAO-Technical Instructions for the Safe Transport of Dangerous Goods by Air),简称技术细则或TI,来统管航空危险品的运输,见图1-2。技术细则于1983年1月1日生效。文件中有详细的技术资料,提供了一整套完备的国际规定,以支持附件18中的各项规定。该文件每两年发布1次。

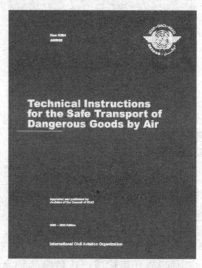

图1-1 《危险品的安全航空运输》英文版　　图1-2 《危险品安全航空运输技术细则》英文版

3.国际航空运输协会《危险品规则》

国际航空运输协会出版发行了《危险品规则》(Dangerous Goods Regulations),简称DGR。这一规则是在国际民航组织ICAO-TI的基础上,附加在行业技术标准作为对ICAO的补充。IATA《危险品规则》(见图1-3)每年更新发行一次,新版本于每年的1月1日生效。IATA《危险品规则》基于运营和行业标准实践方面的考虑,在规则中增加了比ICAO《技术细则》更具约束力的规定要求。这些新规定在每项的边缘处以手型符号表示。

图1-3 《危险品规则》英文版

二、国内法规

1.《中华人民共和国民用航空法》

《中华人民共和国民用航空法》第一百零一条规定：公共航空运输企业运输危险品，应当遵守国家有关规定。禁止以非危险品品名托运危险品，禁止旅客随身携带危险品乘坐民用航空器。第一百一十七条规定：托运人应当对航空货运单上所填关于货物的说明和声明的正确性负责。

2.中国民用航空局《中国民用航空危险品运输管理规定》

为了加强民用航空危险品运输管理，保障飞行安全，根据《中华人民共和国民用航空法》和《国务院对确需保留的行政审批项目设定行政许可的决定》，原中国民用航空总局于2004年9月1日颁布实施了《中国民用航空危险品运输管理规定》，简称（CCAR-276部），它是中国航空运输危险品的主要法规。

中国民用航空局对危险品航空运输活动实施监督管理，各民航管理局依照授权，监督管理本辖区内的危险品航空运输活动。

从事航空运输活动的单位和个人应当接受局方关于危险品航空运输方面的监督检查，使用民用航空器载运危险品的运营人，应该先行取得局方的危险品航空运输许可，否则不得运输危险品。

我国民航目前适用的主要法律、法规有：

《中华人民共和国民用航空法》；
《中华人民共和国刑法》；
《中华人民共和国民用航空安全保卫条例》；
《中国民用航空安全检查规则》；
《中国民用航空危险品运输管理规定》（民航总局令121号CCAR-276）；
《中华人民共和国安全生产法》；
《危险化学品安全管理条例》；
《中华人民共和国放射性污染防治法》；
《病原微生物实验室生物安全管理条例》；
《国务院关于特大安全事故行政责任追究的规定》等。

CCAR-276部规定，运营人应制定危险品手册，获得局方的认可。危险品手册可以编入运营人运行手册或运营人操作和运输业务的其他手册，但应建立和使用适当的修订系统，以保持危险品手册的最新和有效。确保运营人及其代理人雇员在履行相关职责时，充分了解危险品手册中与其职责相关的内容，并确保危险品的操作和运输按照其危险品手册中规定的程序和指南实施。

另外，CCAR-276部对托运人的责任、运营人的责任、保安要求以及危险品的培训都分章节进行了叙述。下面是12章的标题。

A章：总则。
B章：危险品航空运输的限制。
C章：危险品航空运输的申请和许可。
D章：危险品手册的要求。
E章：危险品的运输准备。

F章：托运人的责任。
G章：运营人的责任。
H章：信息的提供。
I章：训练。
J章：保安要求。
N章：法律责任。
P章：附则。

危险品运输法规，兼有刑法、行政法、合同法和标准化法的法律性质和法律效力。在国际运输中，各种运输方式的《危险品规则》以及各国的危险品运输法规又具有国际私法的性质和效力。有关危险品运输的法律规定，无论是行政法规还是标准，在运输中都必须严格执行。

三、适用范围

国际民用航空组织发布的现行有效的《危险品安全航空运输技术细则》（TI）、中国民用航空局《中国民用航空危险品运输管理规定》（CCAR-276部）适用于在中华人民共和国登记的民用航空器，以及在中华人民共和国境内运行的外国民用航空器。

IATA《危险品规则》适用于IATA所有会员与准会员航空公司；所有与作为IATA会员、准会员签订货物联运协议的航空公司以及向运营人交运危险品的托运人及其代理人。

运营人的《危险品手册》适用于运营人及其代理人雇员。

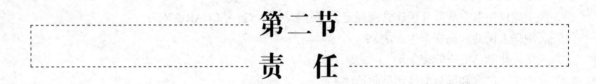

第二节 责　任

一、托运人的责任

托运人应当确保所有办理托运手续和签署危险品航空运输文件的人员已按国际民航组织《危险品安全航空运输技术细则》、中国民用航空局《中国民用航空危险品运输管理规定》的要求接受相关危险品知识培训。

将危险品的包装件或合成包装件提交航空运输前，应当按照技术细则和CCAR-276部的规定，保证该危险品不是航空运输禁运的危险品，并正确地进行分类、包装、标记、贴标签、提交正确填制的危险品航空运输文件。

禁止以非危险品品名托运危险品。

遵守IATA《危险品规则》，符合始发站、中转站、目的站国家适用的规定，确认所交运的危险品完全符合所有运输规定。

告知其职员在危险品运输中应承担的责任。

但各航空公司根据自身的条件，往往对托运人的责任加以更严格的要求，下面是中国货运航空股份有限公司（简称"中货航"）在公司的危险品运输手册中对托运人和收货人的责任要求。

托运人和收货人的责任如下所述。

（1）托运人和收货人托运货物必须遵守民航总局276部规章、国际航协《危险品规则》及本手册的规定。

（2）托运人在交运危险品或物质时必须遵守民航总局276部规章、国际航协《危险品规则》及本手册的规定。

（3）托运人交运危险品或物质时，必须依照《危险品规则》的相关规定正确填写托运人危险品申报单等运输文件，并向承运人保证所托运的货物已被正确地识别、分类，并严格按照有关包装的要求正确包装和标记，同时，提供有效的24小时联络方式。

（4）托运人有责任将货物运输有关信息（航班及预计到达时间等）通知收货人，危险品货物只能在机场交运和提取。

（5）托运人必须保证所交运的危险品或物质属于非航空运输禁运的危险品或物质。

（6）托运人必须根据空运的危险品的运输要求履行其职责。

（7）托运人不得以非危险品品名托运危险品，如对货物中的危险品不如实申报或隐瞒不报，以及旅客在行李中夹带危险品，均应承担经济和法律责任。除对由此造成的一切经济损失负责赔偿外，还将受到政府主管部门依法给予的行政处罚，直至被移交司法机关。

（8）托运人因在货运单和危险品申报单上所填写的关于货物的说明和声明不符合规定、不正确或者不完全，给中货航或者中货航对之负责的其他人造成损失的，托运人应当承担赔偿责任。

（9）对托运人交运的危险品的分类或运输专用名称的正确性产生怀疑，中货航可以拒收。无论托运人提供的有关资料是否正确，中货航均保留请指定专家或部门进行最后判定的权力。

中货航只接受国家级别实验室或指定的专业检测机构提供的试验报告。特别是对于初次运输或使用泛指名称的危险品，其分类、运输专用名称及包装等级的确定，必须以检测机构出具的实验报告为依据。由托运人提供的笼统而无实验数据的书面证据无效。

托运人所提供的资料包括产品性质说明、理化检测报告、安全技术数据或同等性质的资料以及国家级别实验室或指定的专业检测机构出具的货物性质检测报告。

（10）所有参与托运准备工作的有关人员必须经过危险品运输培训，并能够按照本手册的规定履行其职责。如果托运人没有经过相关培训，则代表托运人并履行其职责的受雇人必须经过危险品运输培训。

（11）收货人必须提前准备好各类运输文件，以便货物的及时提取。

上述的11条是中货航危险品手册中对托运人和收货人的要求。各个运营人都有自己的危险品手册，在手册中都对托运人的责任进行了叙述。在实际工作中，往往是以更严格的要求为准。

二、运营人的责任

运营人应制定检查措施防止普通货物中隐含危险品。

确认危险品航空运输文件由托运人签字，并且签字人已按规定的要求培训合格。

使用收运检查单收运危险品。

检查危险品的包装件、合成包装件和放射性物质专用箱，确认在装机前无泄漏和破损的迹象。

保证危险品不得装载在驾驶舱或有旅客乘坐的航空器客舱内。

危险品的存储、装载、固定和隔离需符合相关的规定。

保留运输文件。

提供信息。

提供在出现涉及危险品的紧急情况时应采取行动的指南。

运营人应向局方和事故或事件发生地所在国报告任何危险品事故或事件。

无论运营人是否运输危险品都应该接受危险品知识的培训。

在ICAO《危险品安全航空运输技术细则》和IATA《危险品规则》中的运营人差异里，各运营人可根据自身的条件，从保护自身安全的角度出发，提出各自的运输要求，如中国国际航空股份有限公司的运营人差异如下。

（1）CA-01 国航不收运使用同一货运单下与一般货物混装的集运货物，但含有作为冷却剂的干冰的集运货和只有一份分运单的集运货除外。

（2）CA-02 不适用。

（3）CA-03 不适用。

（4）CA-04 包装等级为Ⅰ、Ⅱ、Ⅲ级的含有腐蚀性液体的组合包装件内必须使用足够的吸附材料，以能吸附所有内包装的内装物。

（5）CA-05 收货人的电话或传真号码必须显示在货运单上。

（6）CA-06 除放射性物质例外包装件外，国航不收运从中国始发的含有危险品的航空邮件。

（7）CA-07 除放射性物质的例外包装件外，国航拒绝收运从中国始发的例外数量包装件。

（8）CA-08 国航不提供危险品的冷藏设备，但以干冰作为冷冻剂的货物除外。

（9）CA-09 国航拒绝收运从中国始发的烟花爆竹。

第三节
航空危险品运输管理培训

危险品可能会出现在货物、邮件和快件、旅客和机组行李（交运和随身携带）、机上供应品、航空器设备、紧急航材、运营人物资之中，通过这些途径被装上飞机。那么哪些人必须得到培训？中国民航局在CCAR-276部中规定：下列各类人员未按经局方批准的危险品训练大纲进行培训或培训不合格，运营人不得安排其从事相关工作，该人员也不得接受运营人安排的相关工作：

（1）运营人及其代理人的危险品收运人员；

（2）运营人及其代理人从事货物及行李地面操作、存储及装载的人员；

（3）旅客作业人员和负责对货物、邮件、旅客及其行李进行安全检查的人员；

（4）飞行机组和配载人员；

（5）飞行机组以外的其他机组成员；

（6）运营人及其代理人除第（1）项以外的货物收运人员。

ICAO和IATA将受训人员归为12类人员，见表1-1。同时又对培训课程提出了最低要求，见表1-2。

表 1-1 危险品培训人员类别表

类别	人员名称	类别	人员名称
1	托运人及承担托运人责任的人员（作为托运人运输公司航材的公司人员）	7	公司和地面代理机构收运货物、邮件、行李（非危险品）的员工、航站人员
2	包装人员	8	公司和地面服务代理机构负责货物、邮件、行李搬运、危险品库储存、航材危化品库储存、装载、监装监卸、机坪相关工作的员工
3	从事危险物品收运工作的货运代理人员	9	旅客服务人员
4	从事货物、邮件（非危险物品）收运的货运代理人员	10	飞行机组、平衡配载人员、签派人员、机坪操作人员（运控现场）、监装监卸
5	从事货物、邮件、行李搬运、仓储工作的货运代理人员	11	飞行机组以外的机组成员
6	公司和地面代理机构收运危险品的员工、教员、监察员、管理人员	12	从事旅客及其行李、货物、邮件安检工作的保安人员

表 1-2 ICAO 及 IATA 培训课程的最低要求

关于危险品航空运输至少应当熟悉的方面	托运人和包装人		货物代理人			运营人和地面服务代理机构						安检人员
	1	2	3	4	5	6	7	8	9	10	11	12
基本原理	×	×	×	×	×	×	×	×	×	×	×	×
限制条件	×	×	×			×	×	×		×	×	×
对托运人的一般要求	×	×	×			×						
危险物品的分类	×	×	×			×						×
危险品表	×	×	×			×				×		
一般包装要求	×	×	×			×						
包装说明	×	×	×			×						
标签与标记	×	×	×	×	×	×	×	×	×	×	×	×
托运人申报单及其他相关文件	×		×	×	×	×	×					
收运程序						×						
对未申报危险品的识别	×	×	×	×	×	×	×	×	×	×	×	×
储存及装载程序					×		×	×		×		
特种货物机长通知单							×		×		×	
对旅客及机组成员的规定	×	×	×	×	×	×	×	×	×	×	×	×
应急程序	×	×	×	×	×	×	×	×	×	×	×	×

注：× 表示需要掌握的内容。

IATA 53期DGR中还增加了不承运危险品的运营人的培训要求，见表1-3。即使运营人的政策是不承运危险品货物、邮件或供应品，仍必须向表1-3中适用的雇员提供危险品培训。

表1-3　不承运危险品运营人的培训要求

关于危险品航空运输至少应当熟悉的方面	运营人和地面服务代理机构				
	7	8	9	10	11
基本原理	×	×	×	×	×
限制条款	×	×	×	×	×
标签与标记	×	×	×	×	×
托运人申报单及其他相关文件	×				
对未申报危险品的识别	×	×	×	×	×
对旅客及机组成员的规定	×	×	×	×	×
应急程序	×	×	×	×	×

注：×表示需要掌握的内容。

所有与飞行安全有关联的人员上岗前都要接受危险品培训，即接受初训。为保证知识更新，复训一般在初训后的24个日历月内进行，除非有关当局要求缩短周期。培训记录应保存3年，并随时供局方查阅。DGR53期补充：允许在培训到期前的3个月内进行复训，但培训周期不变。

如：某人在2011年6月30日接受的危险品培训，有效期应到2013年6月30日。但此人可在2013年4月1日至6月30日之间的时间内进行复训。复训完成日期可按6月30日计算，复训证书有效期应为2015年6月30日，而不会因为复训提前而提前。

? 练习思考题

1. 《危险品安全航空运输技术细则》是哪个组织出版发行的文件？
2. IATA《危险品规则》每隔几年更新发行一次？
3. CCAR-276部的全称是什么？颁布实施的时间？
4. 根据CCAR-276部规定，出现下列情形之一的，危险品航空运输许可失效。

　　A. 运营人书面声明放弃。

　　B. 局方撤销许可或终止该危险品航空运输许可的有效性。

　　C. 运营人的运行合格证被暂扣、吊销或因其他原因而失效。

　　D. 对于外国航空运营人，其所在国颁发的危险品运输许可失效。

5. 为保证知识更新，复训一般在初训后的_____个日历月内进行？
6. 按照局方要求进行培训的人员应将培训记录保存____年，并随时供局方查阅。

第二章
危险品运输限制

> **学习目标**
> 1. 了解禁止航空运输的危险品的规定，隐含的危险品的种类。
> 2. 掌握旅客和机组携带危险品的规定以及限制数量、例外数量危险品的运输规定。
> 3. 了解在危险品运输中国家和运营人差异等。

大多数危险品在严格遵守一定原则的情况下，可以通过航空进行运输。然而有些危险品由于危险性太大，因此在任何条件下都禁止进行航空运输；另外，有些危险品在一般情况下被禁运，但在有关国家的特殊批准下可以进行航空运输；还有一些危险品被禁止在任何客机上运输而只能由货机装运。

第一节 禁止航空运输的危险品

一、在任何情况下都禁止航空运输的危险品

如果危险品的危险性太大，在任何情况下都是航空禁运的。如在正常的运输状态下，易爆炸、发生危险反应、产生火焰或危险的热量，或易释放毒性、腐蚀性的发散物、易燃气体或蒸气的物质，在任何情况下都禁止航空运输。要确保不能让这样的物品上飞机。在《危险品规则》中列出了任何情况下都不能航空运输的危险品，例如大多数的爆炸品。这些物质被列在《危险品规则》的危险品品名表中，没有UN编号并注明"Forbidden禁止运输"字样，例如，铜胺叠氮化物铵和乙炔铜作为客机及货机禁运的物质被列在DGR表4.2中，见表2-1。

表2-1 列在DGR表4.2中的客机及货机禁运的物质

UN/ID编号	运输专用名称	类别或项别（次要危险）	危险性标签	包装等级	例外数量（见2.7）	客机和货机		限量		仅限货机		S.P.参见4.4	ERC码
						包装说明	每个包装件最大净重	包装说明	每个包装件最大净重	包装说明	每个包装件最大净重		
A	B	C	D	E	F	G	H	I	J	K	L	M	N
	Copper amine azide Copper acetylide					— —	— —	Forbidden Forbidden		Forbidden Forbidden			

但应注意的是，《危险品规则》不可能将所有在任何情况下都禁止航空运输的危险品一一列出，因此对该类物质的交运应格外注意，以保证这类物品不会被交付运输。

二、经豁免可以运输的危险品

在极端紧急情况下，或当其他运输方式不合适时，或完全遵守规定的要求违背公众利益时，在尽一切努力保证运输整体安全水平与国际航协《危险品规则》所规定的安全水平相当的前提条件下，有关国家可对国际航协《危险品规则》中的规定给予豁免。这里的国家是指托运货物的始发国、中转国、飞越国和货物抵达的目的地以及运营人所属国家。如果飞越国没有相关豁免标准，则给予豁免完全取决于是否达到航空运输的同等安全水平。

豁免文件的内容至少应包括危险品UN/ID编号、运输专用名称、分类、包装以及适用数量、特别操作要求、特别应急措施、收货人及托运人的姓名和地址、始发站和目的站机场、飞行航路、运输日期豁免的有效期限等。豁免文件的复印件必须随货物一起运往目的地，如文件不是英文的，亦必须翻译成英文附上。

经豁免可以运输的禁止航空运输的危险品包括如下几类。

（1）放射性材料。

①带通气设施的B（M）型包装件。

②需要辅助冷却系统进行外部冷却的包装件。

③在运输过程中需要操作控制的包装件。

④具有爆炸性的放射性物质。

⑤可自燃的放射性液体。

（2）除民航总局规定外，在国际航协《危险品规则》4.2危险品表中标明是禁运的物质和制品。

（3）被感染的活体动物。如带有鼠疫细菌的实验鼠等。

（4）属于Ⅰ级包装，吸入其雾气可导致中毒的液体。如汞。

（5）交运温度等于或高过100℃（212℉）的液态物质，或温度等于或高过240℃（464℉）的固态物质。

（6）国家主管当局指定的任何其他物品或物质。

第二节
隐含的危险品

在托运人按照一般情况申报的货物中可能隐含有某些危险品。货运或客运的接收人员在怀疑货物或行李中可能含有危险品时,应从托运人和旅客那里证实每件货物或行李中所装运的物品。同时,必须按照国际航协《危险品规则》关于危险品分类规则和运营人危险品运输手册的有关规定进行检查。如托运人尚有疑虑的可以委托运营人指定的机构办理鉴定,如果经鉴定证明该货物不属于危险品,托运人必须在货运单上声明该货物不具有危险性,如"不受限制"(Not Restricted)。

隐含危险品的典型例子如下所述。

紧急航材(Aircraft on Ground,AOG)部件——参见"飞机零备件/飞机设备"。

飞机零备件/飞机设备(Aircraft Spare Parts/Aircraft Equipment)——其中可能含有爆炸物品(照明弹或其他烟火信号弹)、化学氧气发生器、不能使用的轮胎组件、钢瓶或压缩气体(氧气、二氧化碳、氮气)、灭火器、油漆、胶黏剂、气溶胶、救生器材、急救箱、设备中的燃料、湿或锂电池、火柴等。

汽车、汽车零部件(Automobiles,Automobile Parts)——(轿车、机动车、摩托车)可能含有磁性物质,此类物质虽不符合对磁性物质的规定,但由于特殊装载要求而可能影响飞机仪器的铁磁性物质;也可能含发动机、化油器、含有或含过油料的油料箱、湿电池、轮胎充气装置中的压缩气体、灭火器、含氮震荡/撑杆、气袋冲压泵/气袋舱等。

呼吸器(Breathing Apparatus)——可能含有压缩空气或氧气钢瓶、化学氧气发生器或深冷液化氧气。

野营用具(Camping Equipment)——可能含有易燃气体(丁烷、丙烷等)、易燃液体(煤油、汽油等)、易燃固体(己胺、火柴等)或其他危险品。

轿车、轿车部件(Cars,Car Parts)——见汽车、汽车零部件等。

化学品(Chemicals)——可能含符合危险品任何标准的物品,尤其是易燃液体、易燃固体、氧化剂、有机过氧化物、毒性或腐蚀性物质。

运营人物质(COMAT)——如飞机零件,可能含有不可或缺的危险品,如旅客服务设备(PSU)中的化学氧气发生器,各种压缩气体,如氧气、二氧化碳和氮气;气体打火机、气溶胶、灭火器;易燃液体,如燃油、油漆和胶黏剂;腐蚀性物质,如电池。其他物品,如照明弹、急救包、救生设施、火柴、磁性物质等。

集运货物(Consolidated Consignments)——可能含有被定义为危险品的物品。

低温物品/液体(Cryogenic/Liquid)——指冷冻液化气体,如氩、氦、氖、氮等。

钢瓶(Cylinders)——可能含有压缩或液化气体。

牙科器械(Dental Apparatus)——可能包含有易燃树脂或溶剂、压缩或液化气体、汞或放射性物质。

诊断标本(Diagnostic Specimens)——可能含有感染性物质。

潜水设备(Diving Equipment)——可能含装有压缩气体(空气、氧气等)的汽缸(如自携式潜水汽缸、潜水装汽瓶等），具有高照明度的潜水灯具，当在空气中运转时可能产生极高的热量。为载运安全，灯泡或电池必须断开连接。

钻探及采掘设备（Drilling and Mining Equipment）——可能含有爆炸品和/或其他危险品。

液氮干装（Dry Shipper）——可能含有液体氮。此类包装不论其放置的方向性，只要它允许液氮的释放，则受国际航协《危险品规则》限制。

电器设备（Electrical Equipment）——可能有带磁性的物质，或在开关传动装置和电子管中可能含汞，或可能含湿电池。

电动器械（轮椅、割草机、高尔夫拖车等）[Electrically powered Apparatus（Wheelchairs，Lawn Movers，Golf Carts，etc）]——可能装有湿电池。

探险设备（Expeditionary Equipment）——可能含有爆炸物质（照明弹）、易燃液体（汽油）、易燃气体（丙烷、野营燃气）或其他危险品。

摄影组和宣传媒介设备（Film crew or Media Equipment）——可能含爆炸性烟火设备、内燃机发动机、湿电池、燃料、热发生器等。

冷冻胚胎（Frozen Embryos）——可能含有制冷液化气体或固体二氧化碳（干冰）。

冷冻水果、蔬菜等（Frozen Fruit, Vegetable, etc）——可能包装在固体二氧化碳（干冰）中。

燃料（Fuels）——可能含有易燃液固体或易燃气体。

燃料控制器（Fuels Control Uuit）——可能含有易燃液体。

热气球（Hot Air Balloon）——可能含装有易燃气体的钢瓶、灭火器、内燃机、电池等。

家庭用品（Household Goods）——可能含符合任一危险品标准的物品，包括易燃液体，如溶剂型油漆、胶黏剂、上光剂、气溶胶（对于旅客，根据国际航协《危险品规则》2.3节的规定将禁止携带）、漂白剂、腐蚀性的烤箱或下水道清洗剂、弹药、火柴等。

仪器（Instruments）——可能掩藏气压计、血压计、汞开关、整流管、温度计等含有汞的物品。

实验室/实验设备（Laboratory/Testing Equipment）——可能含符合任一危险品标准的物品，特别是易燃液体、易燃固体、氧化剂、有机过氧化物、毒性或腐蚀性物质。

机械部件（Machinery Parts）——可能含有胶黏剂、油漆、密封胶、胶溶剂、湿电池和电池、汞、含压缩或液化气体的钢瓶等。

磁铁或类似物（Magnets And Other Items of Similar Material）——其单独或累积效应可能符合磁性物质的定义。

医疗用品（Medical Supplies）——可能符合任一危险品标准的物品，特别是易燃液体、易燃固体、氧化剂、有机过氧化物、毒性或腐蚀性物质。

金属建筑材料，金属栅栏，金属管材（Metal Construction Material，Metal Fencing，Metal Piping）——可能含由于可能影响飞机仪器而需要符合特殊装载要求的铁磁性物质。

汽车零部件（Car, Motor, Motorcycle——轿车、机动车、摩托车）——可能含有湿电池等。

旅客行李（Passengers Baggage）——可能含符合任一危险品标准的物品。例如，烟花、家庭用的易燃液体、腐蚀性的烤箱或下水道清洁剂、易燃气体或液态打火机燃料储罐、或野营炉的气瓶、火柴、弹药、漂白粉、根据国际航协《危险品规则》2.3不允许携带的气溶胶等。

药品（Pharmaceuticals）——可能含符合任一危险品标准的物件，特别是放射性材料、易燃液体、易燃固体、氧化物、有机过氧化物、毒性或腐蚀性物质。

摄影用品（Photographic Supplies）——可能含符合任一危险品标准的物件，尤其是热发生装置、易燃液体、易燃固体、氧化物、有机过氧化物、毒性或腐蚀性物质。

赛车或摩托车队设备（Racing Car or Motorcycle Team Equipment）——可能装有发动机、化油器或含油料或残油的油料箱、易燃气溶胶、压缩气体钢瓶、硝基甲烷、其他燃油添加剂或湿电池等。

电冰箱（Referigerators）——可能含液化气体或氨溶液。

修理工具箱（Repair Kits）——可能含有机过氧化物、易燃胶黏剂、溶剂型油漆、树脂等。

试验样品（Sample For Testing）——可能含符合任一危险品标准的物品，特别是感染性物质、爆炸液体、易燃固体、氧化剂、有机过氧化物、毒性或腐蚀性物质。

精液（Semen）——可能用固体二氧化碳（干冰）或制冷液化气体包装。参见"液氮干装"。

船舶备件（Ships' Spares）——可能含有爆炸品（照明弹）、压缩气体钢瓶（救生筏）、油漆、锂电池（应急探测器等）。

演出、电影、舞台与特殊效果设备（Show，Motion Picture，Stage and Special Effects Equipment）——可能含易燃物质、爆炸品或其他危险品。

游泳池化学品（Swimming Pool Chemicals）——可能含氧化性或腐蚀性物质。

电子设备或仪器的开关（Switches in Electrical Equipment or Instruments）——可能含汞。

工具箱（Tool Boxes）——可能含爆炸品（射钉枪）、压缩气体或气溶胶，易燃气体（丁烷气瓶或焊炬）、易燃胶黏剂或油漆、腐蚀性物质。

火炬发光棒（Touches）——微型火炬及发光棒可能含有易燃气体且装备有电打火器。大型火炬可能有火炬头（通常带有自燃开关）和含有易燃气体的容器或气瓶组成。

旅客的无人陪伴行李/私人物品（Unaccompanied Passengers Baggage/Personal Effects）——可能含符合任一危险品标准的物品。例如，烟花、家庭用的易燃液体、腐蚀性的烤箱或下水道清洗剂、易燃气体或液态打火机燃料储罐、或野营炉的气瓶、火柴、漂白粉、气溶胶等。

疫苗（Vaccines）——可能包装在固体二氧化碳（干冰）中。

根据国际航协《危险品规则》规定不属于危险品的某些物品或物质，如盐水、粉状或液体染料及腌制食品等，由于渗漏可能造成严重的清理问题或长时间的渗漏会对铝造成腐蚀，必须有托运人检查并至少确保其包装在运输过程中能够防止渗漏。

注：

旅客或机组人员可能在不知道的情况下，所携带的物品中存在危险品，这些危险品是绝对不允许带上飞机的。

假如一个旅客携带危险品去参加一个会议，并且是这次旅行的唯一目的，该危险品也是不允许作为行李运输的。

在接收物品时如有疑问必须及时报告值班主任，最好把有疑问的物品留下，而不要冒危及飞行安全和触犯法律的风险。

第三节 旅客或机组携带的危险品

一、针对旅客和机组携带危险品的有关条款

国际航协《危险品规则》允许旅客和机组携带的危险品种类是非常少量的,为了保证航班飞行安全,航空公司要在售票处、行李托运处、候机大厅及行李提取处张贴有关危险品的宣传告示(见图2-1)。

图2-1　宣传告示

在客票上也要有危险品的限制通知（见图2-2）。

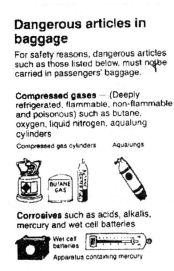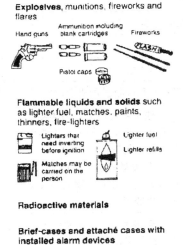

图2-2　客票上的危险品限制通知

旅客、机组人员在手提行李或交运行李中携带的危险品，可能会对飞机安全构成一定程度的威胁。尽管这些危险品的数量很小，但是为了保障安全，旅客、机组人员都应严格遵守关于行李中的危险品的运输规定。在本章节讲述的是IATA的规定，若是在国内乘坐民用航空器，还应遵守中国民航局的有关规定。

一般情况下，不允许随身携带或在行李中夹带危险品。但是有些危险品的危险性较小，在符合有关规定的条件下，是可以作为行李交运、手提或随身携带的。凡在交运行李、手提行李或随身携带物品中含有危险品的旅客，应在购票、办理乘机手续时向运营人说明情况，经检查如符合规定，此种危险品才可以作为行李运输，否则必须到货运处按货运危险品办理托运手续进行货物运输。

对于旅客因病确需在机上使用氧气瓶，需提前向航空公司提出申请，该运营人会为其安排机上氧气设备，一般不允许旅客自行携带氧气瓶。还有关于旅客和机组人员携带液体、火柴、打火机等规定需在乘机前弄清楚，以免带来麻烦。

二、旅客/机组携带危险品不同的处理要求

旅客/机组携带危险品不同的处理要求见表2-2。

1. 不得作为行李运输的危险品

（1）内装锂电池和烟火装置的危险品的保险公文箱、外交公文箱、现金箱。

（2）装有压缩液态毒气、胡椒喷雾器等带刺激性或使人致残的器具。

（3）使用液态氧作为主要或次要氧气液的个人医用氧气装置。

（4）电休克武器（如泰瑟枪），含有如爆炸品、压缩气体、锂电池等危险品。

表2-2 旅客/机组携带危险品不同的处理要求

允许放入手提行李或作为手提行李	允许放入托运行李或作为托运行李	允许随身携带	须经承运人同意的物品	须通知机长危险物品的机上位置	说明
否	否	否	n/a	n/a	**使人丧失行为能力的装置**：如催泪毒气喷射器、胡椒喷雾器等含有刺激性或会使人丧失能力的器具。禁止随身携带、作为手提行李和托运行李运输
否	否	否	n/a	n/a	**保密型设备**：除IATA（DGR）2.3.2.6规定外，内装锂电池和/或烟火装置等危险物品的公文箱、现金箱、现金袋等保密型设备绝对禁止携带
否	否	否	n/a	n/a	**电击武器**：（如泰瑟枪）含有爆炸物质、压缩气体、锂电池等危险品的电击武器禁止旅客随身携带或作为手提行李和托运行李运输
否	是	否	是	否	**包装牢固安全的1.4S项弹药筒（仅限1.4S项中的UN0012或UN0014）**：仅供旅客个人使用条件下，每人携带毛重限量不超过5kg（11lb），不包括爆炸性或燃烧性弹药，超过一名以上旅客所携带的枪弹不得合成一个或数个包装件
否	是	否	是	否	**装过易燃液体燃料的野营炉燃料容器**：野营炉的燃料罐和/或燃料容器必须排空所有的液体燃料，并采取相应措施消除危险，详见DGR2.3.2.5
是	是	否	是	否	**固体二氧化碳（干冰）**：用于包装易腐物品的干冰，每人携带数量不超过2.5kg（5lb），且包装件可以释放二氧化碳气体时，经承运人同意，可作为手提行李或托运行李运输。此时不受国际航协《危险品规则》的限制，作为托运行李运输的干冰，必须在托运行李上标记"DRY ICE"或"CARBON DIOXIDE, SOLID"，且需注明干冰的净重，是2.5kg或少于2.5kg
否	是	否	是	否	**电池驱动的轮椅或其他类似装有非溢流性电池的电动代步工具**：符合IATA（DGR）包装说明872或特殊规定A67，提供的电池两极须加以保护防止短路，例如，可将电池放入封闭的电池专用盒内，并且电池须牢固地固定在轮椅或电动代步工具上
否	是	否	是	是	**电池驱动的轮椅或其他类似装有溢流性电池或供电池的移动辅助器材**：（详见DGR2.3.2.3和2.3.2.9）
是	是	否	是	否	**产生热量的物品**：如水下灯筒（潜水灯）和焊接设备。此类一旦意外启动即可产生高热和起火的电池驱动设备，其能产生热量的部件或能源装置必须拆下，防止在运输中意外启动
是	否	否	是	是	**水银气压计或水银温度计（政府官员使用）**：由政府气象局或其他官方机构携带。（详见DGR2.3.3.1）
是	是	否	是	否	**雪崩救援背包**：每名旅客可带一个装有发烟装置的雪崩救援背包。其中1.4S项的爆炸品净重不得超过200mg。2.2项的压缩气体净重不得超过250mg。背包必须正确包装确保不会意外触发。背包中的空气袋必须装有减压阀
是	是	否	是	否	**化学制剂监控设备**："禁止化学武器组织"成员公务旅行时携带的含有放射性物质的设备。（见DGR2.3.4.5）

续表

允许放入手提行李或作为手提行李	允许放入托运行李或作为托运行李	允许随身携带	须经承运人同意的物品	须通知机长危险物品的机上位置	
是	是	否	是	否	**含有冷冻液氮的隔热包装（散口液氮容器）**：含亮金胶渗透材料吸收并在低温下用于运输的非危险品冷藏液氮的隔热包装不受国际航协《危险品规则》的限制，但隔热包装的设计须确保不会增加容器的压力，并且以任何方向置放隔热包装都不会使冷藏液体溢出
是	是	是	是	否	**装在救生衣内的非易燃气体钢瓶**：为自动充气救生衣充气而配备的内含二氧化碳或2.2项其他气体的小型气体钢瓶。每人最多可携带2个，另可携带2个备用气瓶
是	是	否	是	是	**医用小型氧气瓶或空气瓶**：用于医疗目的含有氧气或空气的小型气体钢瓶　气瓶毛重不大于5kg
是	是	是	是	否	**便携式电子医疗设备**：作为医疗用途的内含锂电池的便携式电子医疗设备[心脏除颤器（AED）、喷雾器等]运输，必须符合IATA（DGR）2.3.4.8的规定 （a）每位旅客仅允许携带2块备用锂电池登机。备用锂电池必须单独做好保护以防止短路 （b）锂电池均必须符合UN38.3测试要求 　1.锂金属电池，锂含量不超过8g；或 　2.锂离子电池，其额定瓦时不超过160W·h
否	是	否	否	否	**属于2.2项的气溶胶**：无次要危险性，供体育运动或家庭使用
是	是	是	否	否	**非放射性药用或化妆用品（包括气溶胶）**：包括发胶、香水、古龙香水及含酒精药品 以上两项物品。每一位旅客或机组人员所携带这类物品的总净重不得超过2kg（4.4lb）或2L（2qt）。每一单件物品净重不得超过0.5kg（1.1lb）或0.5L（1qt）。气溶胶释放阀必须由盖子或其他适当的手段保护，以防因疏忽而释放内装物
是	是	是	否	否	**酒精饮料**：每人允许携带零售包装的酒精饮料（酒精浓度大于24%、不超过70%）的净重不得超过5L。（注：酒精浓度不大于24%的酒精饮料不受此规则限制，大于70%的酒精饮料禁止放入手提行李或托运行李内运输。）始发地有特殊规定的按照始发地的规定执行
是	是	是	否	否	**节能灯泡**：装在零售包装内供个人或家庭使用的节能灯泡
是	是	是	否	否	**用于机械假肢的非易燃、无毒气体钢瓶**：用于操纵机械假肢运动的2.2项小气瓶。为保证旅途中的需要，还可携带同样大小的备用气瓶
是	是	是	否	否	**内含锂金属或锂离子电池或电池组的便携式电子设备**：如旅客或机组人员携带的供个人使用的手表、计算器、照相机、手机、手提电脑、便携式摄像机等

续表

允许放入手提行李或作为手提行李	允许放入托运行李或作为托运行李	允许随身携带	须经承运人同意的物品	须通知机长危险物品的机上位置	
是	否	是	否	否	**所有备用电池。包括锂金属或等锂离子电池或电池组**：便携式电子设备的备用电池仅作为手提行李运输。这些备用电池可放置于原零售包装或其他单独隔离包装，必须单个做好保护以防止短路。如用胶带粘好暴露的接线端，把每块电池放在单独的塑料袋或保护带内，且仅能在手提行李中携带。此外，装入设备中的或每一备用的锂电池或电池组不能超过下列要求： （a）锂金属或锂合金电池，锂含量不大于2g；或 （b）锂离子电池或电池组，额定瓦特小时不超过100W·h
是	否	是	是	否	**锂离子电池或电池组**：超过100W·h但小于160W·h的锂离子便携式电子设备，仅能在手提行李中携带2块上述备用锂离子电池或电池组。这些电池（组）必须单个做好保护以防止短路。装在设备中的上述锂离子电池或电池组可作为托运行李或手提行李运输
是	是	否	是	否	**含烃类气体的卷发器**：每一旅客或机组人员只可携带一支，但其安全盖必须紧扣于发热元件上。在任何时候卷发器都不得在飞机上使用；此种卷发器的充气筒不得装入交运或手提行李中
是	是	是	否	否	**医用/临床用温度计**：每位旅客可携带一支供个人使用的含水银的小型医用或临床用体温计，必须置于防护盒内
是	是	是	否	否	**燃料电池系统和备用燃料盒**：以燃料电池系统为动力的便携式电子设备（如照相机、手机、手提电脑、便携式摄像机等）以及备用燃料盒，必须符合IATA（DGR）2.3.5.10的要求
否	否	是	否	否	**心脏起搏器/放射性药剂**：放射性同位素心脏起搏器或其他装置，包括那些植入人体内的以锂电池为动力的装置或作为治疗手段植入人体内的放射性药剂
否	否	是	否	否	**安全火柴或打火机**：每一位旅客或机组人员可随身携带一小盒安全火柴或一只打火机自用。但含有不能被吸收的液体燃料（不包括液化气）的打火机除外。火柴和打火机不允许放入手提行李和托运行李。打火机燃料和打火机充气罐不得随身携带，也不许作为托运行李运输或放入手提行李中。始发田有特殊规定的按照始发田的规定执行 备注："即擦火柴"，"蓝焰"或"雪茄"打火机禁止航空运输

2.经运营人批准只能作为交运行李接收的物品

（1）体育运动用弹药　按1.4S分类的（仅限UN0012或UN0014）在坚固包装内的弹药，其毛重限量为5kg，不含炸弹和燃烧弹。超过1名以上的旅客或机组人员允许携带的弹药不得合成一个或数个包装件。除分类为1.4S的弹药外，严禁在行李中装有任何其他爆炸品，如烟火制品、信号烟火、闪光弹、爆炸性玩具等。

（2）装有密封型电池的轮椅或代步工具　装有密封型电池的轮椅或其他电动代步工具（见包装细则872和特殊规定A67），只要电池已被拆下，电池两极已做绝缘处理以防发生意外短路且电池已牢固地安装在轮椅或电动的代步工具上。

> 使用凝胶体类型的电池的轮椅或代步工具，只要电池两极已做绝缘处理以防发生意外短路即可，不需要拆下电池。

（3）装有非密封型电池的轮椅或代步工具　装有可溢电池的轮椅和其他电动代步工具应确保在垂直状态下安全装卸，并使电池处于断开状态，防止短路，且电池需牢固地固定在轮椅和代步工具上。如果在垂直状态下轮椅和代步工具不能装卸，则拆掉电池后，可作为交运行李放入货舱运输。被拆掉的电池应被存放在如下坚硬的包装盒内：

① 包装必须要能防止电池液渗漏，装载时应采取适当措施予以固定并保持垂直；

② 电池应垂直放置在包装内且不得短路，并保证包装内有足够的吸附材料吸收渗出的液体；

③ 包装上必须标注"湿电池，轮椅（BATTERY，WET，WITH WHEELCHAIR）或湿电池，代步工具（BATTERY，WET，WITH MOBILITY AID）"，并贴有"腐蚀性"和"向上"标签。

（4）装有锂电池的轮椅或代步工具

① 电池必须是符合UN38.3测试要求的类型测试；

② 电池两极必须处于防止短路，如密闭于包装内，且电池需牢固地固定在轮椅和代步工具上；

③ 运营人需确保采取一定方式防止因行李、邮件或其他货物的移动造成的损坏；

④ 必须通知机长上述物品的装载位置。建议旅客应事先与有关承运人做好事先安排。

（5）装过易燃液体的野营炉具及燃料箱　野营炉具及其燃料箱必须排空所有的易燃液体。为避免麻烦，作为行李运输的野营炉具及燃料箱或容器必须已排空燃料1h以上，并打开盖子至少6h，以使残留的燃料得以蒸发；把烹饪油倒入燃料箱或容器，以此将残留燃料的闪点提高至易燃液体的闪点之上，然后倒空燃料箱或容器。

3. 经运营人批准仅作为手提行李接收的物品

（1）由国家气象局或类似官方机构代表携带的水银气压计或温度计　必须使用密封的内衬或坚固的防漏防刺穿的内包装和坚固的外包装，防止水银漏出。需要通知机长。

（2）锂离子电池（大型锂离子备用电池）　额定瓦特小时超过100W·h但不超过160W·h的锂离子电池。可作为备用电池在手提行李箱中携带，或者在交运行李和手提行李中放在设备里。每个人可携带的保护好的备用电池数量不应超过2个。

> 额定瓦特小时（W·h）是一种规范锂离子电池的计算标准。2009年1月1日以后生产的锂离子电池都要求用额定瓦特小时进行标记。额定瓦特小时必须在电池壳的外部标明。

如何确定锂离子电池的额定瓦特小时？如果已知电池的标称电压（V）和标称容量（A·h），可以通过计算得到额定瓦特小时的数值：W·h=V×A·h。标称电压和标称容量通常标记在电池上。请注意，如果电池上只标记有毫安时（mA·h），可将该数值除以1000得到安培小时（A·h）（如4400mA·h/1000=4.4A·h）。

4. 经运营人批准允许作为行李运输的物品

（1）雪崩救生背包　每人可带一个有发烟装置的雪崩营救背包。其中1.4S项的爆炸品不得超过200mg，2.2项的压缩气体不得超过250mg。背包必须正确放置确保不会意外触发，空气袋必须有减压阀。

（2）化学剂检测设备　指放射性物质不超过DGR表10.3.D规定的活度范围的设备，也就是化学剂检测设备（CAM）和/或快速报警和识别设备检测器（RAID-M），当它们由禁止化学武器组织的工作人员以官方的渠道携带时，要进行安全的包装并且不能装有锂电池。

（3）放热器具　产生热量的物品，诸如水下喷灯和焊接设备等受到意外激活即可产生高热和着火的电池驱动设备，只可作为手提行李携带。产生热量的部件或能源装置必须拆下，以防止运输中意外起作用。

（4）固体二氧化碳（干冰）　用于不受危险品规则限制的易腐食品保鲜的干冰，每人携带不得超过2.5kg（5lb），包装要留有通气孔以便释放二氧化碳气体。含有干冰的交运行李，应标注"干冰"或"固体二氧化碳"以及干冰的净重。

（5）含冷冻液态氮的绝热包装（液氮干装，Dry Shipper）　隔热包装的设计不会增加容器内的压力，并且以任何方向置放隔热包装都不会使冷藏液体溢出。

（6）救生衣充气使用的二氧化氮或非易燃、无毒气体钢瓶　装入救生衣内的非易燃、无毒气体钢瓶不得超过2个。

（7）医用氧气（详见各航空公司的规定）　毛重不得超过5kg。

> 注：
> ① 禁止交运或者携带带有液态氧的医用装置。
> ② 有些航空公司不接受医用的小型氧气或空气罐。

5. 无需经运营人批准可接受的物品

（1）2.2项的气溶胶制品　用于体育运动或家用。属于2.2项用于运动和家庭用途无次要危险性的气溶胶，仅可作为交运行李。每位旅客和机组成员携带的此类物品净数量不得超过2kg或2L，其单件净数量不超过0.5kg或0.5L。气溶胶的喷口必须盖好，或用其他的方法以防止瓶中物质意外泄露。

（2）药品及化妆品　发胶、香水、含酒精药品非放射性医药或化妆品（包括气溶胶），例如，发胶、香水以及含有酒精的药品。每位旅客和机组成员携带的此类物品净数不得超过2kg或2L，其单件净数量不超过0.5kg或0.5L。气溶胶的喷口必须盖好，或用其他的方法以防止瓶中物质意外泄露。

乘坐国内航班的旅客一律禁止随身携带液态物品，但可办理交运，其包装应符合民航运输有关规定。

（3）机械假肢需要的二氧化碳钢瓶　为操作机械假肢而携带的2.2项小气瓶。

（4）放射性同位素心脏起搏器　包括植入人体内以锂电池为动力装置或作为治疗手段置于人体内的放射性药剂。不允许作为交运行李和手提行李。

（5）医用体温计　置于具有防护盒内的个人使用的含水银的小型医用或临床体温计1支。

（6）安全火柴或者打火机　每人可携带1盒自用的安全火柴或1个不含有为吸收液体燃料（不包括液体化）的打火机。不允许作为交运行李和手提行李。

> **注：**
> ① 即擦拭火柴禁止空运。② "蓝焰（Blue Flame）"或"雪茄（Cigar）"打火机不允许随身携带，放入交运或手提行李中。

（7）酒精饮料　体积百分比浓度在24%~70%，每个内包装不超过5L，每人携带不超过5L。

中国境内应遵守民航局的规定，每名旅客每次最多可携带2瓶（每瓶容积不得超过500mL），必须托运。

（8）使用烃类气体的卷发器　可携带1个，其安全盖必须紧扣于电热元件上。不得在飞机上使用。此种卷发器的备用储气筒不得在手提行李或交运行李中携带。

（9）装有锂离子电池消费者自用的电子设备　机组人员随身携带的如手表、计算器、照相机、手提电话、手提电脑、便携式摄像机等装有锂或锂离子电池的电子设备。这些设备可放在手提行李中或交运行李中。电子设备的备用电池应放置于原始的零售包装中或进行其他的绝缘处理，比如将暴露的电极用胶布粘住或将每一块电池单独地装在塑料袋或者保护袋中，以便对其进行单独的保护，防止短路。同时备用电池只能在手提行李或随身行李中携带。除此之外，每一装在设备中或备用的电池都不应超过以下限制：锂金属或锂合金电池的锂含量不超过2g；锂离子电池的额定瓦特小时不超过100W·h。

（10）含有燃料电池系统的电子消费品　以燃料电池系统为动力的便携式电子设备（如照相机、手提电话、笔记本电脑和摄像机）和备用的燃料筒。

（11）节能轻型灯泡　供个人或家庭使用的零售包装。

第四节
航空邮件中的危险品

按照国际民航组织《危险品安全航空运输技术细则》（ICAO-TI）、万国邮政联盟（简称UPU）及《中国民用航空危险品运输管理规定》（CCAR-276部）规定：不得通过航空邮件邮寄危险品或者在航空邮件内夹带危险品。不得将危险品匿报或者谎报为普通物品作为航空邮件邮寄。

第五节
运营人资产中的危险品

一、国际航协《危险品规则》的相关规定不适用于运营人资产中的物品

国际航协《危险品规则》的相关规定不适用于运营人资产中的物品和物质如下。

（1）航空器设备　已分类为危险品，但按照有关适航要求、操作规定或按照运营人国家规定而应遵守的特殊要求而装载于航空器上的物品或物质。

（2）消费品　飞行中或连续飞行中，在运营人的航空器上使用或出售的气溶胶、酒精饮料、香水、科隆香水、安全火柴及液化气打火机，但不包括一次性打火机和减压条件下易漏气的打火机。

（3）固体二氧化碳（干冰）　在航空器上，用于冷冻食品和饮料的固体二氧化碳（干冰）。

二、飞机零备件

（1）除非运营人国家另有授权，运输拟替换上述一、（1）点所述物品和物质或被替换下来的上述一点所述物品和物质时，必须遵守国际航协《危险品规则》的规定；但运营人使用专门设计的容器运输上述物品和物质可以例外，条件是容器至少符合国际航协《危险品规则》中关于此种物品包装的基本要求。

（2）除非运营人国家另有授权，运输上述一、（2）和一、（3）点所述物品或物质的替换物时，必须遵守国际航协《危险品规则》的规定。

第六节
限制数量的危险品

对于某些危险品，如果符合国际航协《危险品规则》关于限制数量危险品包装、数量限制和包装件测试等规定，可以作为限制数量危险品进行运输。除另有规定外，对于限制数量危险品的所有要求同样适用客机和货机。

一、准许客机运输的限制数量危险品

符合下列类别、项别和包装等级（如需要）的危险品可以按限制数量危险品的规定由客机运输。

（1）第2类：仅第2.1项和第2.2项中的UN1950，无次要危险性的第2.1项和第2.2项中的UN2037。

（2）第3类：属于包装等级Ⅱ、Ⅲ级的易燃液体。

（3）第4类：第4.1项中属于包装等级Ⅱ、Ⅲ级的易燃固体，但自身反应物质除外（不考虑包装等级）；第4.3项中属于包装等级Ⅱ、Ⅲ级的物质，只限固体。

（4）第5类：第5.1项中属于包装等级Ⅱ、Ⅲ级的氧化剂；第5.2项中仅限包装在化学品箱或急救箱内的有机过氧化物。

（5）第6类：属于包装等级Ⅱ、Ⅲ级的6.1项的毒性物质。

（6）第8类：属于包装等级Ⅱ、Ⅲ级的第8类腐蚀性物品，但不包括编号：UN2794，UN2795，UN2803，UN2809和UN3028的物质。

（7）第9类：仅限第9类物质中的二溴二氟甲烷（UN1941）、苯甲醛（UN1990）、硝酸铵肥料（UN2071）、危害环境物质（固体），泛指名称Environmentally hazardous substance, Solid, n.o.s（UN3077），危害环境物质（液体），泛指名称Environmentally hazardous substance, Liquid, n.o.s（UN3082），化学品箱或急救箱（UN3316）。

二、不允许以限制数量运输的危险品

下列物品或物质不可以按限制数量危险品的规定载运：

（1）在任何情况下都禁止航空运输的危险品；

（2）仅限货机载运的危险品；

（3）包装等级为Ⅰ级的危险品；

（4）第1类：爆炸品；

（5）第2类：2.1项（除UN1950和UN2037）；2.2项（除UN1950和UN2037）；2.3项有毒气体；

（6）第4类：4.1项的自身反应物质、4.2项或那些次要危险性为4.2项的危险品；

（7）第6类：6.2项感染性物质；

（8）第7类：放射性物质；

（9）第8类：腐蚀性物质UN2794、UN2795、UN2803、UN2809和UN3028；

（10）第9类：杂项危险品，除二溴二氟甲烷（UN1941）、苯甲醛（UN1990）、硝酸铵肥料（UN2071）、危害环境物质（固体），泛指名称Environmentally hazardous substance, Solid, n.o.s（UN3077）危害环境物质（液体），泛指名称Environmentally hazardous substance, Liquid, n.o.s（UN3082），化学品箱或急救箱（UN3316）以外。

三、数量限制

每个包装的净数量不得超过危险品表H栏标示的数量，见图2-3。

限制数量包装件的毛重不得超过30kg。

UN/ID编号 A	运输专用名称 B	类别或项别（次要危险）C	危险性标签 D	包装等级（见2.7）E	例外数量 F	客机和货机 限量				仅限货机		S.P. 参见 4.4 M	EPG 码 N
						包装说明 G	每个包装件最大净量 H	包装说明 I	每个包装件最大净量 J	包装说明 K	每个包装件最大净量 L		
1655	Nicotine preparation, solid, n.o.s.	6.1	Toxic	I	E5	—	—	606	5kg	607	50kg	A3	6L
				II	E4	Y613	1kg	613	25kg	615	100kg	A5	6L
				III	E1	Y619	10kg	619	100kg	619	200kg	A6	6L
1657	Nicotine salicylate	6.1	Toxic	II	E4	Y613	1kg	613	25kg	615	100kg		6L

图2-3　危险品品名表节选

四、包装

限制数量的危险品，应按照危险品表中G栏内的前缀为"Y"的限制数量包装说明的要求进行包装。必须要用组合包装，不允许使用单一包装。且需要经过在1.2m高度最易造成最大损坏的位置跌落于坚硬的、无弹性的水平表面上的跌落试验和其在顶部承受相同重量的24h高度为3m的堆码试验。

包装件外表面没有规格标记，但必须有"LIMITED QUANTITY"或"LTD QTY"字样，见图2-4。

图2-4　包装件表面的标示

第七节 例外数量的危险品

极少量的危险品可以作为例外数量危险品载运，并可以免受《危险品规则》关于危险品标记、装载和文件要求的限制，该货物定义为例外数量的危险品。

一、适用范围

极少量的危险品可以作为例外数量危险品载运，并可以免受IATA《危险品规则》关于危险品标签、文件要求的限制，但以下规定除外。

（1）培训要求（1.5节）；
（2）航空邮件中的危险品（2.4节）；
（3）分类和包装等级（第三章）；
（4）装载限制（9.3.1）；
（5）危险品事故、事件和其他情况报告（9.6.1和9.6.2）；

(6)如属放射性物质,关于放射性物质例外包装件的要求(10.5.8);以及

(7)定义(附录A)。

二、允许以例外数量运输的危险品

只有允许客机运输且符合下列类别、项别和包装等级(如适用)标准的危险品,方可按例外数量危险品的规定进行运输。

(1)无次要危险性的2.2项物质,但不包括UN1950、UN2037、UN2857、UN3164。

(2)第3类物质,所有包装等级,但不包括次要危险性、包装等级Ⅰ级的物质和UN1204、UN2059、UN3473。

(3)第4类物质,Ⅱ级和Ⅲ级包装,但不包括自身反应物质和UN2555、UN2556、UN2557、UN2907、UN3292、UN3476。

(4)5.1项的物质,Ⅱ级和Ⅲ级包装。

(5)仅限于装在化学品箱或急救箱的5.2项物质。

(6)除了Ⅰ级包装具有吸入毒性的那些物质外,所有6.1项中的物质。

(7)第8类物质,Ⅲ级和Ⅱ级包装,但UN1774、UN2794、UN2795、UN2800、UN2803、UN2809、UN3028和UN3477除外。

(8)第九类物质,仅限固态二氧化氮、转基因生物、转基因微生物。

(9)以上类别、项别和包装等级的物品和物质也可以是例外包装件中的放射性物质,关于放射性物质例外包装件参见本书第九章。

三、识别

为遵守UN《规章范本》(橙皮书),53期DGR对例外数量危险品的要求进行了修订,包括分配了一个由E0到E5的"EQ"代号,以便识别一种物质是否可以例外数量运输,以及内包装和外包装的允许数量(例外数量危险品代号见表2-3)。

表2-3 例外数量危险品代号(DGR2.6A)

代码	最大内包装数量	最大外包装数量
E0	不允许例外数量	
E1	30g/30ml	1kg/1l
E2	30g/30ml	500g/500ml
E3	30g/30ml	300g/300ml
E4	1g/1ml	500g/500ml
E5	1g/1ml	300g/300ml

四、托运人责任

在向运营人交运货物前,托运人必须确保例外数量危险品的包装件能够承受正常航空运输的条件,不需要特别操作、装载或仓储条件,即可能需要避免阳光直射、通风及远离热源等。

五、行李和航空邮件

例外数量的危险品不允许装入或作为交运行李、手提行李以及航空邮件运输。

六、包装要求

（1）必须有内包装，且每一个内包装必须使用塑料或玻璃，瓷，缸瓷，陶土或金属材料（液体危险品运输时厚度不小于0.2mm的），每一内包装或封装气体的容器必须牢固地包装在带有衬垫材料的中间包装内。中间包装必须牢固地包装在坚固的硬质外包装内。内包装上可动的封盖必须用金属丝、胶带或其他有效的措施固定。螺旋口的容器必须有防泄露螺旋盖完全封闭容器内的物品。

（2）每一内包装或封装气体的容器必须牢固地包装在带有衬垫材料的中间包装内。当发生破损和泄漏时，无论包装件的方向如何使用，中间包装材料必须完全包住内装物。液态危险品的中间包装必须含充足的吸附材料，可以完全吸收内包装内的液体。在这种情况下吸附材料可作为衬垫材料，吸附材料和衬垫材料不得与危险品发生危险反应或对其性质产生不良影响。

（3）中间包装必须牢固地包装在坚固的硬质外包装内（木材、纤维板或其他等同坚固的材料）。

（4）整个包装件必须符合IATA《DGR》2.7.3的规定。

（5）每个包装件上必须有足够的空间用于标注必要的标记。

（6）可以使用合成包装件，且其中可以装有危险品包装件或不受IATA《DGR》限制的物品包装件。

（7）例外数量危险品的包装件内不允许含其他的需要危险品申报单进行运输的危险品。

（8）当一个包装件中例外数量的危险品和干冰包装在一起，必须符合包装说明954的规定。

七、标记

（1）内装例外数量危险品的包装件必须粘贴同图2-5或图2-6所示样本一致的标记或标签。如有次要危险性，必须在标签或标记上标明。

图2-5 例外数量包装件标记　　图2-6 例外数量放射性物质包装件标签

★—类别、项别的标号必须填写在此位置；
★★—如果包装件上未注明托运人或收货人的姓名，必须在此注明。

（2）标签/标记最小尺寸为100mm×100mm。

（3）合成包装件内含有例外数量的危险品时，必须按照标记的要求在包装件上注明。标签或标记必须粘贴或印在包装件的明显位置上。如有次要危险性，必须在标签或标记上标明。

八、文件

（1）不要求托运人危险品申报单、检查单、特种货物机长通知单。

（2）航空货运单"Nature and Quantity of Goods（货物品名及数量）"一栏内应填写"例外数量危险品"和包装件的具体数量。当例外数量包装件内装有放射性物质，另加注适当的"放射性物质，例外包装件"和包装件的具体件数。

第八节 国家及运营人差异

如果不同国家或承运人对危险品运输有不同于《危险品规则》的更严格规定，可以向国际民用航空组织或国际航空运输协会申报差异，并列在《危险品规则》的国家、承运人差异中。任何国家或运营人都有权在《危险品规则》登记更严格的差异。在收运或运输危险品之前，应查阅国家及运营人的差异的适用范围。

国家差异由3个字母标识，最后一个字母经常是"G"（政府），后面是按严格顺序排列的两个数字，以"01"开始，例如"AUG-01"。

一、已申报差异条款的国家和地区

下列国家和地区已申报差异条款：

澳大利亚 AUG	德国 DEG	马来西亚 MYG	斯里兰卡 VCG
巴林 BHG	中国香港 HKG	荷兰 NLG	瑞士 CHG
比利时 BEG	印度 ING	巴基斯坦 PKG	土耳其 TRG
文莱达鲁萨兰国 BNG	伊朗 IRG	波兰 PLG	乌克兰 UKG
加拿大 CAC	意大利 ITC	罗马尼亚 ROG	阿拉伯联合酋长国 AEG
中国 CNG	牙买加 JMG	俄罗斯联邦 RUG	英国 GBG
丹麦 DKG	日本 JPG	沙特阿拉伯 SAG	美国 USG
埃及 EGC	韩国 KPG	新加坡 SGG	瓦努阿图 VUG
斐济 DQG	卢森堡 LUG	南非 ZAG	法国 FRC
	中国澳门 MOG	西班牙 ESG	

二、已申报差异条款的运营人

运营人的差异是由航空公司名称二字代码字母和两个数字字符组成，严格按数字顺序的两个数字，开始为"01"。例如，国航为CA，CA-01。

下列运营人已申报差异。

ABSA Cargo：ABSA货运（M3）
Adria Airways：亚德里亚航空公司（南斯拉夫）（JP）
Aer Lingus：爱尔兰航空公司（EI）
Aerolineas Argentinas：阿根廷航空公司（AR）
AeroPeru：秘鲁航空公司（PL）
AeroMexico：墨西哥航空公司（AM）
Air Algerie：阿尔及利亚航空公司（AH）
Air Austral：澳大利亚航空公司（UU）
Air Berlin：柏林航空公司（AB）
Air Canada：加拿大航空公司（AC）
Air China：中国国际航空集团公司（CA）
Air Europa：欧罗巴航空公司（UX）
Air France：法国航空公司（LD）
Air Hong Kong：香港航空公司（LD）
Airlines：印度航空公司（AI）
Airkenya Express Ltd：肯尼亚快运有限公司（P2）
Air Madagascar：马达加斯加航空公司（MD）
Air Mauritius：毛里求斯航空公司（MK）
Air Namibia：纳米比亚航空公司（SW）
Air New Zealand：新西兰航空公司（NZ）
Air Niugini：新几内亚航空公司（PX）
Air Pacific：太平洋航空公司（FJ）
Air Tehiti：塔西提航空公司（VT）
Air Tehiti Nui：波利西亚塔希提航空公司（TN）
Air Wisconsin：威斯康星航空公司（美国）（ZW）
Alaska Airlines：阿拉斯加航空公司（美国）（AS）
Alitalia Airlines：意大利航空公司（AZ）
All Nippon Airways：全日本航空公司（NH）
American Airlins：美国航空公司（AA）
Asiana：韩亚航空公司（OZ）
Austrian Airlines：奥地利航空公司（OS）
Avianca Airlines：哥伦比亚航空公司（AV）
Bangkok Airways：曼谷航空公司（PG）
Biman Bangladesh Airlines：孟加拉比曼航空公司（BG）

British Airways：英国航空公司（BA）

Brussels Airlines：布鲁塞尔航空公司（SN）

Cameroon Airlines：喀麦隆航空公司（UY）

Cargolux：卢森堡国际航空货运公司（CV）

Caribbean Airlines：加勒比航空公司（BW）

Carpatair SA：卡皮特航空公司（V3）

Cathay Pacific Airways：香港国泰航空公司（CX）

China Airlines：中华航空公司（CI）

China Eastern Airlines：中国东方航空公司（MU）

China Southern：中国南方航空公司（CZ）

Comair：商业（控股）航空公司（MN）

Condor Flugdienst GmbH/Condor Berlin：秃鹰柏林航空公司（DE）

Copa Airlines-Cargo：巴拿马空运公司（货运）（CM）

Corsair：克尔斯航空公司（SS）

Corse Mediterranee：地中海科西嘉航空公司（法国）（XK）

Croatia Airlines：克罗地亚航空公司（OU）

Czech Airlines：捷克航空公司（OK）

Delta Air Lines：三角航空公司（美国）（DL）

Deutsche Lufthansa A.G（Lufthansa）：德国汉莎航空公司（LH）

DHL Air Limited：英国敦豪航空公司（DO）

Egyptair：埃及航空公司（MS）

EI AI Israel Airline：以色列航空公司（LY）

Emirates：阿联酋国际航空公司（阿联酋）（EK）

Era Aviation：时代航空（美国）（7H）

ETIHAD Airways：阿联酋联合航空公司（阿联酋）（EY）

European Air Transport-DHL：欧洲货运航空公司（QY）

EVA Airways：长荣航空公司（中国台湾）（BR）

Federal Express：联邦快递公司（美国）（FX）

Finnair：芬兰航空公司（AY）

Garuda Indonesis：印度尼西亚鹰航空公司（GA）

Great Wall Airlines：长城航空公司（IJ）

Gulf Air：海湾航空公司（中东地区海湾四国）（GF）

Hapag-Lloed Flug GmbH：哈帕克-劳埃德航空公司（HF）

Hawaiian Airlines：夏威夷航空公司（HA）

Hong Kong Dragon Airlines（Dragonair）：港龙航空公司（中国香港）（KA）

IBERIA，Lineas Aereas de Espana：西班牙航空公司（IB）

Iran Air：伊朗航空公司（IR）

Japan Airlines：日本航空公司（JL）

Yugoslav Airlines：南斯拉夫航空公司（JU）

Jetstar：捷星航空公司（JQ）

Jette8 Airlines Cargo：杰特8货运航空公司（JX）

Kenya Airways：肯尼亚航空公司（KQ）

KLM Royal Dutch Airlines/KLM cityhopper B.V：荷兰皇家航空公司（KL）

Korean　Airlines：大韩航空公司（KE）

Lan Airlines：智利国家航空公司（LA）

Lauda Air Luftahrt AG：劳达航空公司（奥地利）（NG）

Luxair：卢森堡航空公司（LG）

Lufthansa Cargo Airlines：德国汉莎货运航空公司（LH）

Malaysia Airlines：马来西亚航空公司（MH）

Malev Hungarian Airlines：匈牙利航空公司（MA）

Martinair Holland：马丁荷兰航空公司（MH）

Miami Air International：中东航空公司（ME）

Mongolian Airlines：蒙古航空公司（DM）

Nippon Cargo Airlines：日本货运航空公司（KZ）

Northwest Airlines：西北航空公司（NW）

Philippine Airlines：菲律宾航空公司（PR）

Quantas Airways：快达航空公司（QF）

Qatar Airways：卡塔尔航空公司（QR）

Royal Jordanian：约旦皇家航空公司（RJ）

Scandinavian Airlines System：北欧航空公司（SK）

Saudi Arabian Airlines：沙特阿拉伯航空公司（SV）

Singapore Airlines/Singapore Airlines Cargo：新加坡航空（货运）公司（SQ）

Skywest Airlines：西天航空公司（OO）

Southern Air Transport：南方航空运输公司（SJ）

Swiss International：瑞士国际航空有限责任公司（LX）

TAM Linhas Aereas：巴西支线骨干航空公司（JJ）

Tampa Cargo：坦帕货物运输公司（QT）

Thai Airways International：泰国国际航空公司（TG）

Tunis Air：突尼斯航空公司（TU）

Turkish Airlines：土耳其航空公司（TK）

Transavia AirlinesC.V：环航空运输公司（HV）

Ukraine International Airlines：乌克兰国际航空公司（PS）

United Airlines：联合航空公司（UA）

United Parcel Service：联合包裹服务公司（美国）（5X）

USAfrica Airways：美非航空公司（E8）

Varig Logistica：瓦力格运输公司（LC）

Vietnam　Airlines：越南航空公司（VN）

Virgin Atlantic：维珍大西洋航空公司（VS）
Yemen Airways：也门航空公司（IY）

练习思考题

1. 在国际航协《危险品规则》哪个章节可查到在任何情况下禁止运输的危险品？
2. 经豁免可以运输的危险品其豁免文件应包括哪些内容？
3. 隐含的危险品可在《危险品规则》中哪个章节中查到？
4. 不得作为行李运输的危险品有哪些？
5. 经运营人批准只能作为交运行李接收的物品有哪些？
6. 哪些物品经运营人批准可作为手提行李接收？
7. 装有锂离子电池的消费者自用的电子设备是否可以放在交运行李里？锂金属或锂合金电池的锂含量不超过多少？锂离子电池的额定瓦特小时不超过多少？
8. 中国在《危险品规则》中申报差异了吗？共有多少条款？
9. 爆炸品符合以限制数量运输的危险品吗？
10. 不允许以限制数量运输的危险品有哪些？
11. 限制数量运输的危险品可以用单一包装吗？
12. 允许以例外数量运输的危险品有哪些？
13. 例外数量运输的危险品的包装应符合哪些要求？
14. 例外数量运输的危险品需要危险品申报单吗？
15. 中国东方航空公司在《危险品规则》中申报差异了吗？共有多少条款？
16. 中国南方航空公司接收例外数量运输的包装件吗？

第三章

危险品的分类

> **学习目标**
>
> 1. 了解并掌握危险品的九大分类。
> 2. 正确识别危险性标签。
> 3. 能判断主要危险性与包装等级。

根据危险品所具有的不同的危险性，国际航协《危险品规则》将危险品分成九个不同的"CLASS（类）"来反映不同的危险类型，由于第1～6类危险品因其各自包括的危险性范围较宽而进一步细分为若干"DIVISION（项）"来说明其特定的危险性。许多危险品不只具有一种主要危险性，还具有一种或一种以上次要危险性。

九大类危险品类及其项别的编号顺序仅为了使用方便，与相应的危险性的程度没有任何关联，即：第1类危险品并不比第2、第3类危险品更危险。

第1类——爆炸品（Explosives）

1.1项：具有整体爆炸危险性的物品和物质

1.2项：具有喷射危险性而无整体爆炸危险性的物品和物质

1.3项：具有起火危险性和轻微的爆炸危险性或轻微的喷射危险性，或两者兼而有之，但无整体爆炸危险性的物品和物质

1.4项：不存在显著危险性的物品和物质

1.5项：具有整体爆炸危险性的非常不敏感物质

1.6项：无整体爆炸危险性的极不敏感物质

第2类——气体（Gases）

2.1项：易燃气体

2.2项：非易燃无毒气体

2.3项：有毒气体

第3类——易燃液体（Flammable Liquids）

第4类——易燃固体、自燃物质、遇水释放易燃气体的物质（Flammable Solids；Substances Liable to Spontaneous Combustion；Substances Which, in Contact with Water, Emit Flammable Gases）

4.1项：易燃固体

4.2项：自燃物质

4.3项：遇水释放易燃气体的物质

第5类——氧化性物质和有机过氧化物（Oxidizing Substances and Organic Peroxide）

5.1项：氧化性物质

5.2项：有机过氧化物

第6类——有毒物质和感染性物质（Toxic and Infectious Substances）

6.1项：有毒物质

6.2项：感染性物质

第7类——放射性物品（Radioactive Material）

第8类——腐蚀性物质（Corrosives）

第9类——杂项危险品（Miscellaneous Dangerous Goods）

第一节 九类危险品介绍

一、第1类——爆炸品

1. 爆炸品

（1）爆炸性物质（物质本身不是爆炸品，但能形成气体、蒸气、粉尘爆炸环境者，不列入第1类）。不包括那些太危险而无法运输或那些主要危险性符合其他类别的物质；

（2）爆炸性物品，不包括下述装置：其中所含爆炸性物质的数量或特性不会使其在运输过程中偶然或意外被点燃或引发后因迸射、发火、冒烟、发热或巨响而在装置外部产生任何影响；

（3）上述两款未提到的、为产生爆炸或烟火实用效果而制造的物质和物品。

2. 爆炸品的分类（表3-1）

表3-1 爆炸品的分类

分类/项别号码/名称IMP代码	危险性标签	描述	注解或举例
1.1项 REX		具有整体爆炸危险性的物品和物质。（整体爆炸是指其影响力事实上几乎同时波及全部装载物）	这些爆炸品一般禁止空运，如TNT

续表

分类/项别号码/名称IMP代码	危险性标签	描述	注解或举例
1.2项 REX	(1.2标签)	具有抛射危险而无整体爆炸危险性的物品和物质	这些爆炸品一般禁止空运，如TNT
1.3项 REX RCX当允许时 RGX	(1.3标签)	具有起火危险性、较小的爆炸和/或较小的抛射危险性而无整体爆炸危险性的物品和物质	
1.4项 REX	(1.4 Explosives 标签)	在运输中被引燃或引发时，不存在显著危险性的物品和物质	
1.5项 REX	(1.5 D 标签)	具有整体爆炸危险性而敏感度很低的物质	
1.6项 REX	(1.6 N 标签)	无整体爆炸危险性且敏感度极低的物质	
RXB RXC RXD RXE RXG	1.4B 1.4C 1.4D 1.4E 1.4G		
RXS	1.1, 1.2, 1.4, 1.4B/C/D/E/G, 1.4S	1.1，1.2，1.3（部分1.3C和1.3G除外），1.4F, 1.5, 1.6禁止运输 1.4B、1.4C、1.4D、1.4E、1.4G和部分1.3C、1.3G仅限货机运输 1.4S可以用客机或货机运输	根据国际航协《危险品规则》3.1.A分配配装组

注：任何怀疑具有爆炸性的物品或物质必须根据联合国建议书进行分类。

3.爆炸品的配装组

第1类爆炸品按其所表现出的危险性类型归入6个项别中的一个，并按其适合的爆炸品和物质类别归入13个装配组中的一个。

不同的爆炸品能否混装在一起运输，取决于其配装组是否相同。属于同一配装组的爆炸品能够在一起运输，属于不同配装组的爆炸品一般不能放在一起运输。

爆炸品配装组成的划分见表3-2。

表3-2 爆炸品配装组成的划分

配装组	危险项别	物品或物质的分类
A	1.1	初级爆炸性物质
B	1.1；1.2；1.4	含有初级爆炸性物质且未安装两个或两个以上有效保险装置的物品。某些物品，例如，引爆用雷管、雷管组合件、底火、火帽，虽然不含初级爆炸物质但亦包括在其中
C	1.1；1.2；1.3；1.4	发射药或其他含有这些物质的爆燃性物质或物品
D	1.1；1.2；1.4；1.5	次级爆轰炸药或黑火药，或含次级爆轰炸药的物品，它们均无引发装置和发射药或包括含初级炸药并配置两个或两个以上有效保险装置的物品
E	1.1；1.2；1.4	含有次级爆轰炸药，无引发装置，含发射药（装有易燃液体或凝胶或自燃液体的物品除外）
F	1.1；1.2；1.3；1.4	含有次级爆轰炸药，配置自身的引发装置，含发射药（装有易燃液体或凝胶或自燃液体的物品除外）或不含发射药的物品
G	1.1；1.2；1.3；1.4	烟火药或烟火物品，或装有炸药和照明剂、燃烧剂、催泪剂或烟雾剂的制品（遇水活化制品或含白磷、磷化物、自燃物质、易燃液体或凝胶或自燃液体的物品除外）
H	1.2；1.3	同时含炸药的白磷的物品
J	1.1；1.2；1.3	同时含炸药和易燃液体或凝胶的物品
K	1.2；1.3	同时含炸药和化学毒剂的物品
L	1.1；1.2；1.3	同时含炸药和具有特殊危险性（如遇水活化、或含自燃液体、磷化物或自燃物质）而需要各型号间隔离的爆炸性物质或物品
N	1.6	只含极不敏感的爆轰炸药的物品
S	1.4	包装与设计具备如下条件的物质或物品或该物品在发生事故时只要包装件未被烧坏就可以把任何危险都限制在包装件内。其爆炸和抛射的影响范围很小，不会严重妨碍在附近采取消防或其他应急措施

4. 爆炸品的客货机装载（图3-1）

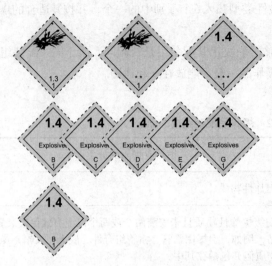

危险项别中的1.1，1.2，1.3（部分1.3C和1.3G除外），1.4F，1.5，1.6不得装运。1.4B、1.4C、1.4D、1.4E、1.4G和部分1.3C、1.3G仅限货机运输。1.4S可以用客机或货机装运。

图3-1 爆炸品的客货机装载

5. 爆炸品举例（表3-3）

表3-3 爆炸品举例

UN/ID编号	运输专用名称	类别或项别（次要危险）	危险性标签	包装等级	例外数量见2.7	客机和货机 限量		客机和货机		仅限货机		特殊规定见4.4	应急代码
						包装说明	每个包装件最大净重	包装说明	每个包装件最大净重	包装说明	每个包装件最大净重		
A	B	C	D	E	F	G	H	I	J	K	L	M	N
0048	Charges, demolition+爆破用炸药	1.1D			—	—	—	Forbidden		Forbidden			1L
0255	Detonators. electric+for blasting 爆破用电管	1.4B	Explosive 1.4		E0	—	—	Forbidden		131	75kg		1L
0366	Detonators for ammunition 弹药用雷管	1.4S	Explosive 1.4		E0	—	—	133	25kg	133	100kg		3L

注：节选自国际航协《危险品规则》4.2表格。

二、第2类——气体

1. 气体

气体是指50℃（122℉）温度下，蒸气压高于300kPa；或在20℃（68℉），标准大气压为101.3kPa的条件下，完全成气态的物质。第2类危险品包括压缩气体、液化气体、溶解气体、冷冻液化气体、气体混合物、一种或一种以上气体与一种或一种以上其他类别物质的蒸汽混合物、充气制品和气溶胶。

"低温液体"等同于"深冷液化气体"。

在正常运输条件下，气体呈现不同的物理状态。

（1）压缩气体　温度–50℃（–58 ℉），包装在高压容器内运输时，完全呈现气态的气体。包装温度低于或等于–50℃（–58 ℉）的所有气体。

（2）液化气体　加压包装运输时，当温度高于–50℃（–58 ℉）时部分呈现液态的气体。

（3）深冷液化气体　在运输包装时，由于自身的低温而部分呈现液态的气体。

（4）溶解液体　加压包装运输时，溶解于某种溶剂中的气体。

2. 气体的项别

根据气体在运输中的主要危险性，将第2类危险品分为以下3项。

（1）2.1项　易燃气体　温度为20℃（68 ℉），压力为标准大气压101.3kPa情况下，与空气混合含量不超过13%时可燃烧的气体；或与空气混合燃烧的上限与下限之差不小于12%（无论下限是多少）的气体。气体的易燃性必须通过国际标准化组织（以下简称ISO）采用的试验方法或计算方法来确定（见ISO标准10156：1996）。如果缺少这些方法的有关资料，必须采用国家主管当局所承认的等效方法进行试验并加以确定。

（2）2.2项　非易燃无毒气体　温度为20℃以下，压力不低于280kPa运输的气体或深冷液化气体。该气体具有窒息性，稀释或取代空气中正常含量的氧气；或有氧化性，一般能够提供氧，助燃能力高于空气；或不符合本类其他项定义的气体。

（3）2.3项毒性气体　毒性气体包括已知的其毒性或腐蚀性危害人类健康的气体；或根据试验LC_{50}的数值小于或等于$5000mL/m^3$（ppm），其毒性或腐蚀性可能危害人类的气体。

例外如下。

（1）运输时温度为20℃，压力小于200kPa，非液化或深冷液化的2.2项气体不受规则的限制。

（2）当包含在以下物品当中的2.2项气体不受DGR规则限制：

① 食品，包括碳酸饮料（除UN1950-气溶胶）；

② 体育用球；

③ 符合特殊规定A59的轮胎；

④ 灯泡，破裂后的喷射物被限制在包装件内。

气溶胶制品：第2类危险品包括气溶胶制品，气溶胶制品是指装有压缩气体、液化气体或加压溶解气体的一次性使用的金属、玻璃或塑料制成的容器。无论里面是否装入液体、粉末或糊状物，这样的容器都有严密的闸阀，当闸阀开启时可以喷出悬浮着固体或液体小颗粒的气体，或喷出泡沫、糊状物、粉末、液体或气体。对于气溶胶，第2类的项别和次要危险性取决于气溶胶容器中内装物的性质。

第2类气体分类见表3-4。

表3-4 气体分类

危险性标签	名称/分类/IMP代码	描述	注解或举例
Flammable gas	Flammable Gas 易燃气体 2.1项 RFG	任何与空气按一定比例混和时形成易燃混合物的气体	丁烷
Non-flammable gas	Non-Flammable non-toxic Gas 非易燃无毒气体 2.2项 RNG	任何非易燃无毒的气体或冷冻液体状态的气体	二氧化碳
(毒性标志)	Toxic Gas 毒性气体 2.3项 RPG	已知具有毒性或腐蚀性强到对人的健康造成危害的气体	大部分毒性气体禁止空运；有一些可以空运，如低毒性的气溶胶等

3. 危险性的主次

具有两个项别以上危险性的气体和气体混合物，其危险性的主次顺序如下：2.3项优先于所有其他项；2.1项优先于2.2项。

4. 气体举例（表3-5）

表3-5 气体举例

UN/ID编号	运输专用名称	类别或项别（次要危险）	危险性标签	包装等级	例外数量见2.7	客机和货机				仅限货机		特殊规定见4.4	应急代码
						限量							
						包装说明	每个包装件最大净重	包装说明	每个包装件最大净重	包装说明	每个包装件最大净重		
A	B	C	D	E	F	G	H	I	J	K	L	M	N
1006	Argon, compressed 压缩氩	2.2	Non-flamm.gas	E1	—	—		200	75kg	200	150kg	A69	2L
1011	Butane	2.1	flamm.gas	E0	—	—		Forbidden		200	150kg	A1	10L
1950	Acrosols, flammable	2.1	flamm.gas	E0	Y203	30kgG		203	75kg	203	150kg	A145 A153	10L

注：节选自国际航协《危险品规则》4.2表格。

三、第3类——易燃液体

第3类包括易燃液体和减敏的液体爆炸物。

1. 易燃液体

本类危险品没有更细的分类。在闭杯闪点试验中温度不超过60℃,或者在开杯闪点试验中温度不超过65.6℃时,放出易燃蒸气的液体、液体混合物、固体的溶液或者悬浊液,定义为易燃液体。

托运液体的温度达到或超过其闪点的,该种液体被认为是易燃液体。以液态形式在高温中运输或托运的,并且在低于或达到运输的极限温度(即该物质在运输中可能遇到的最高温度)时,放出易燃蒸气的物质也被认为是易燃液体。

如果水溶液中水的含量高于90%(质量),或根据ISO 2592:1973所规定的燃点高于100℃(212℉),或通过了适当的燃烧性试验(参阅《联合国试验的标准手册》第Ⅲ部分第32.5.2节中规定的"持续性燃烧试验")的液体在本教材中可不划为易燃液体。

减敏的易燃爆炸品是指溶解或悬浮在水中或其他液体物质,形成一种均匀的液体混合物,以抑制其爆炸性的爆炸性物质。如国际航协《危险品规则》4.2表中的减敏的液态爆炸品条目:UN1204、UN2059、UN3064、UN3343、UN3357、UN3379。

黏稠物质是指厚的黏性的物质例如油漆。

2. 包装等级的标准

根据危险品的危险性程度不同将危险品的危险性分为三个包装等级:Ⅰ级——危险性较大;Ⅱ级——危险性中等;Ⅲ级——危险性较小。

3. 易燃液体的包装等级

易燃液体的包装等级是按照其闪点和沸点来划分的,具体划分的标准见表3-6。

表3-6 第3类包装等级划分

包装等级	闪点(闭杯)	初始沸点
Ⅰ	—	低于或等于35℃
Ⅱ	低于23℃	高于35℃
Ⅲ	高于或等于23℃但是低于或等于60℃	

4. 易燃液体的危险性标签,见表3-7。

表3-7 易燃液体的危险性标签

危险性标签	名称/分类/IMP代码	描述	注解或举例
(火焰图标) Flammable Liquid 3	Flammable Liquid 易燃液体 RFL	在闭杯闪点试验中温度不超过60℃,或者在开杯闪点试验中温度不超过65.6℃时,放出易燃蒸气的液体、液体混合物、固体的溶液或者悬浊液	油漆 带有易燃溶剂的香料产品 汽油

5. 易燃液体举例（表3-8）

表3-8 易燃液体举例

UN/ID 编号	运输专用名称	类别或项别（次要危险）	危险性标签	包装等级	例外数量见2.7	客机和货机 限量 包装说明	客机和货机 限量 每个包装件最大净重	客机和货机 包装说明	客机和货机 每个包装件最大净重	仅限货机 包装说明	仅限货机 每个包装件最大净重	特殊规定见4.4	应急代码
A	B	C	D	E	F	G	H	I	J	K	L	M	N
1203	Motor spirit 车用汽油	3	Non-flamm. Liquid	II	E2	Y305	1L	305	5L	307	60L	A100	3H
1278	1-Chloropropane 丙基氯	3	flammable. Liquid	II	E0	—	—	Forbidden		308	60L	A1	3H
2850	Propylene tetramer 四聚丙烯	3	flammable. Liquid	III	E1	Y309	10L	309	60L	310	220L		3L

注：节选自国际航协《危险品规则》4.2表格。

四、第4类——易燃固体；自燃物质；遇水释放易燃气体的物质

第4类分为3个项别。

1. 4.1项（表3-9）。

表3-9 4.1项危险品

危险性标签	名称/分类/IMP代码	描述	注解或举例
(图标)	Flammable Solid 易燃固体 4.1项 RFS	任何易于燃烧的固体和摩擦可能起火的固体	火柴 注：一些是自身反应物质

4.1项包括以下几种。

（1）易燃固体 易燃固体是指在正常运输中遇到情况容易燃烧或摩擦容易起火的固体，容易产生强烈的放热反应的自身反应及相关物质，以及如不充分稀释则可能爆炸的减敏爆炸品。

易燃固体容易燃烧和摩擦起火。如果易燃固体处于粉末、颗粒或膏状物，被明火（例如燃着的火柴）瞬时点燃，火势迅速蔓延，则更加危险，此种危险性不仅来自于火焰而且来自于燃烧生成的有毒产物。金属粉末的起火更具危险性，因为灭火困难，使用二氧化碳和水等灭火剂只能助长火势。

（2）自身反应物质 自身反应物质的稳定性较差，甚至在无氧气（空气）情况下，仍发生强烈的分解反应。受到摩擦、碰撞、热量、或与催化剂的杂质（如酸、碱及重金属化合物）接触可以引起自身反应物质的分解，分解的速度因物质的不同而不同，并且随温度升高而加快。

分解可能产生有毒气体或蒸气,尤其在明火的情况下,这种可能性更大。对于某些自身反应物质,必须控制温度。有些自身反应物质能以爆炸方式分解,特别是在被封闭的条件下。这种特性可以通过加入稀释物质或采用合适的包装来改变。有些自身反应物质可以猛烈燃烧。

自身反应物质是根据其危险程度来分类的,它们必须按照国际航协《危险品规则》4.2危险品表中相应的自身反应物质的泛指名称条目UN3221～UN3240进行运输。相关物质的条目是UN2956,UN3242和UN3251,这些条目必须指明:① 自身反应物质的类型("B"至"F");② 物理状态(即液态/固态);③ 是否要求控制温度。

为了保证运输安全,含4.1项的自身反应物质在运输过程中的包装件或集装器必须避免阳光直射,远离所有热源,放置在通风良好的地方,并且其他货物不得堆放其上。

> 运输中需要控制温度的自身反应物质禁止空运,除非被豁免。

(3)减敏的爆炸品 减敏的爆炸品是指用水或醇类浸湿或者用其他物质稀释而抑制其爆炸性的物质。IATA《DGR》4.2危险品表中所列明的减敏爆炸品有UN系列的1310,1320,1321,1322,1336,1337,1344,1347,1348,1349,1354,1355,1356,1357,1517,1571,2555,2556,2557,2852,2907,3317,3319,3344,3364,3365,3366,3367,3368,3369,3370,3376,3380和3474。

2. 4.2项自燃物质(表3-10)

表3-10 4.2项自燃物质

危险性标签	名称/分类/IMP代码	描述	注解或举例
(火焰图案,4.2项标签)	Spontaneously Combustible 自燃物质 4.2项 RSC	这种物质能自发放热,或接触空气能够放热,并随后起火	二氨基镁、白磷(鬼火)

自燃物质是指正常运输条件下自发放热或接触空气放热并随后起火的物质。自燃物质包括自动燃烧物质和自发放热两种类型的物质,这两种类型的物质可根据其自燃性加以区别。

自动燃烧物质是包括混合物和溶液在内的物质(液态或固态)。这种物质即使在数量极少时,如与空气接触仍可在5min内起火,这种物质最容易自动燃烧。自发放热物质是指在无外部能量供应的情况下,与空气接触可以放热的固体物质。这种物质只有在数量大(数千克)且时间长(数小时或数天)的情况下才能被点燃。自发放热物质发生自燃现象的原因,是由于空气中的氧发生反应并且热量不能及时散发所致。当放热速度大于散热速度并且达到自燃温度时,就会发生自燃。

4.2项自燃物质和自发放热物质的包装等级标准必须按照IATA《危险品规则》3.4.2.4的规定划分,其中自动燃烧液体和固体必须划为Ⅰ级包装,自发放热物质则按相应的标准划分为Ⅱ级或Ⅲ级包装。

3.4.3项 遇水释放易燃气体的物质表（表3-11）

表3-11 4.3项 遇水释放易燃气体的物质

危险性标签	名称/分类/IMP代码	描述	注解或举例
Dangerous when wet 4	Dangerous When Wet 遇水释放易燃气体的物质 4.3项 RFW	这种物质与水反应自燃或产生易燃气体	钠、氢气

遇水释放易燃气体的物质与水反应易自燃或产生足以构成危险数量的易燃气体。在国际航协《危险品规则》4.2危险品表中注明"与水反应"的物质均归属本项。

某些物质与水接触可以放出易燃气体，这些气体与空气可以形成爆炸性的混合物。这样的混合物被一般的火源引燃，例如没有罩的灯、发火花的手工工具或未加保险装置的灯泡。产生的爆炸冲击波和火焰既会危及人的生命又会破坏环境。

确定某一物质与水反应能否生成足以达到危险数量的易燃气体的方法，按照IATA《危险品规则》第3.4.3的规定，但这一方法不得用于自燃物质。

4.3项遇水释放易燃气体的物质必须按照IATA《危险品规则》规定的试验方法和标准进行分类。被测物质在任一试验步骤中发生自燃或每小时放出易燃气体的数量超过1L/kg的，必须划为4.3项，具体包装等级的划分标准如下。

（1）在环境温度下，与水进行剧烈反应并且经证明产生的气体是可以自燃的物质，定为Ⅰ级。在环境温度下，容易与水反应并且在任一分钟内所产生的气体的速度大于或等于10L/kg的物质，也定为Ⅰ级。

（2）未达到Ⅰ级标准，在环境温度下，容易与水反应并且每小时放出易燃气体的最高速度大于或等于20L/kg的物质，定为Ⅱ级。

（3）未达到Ⅰ级或Ⅱ级标准，在环境温度下，缓慢与水反应并且每小时放出易燃气体的最高速度大于1L/kg的物质，定为Ⅲ级。

金属有机化合物根据其不同性质，可以划归为4.2项或4.3项。

4.固体举例（节选自国际航协《危险品规则》4.2表格，表3-12）

表3-12 固体举例

UN/ID编号	运输专用名称	类别或项别（次要危险）	危险性标签	包装等级	例外数量见2.7	客机和货机 限量 包装说明	客机和货机 限量 每个包装件最大净重	客机和货机 包装说明	客机和货机 每个包装件最大净重	仅限货机 包装说明	仅限货机 每个包装件最大净重	特殊规定见4.4	应急代码
A	B	C	D	E	F	G	H	I	J	K	L	M	N
1945	Matches,wax vesta 维斯塔蜡火柴	4.1	Flamm.solid	Ⅲ	E1	Y404	10kg	404	25kg	404	100kg	A125	3L
2004	Magneslum diamide 二氨基镁	4.2	Spont.comb	Ⅱ	E2	—	—	416	15kg	418	50kg		4W
2257	Potassium 钾	4.3	Dang.when wet	Ⅰ	E0	—	—	Forbidden		412	15kg	A1	4W

五、第5类——氧化剂和有机过氧化物

第5类危险品分为下列两项：5.1项　氧化剂和5.2项　有机过氧化物。

1. 5.1项　氧化剂（表3-13）

表3-13　5.1项 氧化剂

危险性标签	名称/分类/IMP代码	描述	注解或举例
Oxidizer 5.1	Oxidizer 氧化剂 5.1项 ROX	这种物质放出氧气可能引起其他物质燃烧	氯酸钙、硝酸铵肥料、漂白粉、双氧水等

氧化剂是指自身不一定可燃，但可以放出氧气而引起其他物质燃烧的物质。对于氧化剂，应根据国际航协《危险品规则》中有关的标准试验进行判定。

氧化剂归类和包装等级的确定。

（1）确定危险品固体和液体5.1项的归类应当按照IATA《危险品规则》中有关试验方法、程序及标准和《联合国关于危险品运输的建议措施试验和标准手册》办理。试验结果与经验不符的，必须与始发国有关当局协商，确定相应的分类和包装等级。

（2）确定固体氧化剂和液体氧化剂包装等级的标准应当按照IATA《危险品规则》有关规定办理。

（3）具有其他危险性如毒性或腐蚀性的物质，必须按照IATA《危险品规则》有关多重危险性物品和物质的分类规定办理。

2. 5.2项　有机过氧化物（表3-14）

表3-14　5.2项 有机过氧化物

危险性标签	名称/分类/IMP代码	描述	注解或举例
5.2	Organic Peroxide 有机过氧化物 5.2项 ROP	有机过氧化物（液体或固体）易被点燃并加速燃烧；有些物质与其他物质发生危险反应	参见国际航协《危险品规则》附录C

含有二价过氧基—O—O—的有机物称为有机过氧化物。或看做是一个或两个氢原子被有机原子团取代的过氧化氢的衍生物。有机过氧化物遇热不稳定，它可以放热并因而加速自身的分解。此外，它还可能具有下列一种或多种性质：

（1）易于爆炸分解；

（2）速燃；

（3）对碰撞和摩擦敏感；

（4）与其他物质发生危险的反应；

（5）损伤眼睛。

有机过氧化物必须按IATA《危险品规则》4.2危险品表中列出的相应的有机过氧化物的泛指名称条目（从UN3101至UN3120）进行运输，这些条目必须指明：

（1）有机过氧化物的类型（"B"至"F"）；

（2）有机过氧化物的物理状态（固态或液态）；

（3）是否要求控制温度。

有机过氧化物的特殊危险性为：有机过氧化物遇热与杂质（如酸、重金属化合物和胺类）接触，受到摩擦或碰撞容易引起热分解反应，分解的速度随温度升高而加快并因其成分而异，分解时可能放出有害的或易燃的气体或蒸气。某些有机过氧化物可以发生爆炸分解，在封闭状态下尤为强烈，许多有机过氧化物可以猛烈地燃烧。

许多液体有机过氧化物溶液是易燃的，但是不需要另外的危险性标签，因为有机过氧化物标签本身即暗示该物质可能是易燃的。

眼睛应避免接触有机过氧化物。即使与某些有机过氧化物作短暂的接触，也会严重损伤角膜。此外，它们还会腐蚀皮肤。

大部分的有机过氧化物与其他物质发生危险反应，因此，许多有机过氧化物只有在采取减敏措施后才允许运输。

> 在运输中需要控制温度的有机过氧化物禁止空运，除非经豁免。

在运输过程中，含有机过氧化物的包装件或集装器必须避免阳光直射，远离各种热源，放置在通风良好的地方，并且不得将其他货物堆放其上。

3. 氧化剂和有机过氧化物举例（节选自国际航协《危险品规则》4.2表格，表3-15）

表3-15 氧化剂和有机过氧化物举例

UN/ID编号	运输专用名称	类别或项别（次要危险）	危险性标签	包装等级	例外数量见2.7	客机和货机				仅限货机		特殊规定见4.4	应急代码
						限量							
						包装说明	每个包装件最大净重	包装说明	每个包装件最大净重	包装说明	每个包装件最大净重		
A	B	C	D	E	F	G	H	I	J	K	L	M	N
1452	Calcium carbide 氯酸钙	5.1	Oxidizer	II	E2	Y509	2.5kg	509	5kg	512	25kg		5L
1490	Potassium permanganate 高锰酸钾	5.1	Oxidizer	II	E2	Y508	2.5kg	508	5kg	511	25kg		5L

六、第6类——毒性物质和感染性物质

第6类危险品分为下列两项：6.1项 毒性物质和6.2项 感染性物质。

1. 6.1项 毒性物质（表3-16）

表3-16 6.1项 毒性物质

危险性标签	名称/分类/IMP代码	描述	注解或举例
(毒性物质标签)	Toxic Substance 6.1项 毒性物质 RPB	吞食、吸入或与皮肤接触后有危险的液体或固体	砷 注：有些物质是禁止运输的

（1）定义 毒性物质是指在吞入，吸入或皮肤接触后进入人体可导致死亡或危害健康的物质。来源于植物、动物或其他菌源的毒素，如不含感染性物质或微生物，应分类为6.1项，并划归UN3172。

（2）包装等级的标准 包括农药在内的6.1项毒性物质，必须根据它们在运输中的毒性大小划分包装等级。在划分包装等级时应当依据从动物实验中得出的LC_{50}或LD_{50}的数据来确定。如果某一毒性物质在通过不同途径侵入人体时表现出不同程度的毒性，则必须根据其中最高的毒性划定包装等级。

对于经口摄入，经皮肤接触和吸入毒性物质，其包装等级按表3-17确定，对于吸入蒸气而能导致中毒的物质，其包装等级按表3-18确定。就某一毒性物质而言，如果吸入其蒸气与吸入其烟雾所产生的毒性大小不同，则必须按照两者中的最高毒性确定其包装等级。

必须注意，催泪气体物质的毒性数据即使与Ⅲ级包装相符，也必须将他们划为Ⅱ级包装。次要危险性为6.1项的压缩气体混合物，如毒性气体含量很低而致使混合物的LC_{50}值高于$10000 mL/m^3$，可以按"压缩气体，泛指名称"（UN1956）或相应的"压缩气体，易燃，泛指名称"（UN1954）办理。

吸入其蒸气可导致中毒的Ⅰ级包装的液体毒害品禁止用客机和货机运输。

（3）包装等级标准（表3-17，表3-18）

表3-17 口服、皮肤接触及吸入尘/雾的毒性

包装等级	口服毒性$LD_{50}/(mg/kg)$	皮肤接触毒性$LD_{50}/(mg/kg)$	吸入尘、雾毒性$LC_{50}/(mg/L)$
Ⅰ	小于或等于5	小于或等于50	小于或等于0.2
Ⅱ	大于5但小于或等于50	大于50但小于或等于200	大于0.2但小于或等于2
Ⅲ	大于50但小于或等于300	大于200但小于或等于1000	大于2但小于或等于4

表3-18　吸入蒸气的毒性

包装等级	吸入物毒性
Ⅰ级	LC_{50}小于或等于1000mL/m³，V大于或等于$10 \times LC_{50}$
Ⅱ级	LC_{50}小于或等于3000mL/m³，V大于或等于LC_{50}，而且不符合Ⅰ级包装标准
Ⅲ级	LC_{50}小于或等于5000mL/m³，V大于或等于$0.2 \times LC_{50}$，而且不符合Ⅰ级和Ⅱ级包装标准

注：1. V表示20℃、标准大气压下，毒性物质在空气中饱和蒸气的浓度。
2. 吸入其蒸气可导致中毒的Ⅰ级包装的液体毒性物质，禁止航空运输。

（4）农药　凡是LC_{50}或LD_{50}是已知的且归属于6.1项的所有有效农药物质及其制品，必须按照国际航协《危险品规则》3.6.1.5的标准划归适当的包装等级。但具有次要危险性的物质及其制品，则必须按照国际航协《危险品规则》3.10.A表的规定进行分类，并划归适当的包装等级。

农药在运输中所使用的运输专用名称应根据其活性成分、农药的物理状态以及它可能具有的次要危险性加以选择。

从世界卫生组织（WHO）国际化学品安全计划处（1211 Geneva 27，Switzerland），可获得最新版本的世界卫生组织《农药危险分类及分类原则建议》这一文件，在此文件中载有关于若干种普通农药的LD_{50}毒性的数据，但其运输分类或包装等级必须依照国际航协《危险品规则》的规定执行。

2. 6.2项　感染性物质（表3-19）

表3-19　6.2项 感染性物质

危险性标签	名称/分类/IMP代码	描述	注解或举例
Infectious substance In case of damage or leakage Immediately notify Public Health authority 6	Infectious Substance 感染性物质 6.2项 RIS	已知或含有或有理由认为含有病原体并使人类或动物感染疾病的物质	病毒、细菌、HIV（AIDS）一些诊断用标本 医学或临床废弃物

（1）概念　感染性物质（Infectious Substances）是那些已知含有或有理由认为含有病原体的物质。病原体是指会使动物或人感染的微生物（包括细菌、病毒、立克次体、寄生虫、真菌）或其他媒介物，例如朊毒体。

生物制品（Biological Products）是指由活生物体中获取的那些制品，它们应根据可能具有特殊许可证发放要求的国家政府当局的要求来制造和销售，并被用于对人类或动物疾病的预防、治疗或诊断，或用于与此内容相关的开发、实验或相关研究目的。它们包括但不限于已完成或未完成制品，例如疫苗。

培养物（Clutures）是指病原体被故意繁殖处理的结果。该定义不包括下述定义的病源标本。病源标本（Patient Specimens）是指为了研究、诊断、调查活动和疾病治疗与预防一类的目的运输的直接从人或动物身上采集的人体或动物体物质，包括但不限于排泄物、分泌物、血液及其制品、组织和组织液棉签。

医学或临床废弃物（Medical or Clinical Wastes）指对动物或人类进行医疗或进行生物研究而产生的废弃物。

（2）感染性物质的分类　感染性物质必须归类于6.2项，并视情况划入UN2814、UN2900、UN3291或UN3373。

① 感染性物质的分类　A类：指在运输中与之接触能对本来健康的人或动物造成永久性残疾，危及生命危险或致命疾病的感染性物质。符合这些标准的物质示例见国际航协《危险品规则》3.6.D表。

> 注：
> 发生接触系指使感染性物质离开保护性包装与人或动物的身体接触的情况。

a.符合这些标准的感染性物质使人类染病或使人和动物都染病的必须划入UN2814，仅使动物染病的必须划入UN2900。

b.划入UN2814或UN2900的必须基于病原人或动物的已知病史的症状、当地的地方性特征或对病原人或动物的个体情况的职业判断。

B类：不符合A类标准的感染性物质，B类感染性物质必须划归为UN3373。

> 注：
> UN3373的运输专用名称为：生物物质B类Biological substance，category B。

生物制品分为以下两种情况。

a.按照国家有关当局的要求制造和包装，并为了最后包装或销售而运输、供医务人员或个人自身保健而使用的生物制品，不受国际航协《危险品规则》的限制。

b.不属于以上情况，且已知或有理由相信含有感染性物质和符合A类或B类标准的物质的生物制品，必须酌情划归为UN2814、UN2900或UN3373。

ⓐ 转基因微生物和有机物　不符合感染性物质定义的转基因微生物必须按照国际航协《危险品规则》3.9节进行分类。

ⓑ 医学或临床废弃物　含有A类感染性物质的医学或临床废弃物必须视情况划入UN2814或UN2900。含有B类感染性物质的医学或临床废弃物必须划入UN3291。作为规定，同时还可能需要考虑国际性、地区性和国家性的废弃物目录。

有理由相信含有感染性物质的可能性低的医学或临床废弃物必须划入UN3291。

曾含有感染性物质的医学或临床废物，经消毒后不受国际航协《危险品规则》的限制，除非符合归入另一类危险品的归类标准。

② 传染病的活体动物

a.有意使之感染的和已知或怀疑含有感染性物质的活体动物绝对不可空运，除非所含有的感染性物质无法以其他方式进行托运。受感染的动物只可以依照有关国家当局批准的限制条件进行运输。

b.除非感染性物质没有其他可用的载体，活体动物不得以感染性物质的载体托运。

c.被A类或将要划为A类仅限培养菌种的病原体感染的动物的材料或物料，必须视情况划归为UN2814或UN2900。

③ 病源标本　除符合国际航协《危险品规则》3.6.2.2.3（感染性排除）外的病源标本必须视情况划入UN2814、UN2900或UN3373。

3. 毒性和感染性物品举例（节选自国际航协《危险品规则》4.2表格、表3-20）

表3-20　毒性和感染性物品举例

UN/ID编号	运输专用名称	类别或项别（次要危险）	危险性标签	包装等级	例外数量见2.7	客机和货机 限量 包装说明	客机和货机 限量 每个包装件最大净重	客机和货机 包装说明	客机和货机 每个包装件最大净重	仅限货机 包装说明	仅限货机 每个包装件最大净重	特殊规定见4.4	应急代码
A	B	C	D	E	F	G	H	I	J	K	L	M	N
1558	Arsenic 砷	6.1	Toxic	II	E4	Y613	1kg	613	25kg	615	100kg		6L
2874	Furfuryl alcohol 糠醇	6.1	Toxic	III	E1	Y611	2L	611	60L	618	220L		6L
2814	Infectious substance,affecting humans（liquid）感染性物品，对人体有危害的液体	6.2	Infectious subet.		E0	—	—	602	50mL	602	4L	A81 A140	11Y

七、第7类——放射性物质

本类危险品无分项。

放射性物质是指所含放射性核素的活度浓度和托运货物总活度均超过国际航协《危险品规则》10.3.2中规定数值的物质。

放射性物质能自发和连续的发射出电离辐射，它们能对人类或动物健康产生危害，并可使照相底片或X光片感光。这种辐射不能被人体的任何感觉（视觉、听觉、触觉、或味觉）所觉察，但可用合适的仪器探测和测量。

不管放射性物质本身的辐射水平多么高，经过屏蔽包装，在放射性物质的包装表面，其辐射水平可以控制在一定的水平。按包装件或集装箱的运输指数，可以将放射性物品分为三个等级，运输指数大于10的包装件，一般禁止运输。

放射性物质见表3-21所列。

表3-21　放射性物质

危险性标签	名称/分类/IMP代码	表面最高辐射水平 μSv/h （mrem/h）运输指数TI	注解或举例
RADIOACTIVE I	Radioactive 放射性物质 7类 I级白色 White I RRW	≤5（0.5） TI=0	医疗或工业用的放射性同位素 如钴-60、铯-131

续表

危险性标签	名称/分类/IMP代码	表面最高辐射水平 μSv/h (mrem/h) 运输指数TI	注解或举例
RADIOACTIVE II	Radioactive 放射性物质 7类 Ⅱ级黄色 Yellow Ⅱ RRY	>5（0.5）≤500（50） 0<TI≤1	医疗或工业用的放射性同位素 如钴-60、铯-131
RADIOACTIVE III	Radioactive 放射性物质 7类 Ⅲ级黄色 Yellow Ⅲ RRY	>500（50）≤2000（20） 1<TI≤10	
FISSILE	Radioactive 裂变物质 临界安全指数	除适当地放射性物质标签外，必须使用临界安全指数标签	裂变物质：铀-233、铀-235、钚-239、钚-241

八、第8类——腐蚀性物质

1. 定义

由于发生化学反应而能够严重损伤与之接触的生物组织，或如果发生渗漏情况会严重损坏其他货物及运输工具的物质称为腐蚀性物质见表3-22。

表3-22 腐蚀性物质

危险性标签	名称/分类/IMP代码	描述	注解或举例
CORROSIVE	Corrosive Material 腐蚀性物质 8类 RCM	通过化学作用在接触生物组织时会造成严重损伤、或在渗漏时会严重损害甚至破坏其他货物或运输工具的物质	注有酸液的电池、强酸、强碱、盐酸、硝酸、硫酸

2. 包装等级的标准

（1）Ⅰ级包装 使被测物质与完好的动物皮肤接触，接触时间不超过3min，观察时间为60min。在观察期间内皮肤被破坏的厚度如达到100%，则被测物质定位Ⅰ级。

（2）Ⅱ级包装　使被测物质与完好的动物皮肤接触，接触时间超过3min而不超过60min，观察时间为14天。在观察期间内皮肤被破坏的厚度如达到100%，则被测物质定为Ⅱ级。

（3）Ⅲ级包装　使被测物质与完好动物皮肤接触，接触时间超过60min而不超过4h，观察时间为14天。在观察期间内皮肤被破坏的厚度如达到100%；或被测动物皮肤没有完全坏死，但在55℃的试验温度下，被测物质在一年之内腐蚀钢或铝的厚度可达6.25mm（1/4in）以上，则被测物质应定为Ⅲ级。

3. 第八类危险品包装等级（见表3-23）

表3-23　第八类危险品包装等级

包装等级	接触时间	观察时间	钢/铝的腐蚀厚度
Ⅰ	≤3min	≤60min	—
Ⅱ	>3min，≤60min	≤14d	—
Ⅲ	>60min，≤4h	≤14d	每年腐蚀厚度大于6.25mm（1/4in）试验温度至少为55℃（130℉）

4. 腐蚀性物质举例（节选自国际航协《危险品规则》4.2表格，表3-24）

表3-24　腐蚀性物质举例

UN/ID编号	运输专用名称	类别或项别（次要危险）	危险性标签	包装等级	例外数量见2.7	客机和货机 限量 包装说明	客机和货机 限量 每个包装件最大净重	客机和货机 包装说明	客机和货机 每个包装件最大净重	仅限货机 包装说明	仅限货机 每个包装件最大净重	特殊规定见4.4	应急代码
A	B	C	D	E	F	G	H	I	J	K	L	M	N
1789	Hydrochloric acid 盐酸	8	Corrosive	Ⅱ Ⅲ	E2 E1	Y809 Y819	0.5L 1L	809 819	1L 5L	813 821	30L 60L	A3	8L 8L
3028	Batteries, dry, containing potassium hydroxide solid + electric storage 干蓄电池，含氢氧化钾固体（电储存）	8	Corrosive		E0	—	—	802	25kg	802	230kg		8L
2794	Batteries,wet,filled with acid,electric storage 注有酸液的蓄电池（电储存）	8	Corrosive		E0	—	—	800	30kg	800	No limit	A51 A164	8L
2795	Batteries,wet,filled with alkali,electric storage 注有碱液的蓄电池（电储存）	8	Corrosive		E0	—	—	800	30kg	800	No limit	A51 A164	8L
2800	Batteries,wet,non-spillable,electric storage 蓄电池，湿的，非外溢的（电储存）	8	Corrosive		E0	—	—	806	No limit	806	No limit	A48 A67 A164	8L

九、第9类——杂项危险品

1.定义

杂项危险品指不属于第一类至第八类任何一类危险品,但是在航空运输中具有危险性的物品和物质(表3-25)。

表3-25 杂项危险品

危险性标签	名称/分类/IMP代码	定义/描述	常见危险品
	杂项危险品 RMD	在航空运输中会产生危险但不在前8类中所包含。在航空运输中可能会产生麻醉性、刺激性或其他性质而使旅客感到烦恼或不舒适	石棉、大蒜油、救生艇、内燃机、车辆、电动轮椅、航空救生器材
	颗粒状聚合物 RSB	充满易燃气体或液体,可能放出少量易燃气体	半成品聚合物材料,如聚氯乙烯颗粒
	固体二氧化碳(干冰)ICE	固体二氧化碳(干冰)温度为-79℃,其升华物比空气沉,在封闭的空间内大量的二氧化碳能造成窒息	
	危害环境的物质 RMD	指满足UN《规章范本》2.9.3标准的物质,或满足始发、中转、目的地国家主管当局制定的国家或国际标准的物质	
	遗传变异的微生物及生物体 RMD	不符合感染性物质的定义,但能够以非正常自然繁殖方式改变动物、植物或微生物的遗传基因的微生物或生物体,必须划为UN3245	
	磁性物质 MAG	这类物质产生很强的磁场	磁电管、未屏蔽的永磁体、钕铁硼

2.杂项危险品的范围

(1)航空业限制的固体或液体 具有麻醉性、有害性、刺激性或其他性质,一旦出现在航空器上溢出或泄露能引起机组人员极端烦躁或不适,以致使其不能正常履行职责的任何物质。此运输专用名称下所包括的物质不得符合第1~8类的任何定义。

(2)磁性物质

① 任何材料当包装好进行航空运输时,其最大磁场强度足以在距离包装件表面任意一点

2.1m处使罗盘偏转2°的,即为磁性物质。使罗盘偏转2°的磁场强度相当于0.418A/m(0.00525 Gauss)。

② 磁场强度必须使用敏感度足够读出2°变化的磁罗盘进行测定,最好增量范围在1°或者更为精确;或者使用敏感度足够高的高斯计,可以测量出超过0.0005高斯(Gauss)的磁场强度,公差范围在±5%;或者其他等效方式。

③ 0罗盘测量必须放置在除地磁场外不受磁场干扰的区域。当使用罗盘时,材料和罗盘必须对准东西方向。使用高斯计测量须根据制造商的指示进行操作。测量方法应该是:将包装好的材料在水平面旋转360°且在测量设备与包装件表面任意一点之间保持一个固定的距离(根据包装说明PI953规定的2.1m或4.6m)。可以采取屏蔽减少包装件的磁场强度。

> **注:**
> 大多数铁磁性金属比如汽车、汽车零件、金属护栏、管以及金属建筑材料,即使不满足磁性物质定义但仍有可能影响飞机罗盘,原因是单独的包装件或物品不满足磁性物质的定义,但经累积就有可能达到磁性物质的磁场强度。

(3)高温物质 高温物质是指运输的温度等于或高于100℃(212 ℉)的液体状态的物质,或温度等于或高于240℃(464 ℉)固体状态的物质。高温物质必须按照有关豁免规定进行运输。

(4)环境危害物质 环境危害物质(水生环境)是指那些符合UN《规章范本》2.9.3标准或者符合国家规章标准的,而该规章则是由始发、经停、目站国家相应的权威机构所制定的。水生环境中的物质或混合物,不具有其他类别的危险性,但作为危险品来托运的,必须按包装等级Ⅲ级,并按如下标明:UN3077,Environmentally hazardous substance,solid,n.o.s;或UD3082,Environmentally hazardous substance,liquid,n.o.s。

(5)转基因微生物(GMMOs)和转基因生物(GMOs)

① 转基因微生物和转基因生物是已通过基因工程有目的地改变遗传物质的微生物和生物,而非自然发生基因改变。

② 不符合毒性物质和传染性物质定义的转基因微生物和转基因生物必须归为UN3245。

③ 始发、中转和目的国有关当局批准使用的转基因微生物和转基因生物不受本规则限制。

④ 转基因活动物必须按始发国和目的地国有关当局的具体定义和条件进行运输。

(6)其他物品和物质

① 石棉

② 固体二氧化碳(干冰)

③ 消费用品

④ 化学试剂盒和急救包

⑤ 救生设备

⑥ 内燃发动机

⑦ 机动车辆(易燃气体或易燃液体驱动)

⑧ 聚合物颗粒

⑨ 电池驱动的设备或车辆

⑩ 连二亚硫酸锌

3. 杂项危险品举例（节选自国际航协《危险品规则》4.2表格，表3-26）

表3-26 杂项危险品举例

UN/ID编号	运输专用名称	类别或项别（次要危险品）	危险品标签	包装等级	例外数量见2.7	客机和货机 限量 包装说明	客机和货机 限量 每个包装件最大净重	客机和货机 包装说明	客机和货机 每个包装件最大净重	仅限货机 包装说明	仅限货机 每个包装件最大净重	特殊规定见4.4	应急代码
A	B	C	D	E	F	G	H	I	J	K	L	M	N
2212	Blue asbestos+（crocidolite）蓝石棉	9						Forbidden		Forbidden		A61	9L
2807	Magnetized material+磁性材料	9	Magnetized material		E0		Forbidden	902	No limit	902	No limit		9M
1931	Zinc dithionite 连二亚硫酸锌	9	Miscellaneous	Ⅲ	E1		Forbidden	906	100kg	906	200kg	A48	9L

第二节 多重危险性物品和物质的分类

一、主次危险性

某些危险品不只具有一种主要危险性，同时还具有一种或一种以上的次要危险性。如果某些物品或物质在IATA《危险品规则》4.2危险品表中未列出具体名称，又具有双重危险性，并且两种危险性出现在第3类、第4类、第8类、5.1项或6.1项时，必须用IATA《危险品规则》3.10.A表（表3-27）来确定两种危险性中的一种作为主要危险性，一种作为次要危险性。

某一物品或物质具有3种或3种以上危险性，但未明确列入IATA《危险品规则》4.2危险品表中，发生这种情况时必须请示始发国家的主管当局。（但列入IATA《危险品规则》4.1A表的危险品除外）。

1. 包装等级

在不同危险性所对应的包装等级中，必须选取最严格的包装等级来作为该危险品的包装等级。选定的包装等级应在表示主要危险性的类、项编号旁边标明。

2. 运输专用名称

根据IATA《危险品规则》3.10表分类的物品或物质，必须选用IATA《危险品规则》，4.1.A表中其主要危险性所属类、项对应的最贴切的泛指名称条目作为运输专用名称。

二、例外

具有多重危险性的物品或物质，如果其中一种危险性符合下列各类、项的标准，则这些类、项永远作为主要危险性，因此它们不在IATA《危险品规则》3.10表中列出。

（1）第1类、第2类和第7类。

（2）5.2项和6.2项。

（3）4.1项的自身反应物质及类似物质和减敏的爆炸品。

（4）4.2项的自燃性物质。

（5）6.1项Ⅰ级包装的具有吸入毒性的物质。

（6）第3类减敏的液体爆炸品。

三、放射性物质

具有其他危险性质的放射性物质通常必须归为第七类危险品，同时其次要危险性也必须得到识别，除放射性物质的例外数量包装件，其另外的危险性质占主导的情况外。特殊规定A130适用于放射性物质例外数量包装件。另外，还需考虑通过物质和空气或水发生反应生成的产物可能具有其他危险性质。

四、磁性材料

具有其他危险性同时也符合磁性材料标准的物品，除作为磁性物质外，还必须根据本条例的规定进行识别。

五、感染性物质

具有其他危险性的感染性物质必须始终归类为6.2项，并且还应标明它的其他危险性的最大危险性。

表3-27 判断主要危险性与包装等级（DGR3.10.A表）

分类	包装等级	4.2 II	4.2 III	4.3 I	4.3 II	4.3 III	5.1 I	5.1 II	5.1 III	6.1(d) I	6.1(o) I	6.1 II	6.1 III	8(l) I	8(s) I	8(l) II	8(s) II	8(l) III	8(s) III
3	I	—	—	—	—	—	—	—	—	3,I	3,I	3,I	3,I	3,I	—	3,I	—	3,I	—
3	II	—	—	—	—	—	—	—	—	3,I	3,I	3,II	3,II	8,I	—	8,II	—	3,II	—
3	III	—	—	—	—	—	—	—	—	6.1,I	6.1,I	6.1,II	3,III	8,I	8,I	8,II	4.1,II	3,III	4.1,II
4.1	II	4.2,II	—	4.3,I	4.3,II	—	—	4.1,II	4.1,II	6.1,I	6.1,I	4.1,II	4.1,II	—	8,I	—	4.1,II	—	4.1,II
4.1	III	4.2,II	4.2,III	4.3,I	4.3,II	4.3,III	—	4.1,II	4.1,III	6.1,I	6.1,I	4.1,II	4.1,III	—	8,I	—	8,II	4.1,III	4.1,III
4.2	II			4.3,I	4.3,II	—	—	4.2,II	4.2,II	6.1,I	6.1,I	4.2,II	4.2,II	4.2,II	8,I	4.2,II	8,II	4.2,II	4.2,II
4.2	III			4.3,I	4.3,II	4.3,III	—	4.2,II	4.2,III	6.1,I	6.1,I	4.2,II	4.2,III	8,I	8,I	8,II	8,II	4.2,III	4.2,III
4.3	I						5.1,I	5.1,I	5.1,I	6.1,I	4.3,I	4.3,I	4.3,I	4.3,I	4.3,I	4.3,I	4.3,I	4.3,I	4.3,I
4.3	II						—	4.3,II	4.3,II	6.1,I	6.1,I	4.3,II	4.3,II	8,I	8,I	8,II	4.3,II	4.3,II	4.3,II
4.3	III						—	5.1,II	4.3,III	6.1,I	6.1,I	4.3,II	4.3,III	4.3,I	8,I	4.3,II	4.3,II	4.3,III	4.3,III
5.1	I									5.1,I	5.1,I	5.1,I	5.1,I	5.1,I	5.1,I	5.1,I	5.1,I	5.1,I	5.1,I
5.1	II									6.1,I	5.1,I	5.1,II	5.1,II	8,I	5.1,II	5.1,II	5.1,II	5.1,II	5.1,II
5.1	III									6.1,I	6.1,I	5.1,II	5.1,III	8,I	6.1,II	5.1,II	6.1,II	5.1,III	5.1,III
6.1(d)	I													8,I	6.1,I	6.1,I	6.1,I	6.1,I	6.1,I
6.1(o)	I													8,I	6.1,I	6.1,I	6.1,I	6.1,I	6.1,I
6.1(i)	II													8,I	6.1,I	8,II	6.1,II	6.1,II	6.1,II
6.1(d)	II													8,I	6.1,I	8,II	6.1,II	6.1,II	6.1,II
6.1(o)	II													8,I	6.1,I	8,II	6.1,II	6.1,II	6.1,II
6.1	III													8,I	8,I	8,II	8,II	8,III	8,III

注：1. 本表依据联合国的危险性判断表制成。
2. （l）表示液体；（s）表示固体；（i）表示吸入；（d）表示皮肤接触；（o）表示口服；—表示不可能的组合。
3. 这里的4.1项危险物质，不包括自身反应物质及其有关物质和减敏的爆炸品。

第三章 危险品的分类

? 练习思考题

1. 哪些爆炸品可以装入客机运输？哪些仅限货机运输？
2. 根据气体的物理状态，其运输条件有什么要求？
3. 气体分为哪三个项别？
4. 易燃液体的包装等级可以在哪个表中查到？
5. 第4类危险品分为几个项？有几个危险性标签？
6. 有机过氧化物有何特殊危险性？运输中应注意些什么？
7. 划分毒性物质包装等级的依据是什么？
8. 哪些类、项的危险品有包装等级？
9. 何谓放射性物质？按包装件的运输指数，放射性物质分为哪三个等级？
10. 举例说明第9类杂项危险品有哪些？
11. 请根据表3-27，确定下述危险品的主要和次要危险性及包装等级。

类或项别	包装等级	类或项别	包装等级	主要类或项别	次要危险性	包装等级
3	Ⅰ	和8（Ⅰ）	Ⅱ			
6.1（i）	Ⅱ	和8（Ⅰ）	Ⅰ			
4.3	Ⅲ	和6.1	Ⅲ			
6.1	Ⅱ	和3	Ⅱ			
4.1	Ⅱ	和5.1	Ⅱ			
6.1	Ⅲ	和3	Ⅲ			

第四章

危险品识别

> **学习目标**
>
> 1. 熟悉危险品表。
> 2. 能够正确查出所需要的信息如运输专用名称、主要或次要危险性、标签、包装等级和装载数量限制等。

托运人在托运危险品时，必须对所托运的货物进行准确的识别、分类、包装、标记、标签并准备好与运输有关的文件。只有正确的分类、识别，才能确定所需要的包装，包装上应该粘贴标记与标签，才能正确地填制托运人危险品申报单等运输文件，运输才是安全的。

第一节 国际航协《危险品规则》危险品表

物质或物品如其名称具体地列入危险物品表，必须按照表中使用于该物质或物品的规定运输。如果一种物质或物品未在危险物品表中列出，对其是否允许空运或在什么条件下能够空运持有疑问，则需经过认可的机构鉴定或物质安全数据单（Material Safety Date Sheet）确定其是或不是危险品。如是危险品即按危险品的规定运输办理，如不是危险品则在货运单的货物名栏中标注 "Not Restricted"（非限制）以表示货物已经过检查，可以按照非限制规定办理运输。

对危险品的识别主要有两个步骤，第一步是确定危险品的运输专用名称，第二步是在国际航协《危险品规则》4.2表中进行查阅。

一、选择运输专用名称

危险品必须指定一个在危险品表中列出的运输专用名称。运输专用名称是根据物品的危性分类和组成成分确定的，它一般分为两种：指定名称和泛指名称。托运人应优先使用指定名称。并在包装件外面和托运人危险品申报单中使用，用于识别危险物品或物质。

运输专用名称已列入国际航协《危险品规则》4.2危险品品名表中的，可直接查阅该危险品品名表，使用4.2危险品品名表可查找到危险品运输的类别、标签、包装、重量限制等相关信息。这些运输专用名称在国际航协《危险品规则》4.2危险品品名表中用粗体字表示。在国际航协《危险品规则》4.2危险品表中列出了大约3000多条具有危险性质的物品和物质，它们绝大多数都可以航空运输。但该表中并没有包括所有的危险品，因此此表中还列明有一些泛指名称或条目。

知道UN/ID编号的危险品，可从编号对照索引（IATA《DGR》4.3表）中查找危险品表中的名称。

托运人应优先使用危险品的指定名称。危险品表中的条目有以下4种，优先使用顺序如下。

第一，单一条目，具有明确定义的物质或物品，如：

Kerosense 煤油 UN1223
Isopropy butyrate 丁酸异丙酯 UN2405

第二，属性条目，具有明确定义的一组物质或物品，如：

Adhesives 胶黏剂 UN1133
Organic peroxide，Type C，liquid 液态C型有机过氧化物 UN3103
Paint related material 涂料的相关材料 UN1263
Triazine pesticide，liquid，toxic 液态三嗪农药，毒性 UN2998

第三，特定的泛指条目，包括一组具有某一特定化学或技术性质的物质或物品，如：

Refrigerant gas，n.o.s. 制冷气体，泛指名称 UN1078
Selenium compound，solid，n.o.s. 硒化合物，固态，泛指名称 UN3283

第四，属性泛指条目，包括符合一种或多种危险性类别或项别的一组物质或物品，如：

Corrosive solid，n.o.s. 腐蚀性固体，泛指名称 UN1078
Selenium compound，solid n.o.s. 有机毒性液体，泛指名称 UN2810

国际航协《危险品规则》4.2危险品表分成下列14个栏目（见图4-1危险品品名表说明）。

此外，还有一些特殊类别或情况的危险品品名的查找应遵守以下原则。

（1）4.1项自反应物质必须按照联合国建议书2.4.2.3.3的分类原则，查找列入国际航协《危险品规则》附录C.1的属性条目表。

（2）5.2项的有机过氧化物必须按照联合国建议书2.5.3.3的分类原则，查找列入国际航协《危险品规则》附录C.2的属性条目表。

（3）同一品名因其具有固体及液体两种形式，则分别为其分配两个不同的UN编号。如：UN3082 Environmentally hazardous substance，liquid，n.o.s.*；UN3077 Environmentally hazardous substance，solid，n.o.s.*。

（4）除航材外，在收运从中国始发的压缩气体钢瓶时，托运人必须提供质检总局对压力容器的安全质量许可证。

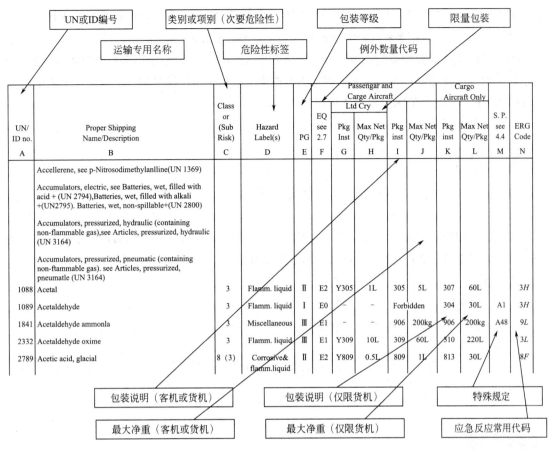

图4-1 危险品名表说明

二、名称已列入国际航协《危险品规则》4.2表中的条目

1. 查阅步骤

名称已列入表中的条目适用以下步骤。

步骤1：寻找UN/ID编号和运输专用名称——危险品表中的A栏和B栏。

步骤2：确定类别和项别编号以及次要危险性（如果有）——C栏。

步骤3：注意危险性标贴——D栏。

步骤4：注意包装等级（适用时）——E栏。

步骤5：确定包装说明，每个包装件的数量——G、H、I、J、K和L栏。

步骤6：检查是否适用特殊规定——M栏，国际航协《危险品规则》4.4。

步骤7：仅限运营人：应急训练代码（ERG CODE）N栏，表示涉及事件的特定危险品条目的建议的反应措施。

2. 各栏说明

（1）A栏　UN或ID编号（UN或ID NO.）。

本栏是根据联合国分类系统给物品或物质指定的编号。在使用时前面应加上"UN"字样。如果物质没有指定UN编号，则应由国际航空运输协会指定一个暂时的IATA编号，从8000开始,前面加上"ID"字样。例如,编号可以用UN1950或ID8000,而不可用1950或8000。

(2) B栏 运输专用名称/说明(Proper shipping Name/Description)。

本栏列出危险品和物质的运输专用名称和限制说明短文。运输专用名称以粗体字(黑色)表示,说明短文以细体字表示。下列符号为本栏中一些条目所带符号的含义对照:★表示要求附加技术名称;+表示在DGR附录A中可以找到补充说明。

注意:

符号"★"和"+"不是运输专用名称的一部分。

用粗体字印刷的运输专用名称在表中按字母顺序排列,由多字组成的名称,也按字母顺序视为一个单字排列。单有下列组合的名称都予以忽略:

① 数字;
② 单一字母,如a-、b-、m-、n-、o-、p-;
③ 前置字,如alpha-、beta-、omega-、sec-、tert-;
④ 术语"n.o.s."。

除非在危险品表的条目中有说明,在运输专用名称中"溶液"一词指一种或一种以上的已被命名的危险品溶解在液体中。

注:

不会减轻安全性的轻微差异,如在申报单或包装标记上的运输专用名称漏掉逗号或句点,不被当做错误。

(3) C栏 类别或项别和次要危险性[Class or Divison(Subsidiary Risk)]。

本栏列出的物品或物质,按照DGR第3章分类标准划分的类别或项别,对于第1类爆炸品,还显示配装组。在物质有次要危险性时,次要危险性显示在主要危险性后的括号内,与危险品申报单的显示方法一样。

(4) D栏 危险性标签及操作标签(Hazard Label)。

该栏列出应在B栏中所列物品包装件或合成包装件外部粘贴的危险性标贴。主要危险性标贴列在前,次要危险性标贴列在后。本栏内列有三种操作标贴,即"低温液体"、"远离热源"、"磁性物质"标贴。

(5) E栏 包装等级(Packing Group)。

本栏标出联合国包装等级,即物品或物质所指定的Ⅰ、Ⅱ或Ⅲ级包装等级(见DGR3.0.3)。

(6) F栏 例外数量代码栏(Excepted Quantity Code)。

本栏列出危险品或物质按照IATA DGR2.6.4.1和2.6A表划分的例外数量代码。

(7) G栏 客货机限量包装说明(Passenger and Cargo Aircraft Limited Quantity-Packing Instructions)。

该栏列出客货机危险品限制数量的包装说明，且在限制数量前面冠以字母"Y"。如果没有列出包装说明，则表示该危险品不能按限制数量规定运输。

> **注：**
> 如果一物品或物质是按照G栏或I栏中的包装说明进行包装的，并且最大净数量在H栏或J栏所示的最大净数量以内，也可将它装到货机上。在这种情况下，此包装件不需要贴"Cargo Aircraft Only（仅限货机）"标签。

（8）H栏　客货机每个限量包装件的最大净数量（Passenger and Cargo Aircraft Limited Quantity-Packing Net Quantity per Package）。

本栏列出客货机危险品的最大允许净重（重量或体积）。每一"限制数量"包装件的毛重不超过30kg。列出的重量表示净重，但如果另外带有字母"G"，则表示该重量为毛重。当为爆炸品和火柴时，其净重为除包装件以外的净物品重量。如果栏目出现"禁运"字样，则表示该危险品不能按限制数量规定运输。

如果每个包装件的最大数量所示为"No Limit（不限）"或H栏中有包装说明参考时，所含危险品的净数量或该危险品每个包装件的毛重必须在托运人的申报单上注明。

（9）I栏　客货机包装说明（Passenger and Cargo Aircraft-Packing instructions）。

该栏列出客货机载运危险品的包装说明。如果某一物品或物质按G或I栏的包装说明进行包装，并且符合H或J栏中最大净数量的要求，那么它也可以在货机上运输。在这种情况下，包装件不需要贴"Cargo Aircraft Only（仅限货机）"标贴。

（10）J栏　客货机每个包装件的最大净数量（Passenger and Cargo Aircraft-Maximum Net Quantity per Package）。

该栏列出物品或物质在客货机上运输时，每个包装件内允许装的最大净数量（重量或体积）。列出的重量表示净重，但如果另外带有字母"G"则表示该重量为毛重。当为爆炸物品和火柴时，其净重为除包装件以外的净物品重量。如果栏目中出现"Forbidden"字样，表示该物品不能运输。

如果每个包装件的最大数量为所示的"No Limit（不限）"，或J栏中有包装说明参考时，所含危险品的净数量或每个包装件内危险品的毛重应在托运人申报单上注明。

（11）K栏　仅限货机包装说明（Cargo Aircraft Only-Packing Instrucions）。

该栏列出仅限货机载运危险品的包装说明。

（12）L栏　仅限货机的每个包装件的最大净数量（Cargo Aircraft Only-Maximum Net Quantity per Package）。

该栏列出物品或物质仅限在货机上运输时，每个包装件内允许盛装的最大净数量（重量或体积）。列出的重量表示净重，但如果另外带有字母"G"，则表示该重量为毛重。当为爆炸品和火柴时，其净重为除包装以外的净物品重量，如果栏目中出"Forbidden（禁运）"字样，表示该物品不能运输。

H、J和L栏中的数量限制仅表示对一个包装件的限制而不是一票货物或一架飞机所允许的数量。

如果每个包装件的最大净数量为No Limit（不限），或L栏中有包装说明参考时，所含危险品的净数量或每个包装件内危险品的毛重应在托运人申报单上注明。

（13）M栏　特殊规定（S.P.，见国际航协《危险品规则》4.4节）。

该栏列出危险品表中某些条目带有"A"及一位、两位或三位数字组成的符号，该符号的内容适用于有关条目的所有包装等级。特殊规定的文字表示清楚的除外。特殊规定"A1""A2"，实际上是国家主管当局对客机货舱禁运，或客机货舱和货机上均禁运的危险品给予特许运输的"批准"。这些"批准"不属于国际航协《危险品规则》1.2.6.1中所述的"国家豁免"。是否接收经国家批准的危险品要由运营人决定。在将根据"A1"、"A2"特殊规定办理的危险品交给运营人托运前，托运人必须做好预先安排和获得预先批准：附加条件（A73，A106）；该物品可被视为非危险性物质（A3和A67）；A154——为新增特殊规定，适用于UN3090——锂电池及UN3091——安装在设备中的锂电池及与设备包装在一起的锂电池，规定要求那些因安全原因召回的或已破损的锂电池禁止运输。

（14）N栏　ERG代码。在国际民航组织（ICAO）文件《与危险品有关的航空器事故征候应急响应指南》（ICAO Doc.9481-AN/928）中规定的应急反应操作代码。代码由字母和数字组成，代表对涉及所分配常用代码的特定危险品条目的事故应该采取的反应措施。

ERG Code主要是提供给运营人使用，以方便运营人可以将ERG代码填写在特种货物机长通知单（NOTOC）上。

三、名称未列入国际航协《危险品规则》4.2表中的条目

当一种物品或物质未被列入危险品表中时，并不意味着允许或不允许空运。判断该类物质是否是禁运的危险品，必须根据国际航协《危险品规则》2.1节的描述和第3章的分类标准来衡量。如果不是禁运的，对照它的性质及第3章分类标准进行分类。如果它有一种以上的危险性，必须按照国际航协《危险品规则》3.10.A表来确定主要危险性。当名称未列入表中时，使用能最准确描述物品或物质属性的泛指运输专用名称。泛指名称分为两种，第一种是危险品的一般化学名称；第二种是描述危险品危险性种类的名称。托运人必须优先使用危险品的一般化学名称。

甲基正戊基甲醇是一种闪点为54℃（130 ℉）的醇类，该名称未列入危险品表中。托运人必须使用最准确的名称申报，该名称应是"醇类，泛指名称（甲基正戊基甲醇）"，不应是"易燃液体，泛指名称★"。

例2

己基环乙烷，闪点为35℃（95℉），名称未列入4.2表中，则必须使用最准确的名称申报，经查证，该名称为"碳氢化合物，泛指"，不是"易燃液体，泛指"。

当危险品品名表B栏中带有"★"号，表示紧跟在属性或泛指的运输专用名称之后加括号方式补充技术或化学名称。只需显示不超过两种最显著构成单一物质或混合物危险性的成分。此项规定不适用于国家法律或国际公约禁止泄密的管制物品。对于第一类爆炸品，可额外补充商业或者军事名称的描述性词语。技术名称必须是在科技手册、教科书和杂志上普遍使用并已得到公认的化学或生物名称或者其他名称。商业名称不得使用。对于杀虫剂，必须使用ISO通用名称或者公布在国际卫生组织（WHO）《依危害性对农药/杀虫剂之分类建议指引》中的其他名称，或活性物质名称。

例3

对于氟里昂14和氟里昂23的混合物，托运人申报的运输专用名称应为"制冷剂，泛指名称（四氟甲烷、三氟甲烷）"。托运人不得申报氟里昂14和氟里昂23，因为该名称属于商业名称。

例4

一种含呋喃丹的固体农药，它应按"氨基甲酸盐农药，固体，毒性（呋喃丹），UN2757"名称申报。

举例5

一种含有二甲苯和丙酮的混合物溶液，闪点24℃（75℉），初始沸点高于35℃（95℉），必须使用一个能准确代表其危险性和实际应用的运输专用名。如果它是用来作为一种除漆剂，应适用"Paint related material, UN 1263"。相反地，如果没有这一功能，而是用于（比如）某制造工艺的中间环节，那么应适用"Flammable liquid, n.o.s.★"。

如果对某一危险品是否允许航空运输，或在何种条件下允许航空运输存有疑虑时，托运人或代理人须委托运营人指定的机构（如上海有机化学研究所）作鉴定，鉴定结果必须包括该危险品的运输专用名称、UN/ID编号，和所有说明其危险性所需要的物理及化学性质的相关数据以及相应的分类。如须经磁性测试的必须在计量测试研究院作鉴定。还有疑虑的必须向国家有关部门咨询。

一些没有专门列入表中的水合物可能已列入相应的无水物质的运输专用名称表中。

第二节
在危险品表中未列明的混合物和溶液

混合物和溶液没有在危险品表中具体列出名称，在确定分类和运输专用名称时，可参照有关程序进行。对于未列入 IATA《危险品规则》4.2 危险品表的混合物和溶液，须按照以下顺序确定该混合物和溶液的分类和运输专用名称。

一些物质可能含有技术杂质（例如在生产过程中产生的），或作为稳定剂或其他用途的不影响其分类的添加剂。然而，一个列明的物质中含有技术杂质，或作为稳定剂或其他用途的添加剂，影响了其分类名称，则必须被视为一种混合物或溶液。

一、含有一种危险物质的混合物和溶液

一种危险品的混合物和溶液，如含有一种在危险品表中列出名称的危险品及一种或一种以上不属于 IATA《危险品规则》限定范围内的物质，必须将该混合物或溶液根据 DGR4.2 蓝表中列明的占主导的物质的运输专用名称进行识别，并必须加上"mixture（混合物）"或"solution（溶液）"字样。

例 6

一种含有丙酮的溶液，闪点低于 23℃（73 ℉），初始沸点高于 35℃（95 ℉），因此它和纯丙酮（UN 1090, Class 3, Packing Group Ⅱ）具有相同的燃烧范围。由于它的危险类别和包装等级都没有发生改变，因此这种溶液必须以"丙酮溶液"（Acetone solution）进行申报，此外其中丙酮的含量也可以注明比如"Acetone 75% solution 丙酮 75% 溶液"。

例外情况：

① 混合物或溶液可以通过国际航协《危险品规则》4.2 危险品表中所列的名称具体识别；

② 国际航协《危险品规则》4.2 危险品表中的条目具体表明是纯净物质；

③ 溶液或混合物的危险性类别、物理状态（固态、液态、气态）或包装等级与《危险品规则》4.2 表中对应的条目不同；

④ 在紧急情况下，对该混合物或溶液所采取的应急措施有明显变化，与 IATA《危险品规则》4.2 危险品表中对应的条目不同。

> **注：**
> 尽管物质中所含的微量化学成分在考虑其危险性分类时可以忽略不计，但这些微量成分可能对物质的整体性质产生影响，因此在根据DGR 5.0.2.6.3评估包装相容性时应加以考虑。

对于上述情况，混合物和溶液必须用最准确的运输专用名称（泛指名称）命名，并且泛指名称后面必须注明技术名称，以及"containing（含有）"、"mixture（混合物）"、"solution（溶液）"等字样。属于国家法律或国际公约禁止泄密的管制物品除外。

例7

一种混合物含2-氯丙烷（2-Chloropropane）（UN2356，第3类，包装等级Ⅰ级）和一种不属于IATA《危险品规则》限定范围内的溶剂，混合物的闪点低于23℃（75℉），沸点高于35℃（95℉），混合物的易燃程度为Ⅱ级包装。由于包装等级由Ⅰ级变为Ⅱ级，托运人申报的该混合物运输专用名称应为"易燃液体，泛指名称（2-氯丙烷溶液）"或"易燃液体，泛指名称（2-氯丙烷混合物）"。

二、含有两种或两种以上危险物质的混合物和溶液

（1）含有两种或两种以上危险品的混合物和溶液，无论是否列入危险品表，都必须使用泛指运输专用名称，并且必须在泛指名称后面注明至少两种有主要危险性成分的技术名称。如有"mixture（混合物）"、"solution（溶液）"必须加上。如果需次要危险性标签，技术名称必须包括所需的次要危险性标签的部分。属于国家法律或国际公约禁止泄密的管制物品除外。

例8

发动机清洗剂混合物在危险品表中未列出，该物质是汽油和四氯化碳组合的混合物，混合物的闪点低于23℃（73℉），沸点高于35℃（95℉），并符合第6.1项口服毒性的定义。按照《危险品规则》3.10.A表，主要危险性为第3类，次要危险性为第6.1项。托运人申报的该混合物运输专用名称为"易燃液体，有毒，泛指名称（汽油/四氯化碳混合物）"或"易燃液体，有毒，泛指名称（汽油/四氯化碳溶液）"。

（2）不属于IATA《危险品规则》范围的混合物或溶液 若一种混合物或其制剂在危险品表中列有名称，但由于浓度不符合表中所列类、项的定义或任何其他一类的定义，则该混合物不受IATA《危险品规则》的限制。

某一混合物或溶液所含的一种或一种以上，在IATA《危险品规则》中已列有名称或者已按泛指名称条目分类的物质，和一种或一种以上不属于IATA《危险品规则》规定的范围的物质，如果该混合物或溶液的危险属性未达到任何危险品的分类标准（包括人类经验标准），则该混合

物或溶液不受IATA《危险品规则》的限制。

（3）在上述情况下都应当在航空货运单的货物名称旁注明"Not Restricted（非限制）"字样，表示该物品已经过检查，则该物品或物质可按照非限制规定办理运输。

? 练习思考题

1. 查表写出下列物品所对应的UN或ID编号：

Calcium Oxide　氧化钙　_____

Dry Ice　干冰　_____

Gasoline　汽油　_____

Arsenic　砷　_____

Consumer Commodity　消费品　_____

2. Acetal作为货机运输时每个包装件的最大净量为（　　）。

  A.1L　　　　B.5L　　　　C.60L　　　　D.220L

3. 查表写出下列UN编号所对应的运输专用名称：（　　）。

  A.UN 3077　　B.UN 1057　　C.UN 1114　　D.UN 2857

4. 一种混合物含有10%亚乙基氧（Ethylene oxide）和90%的二氧化碳（Carbon dioxide），它的UN编号是什么？

5. 危险品包装等级Ⅰ、Ⅱ、Ⅲ级各表示什么意思？

6. 写出UN1495的包装件的紧急应对代码。

7. 根据品名表，对于危险品UN1845，完成下列问题：

（1）运输专用名称

（2）包装件需粘贴的危险性标签

（3）当该危险品使用货机运输时，每个包装件的最大允许净量

（4）紧急应对代码

8. 如果G、H、I、J、K、L栏目中出现"Forbidden（禁止）"字样，表示该物品是禁止运输的，对吗？

9. 当F栏出现E0是表示该条款的危险品可以使用例外数量危险品包装进行运输，对吗？

第五章 危险品包装

学习目标

1. 了解危险品包装的一般要求。
2. 掌握危险品的包装方式和包装种类。
3. 熟练掌握UN规格包装标记,能够阅读并理解包装说明。

第一节 概述

危险品的包装是危险品安全航空运输的重要组成部分,国际航协《危险品规则》为所有可进行航空运输的危险品提供了包装说明,所有允许航空运输的危险品数量都受到国际航协《危险品规则》的严格限制,以便一旦发生事故时将危险性降到最低限度。

一、托运人责任

托运人必须保证所托运的危险品已经按照国际航协《危险品规则》的要求正确地包装。托运人在准备危险品的每一包装件时必须做到以下几点。

(1) 遵守所选用的包装类型相应的一系列包装要求。

(2) 使用的包装必须是国际航协《危险品规则》4.2危险品表G栏、I栏或K栏指定包装说明中使用的包装。

(3) 国际航协《危险品规则》4.2危险品表中的H栏、J栏或L栏中对每一包装件或盛装数量进行了限制,而包装设计本身对此也有限制,在这种情况下,应采用两者之中较严格的限制。此外,关于组合包装的每一内包装的盛装数量的限制,不得超过适用的包装说明中的规定。

(4) 包装的所有组成部分必须按规定方式组装牢固。

（5）保证在运输前任何污染已经清楚。
（6）交运包装件时应保证已全部履行了有关包装的责任。

二、包装方式

包装方式包括单一包装和组合包装。

1. 单一包装

在运输过程中，不需要任何内包装来完成其盛放功能的包装，一般由钢铁、铝、塑料或其他被许可的材料制成（图5-1）。

2. 组合包装

由木材、纤维板、金属或塑料制成的一层外包装，内装有金属、塑料、玻璃或陶瓷制成的内包装，根据不同需要，包装内还可以用吸附或衬垫材料（图5-2）。

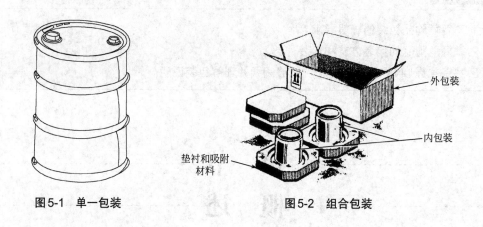

图5-1 单一包装　　　　图5-2 组合包装

三、有关包装的术语

Package（包装件）——货物经过包装所形成的整体。

Packing（打包）——将货物用适当材料扎紧、固定或增加强度的工艺和操作。

Inner Packaging（内包装）——为了运输而需要加外包装的包装。

Outer Packaging（外包装）——指复合包装或组合包装的外保护层，包括包容和保护内容器或内包装的吸附材料、衬垫及任何其他必要包装。

Single Packaging（单一包装）——不需任何内包装即能在运输中起到其包容作用的包装。

Composite Packaging（复合包装）——该包装由一个外包装和一个内容器制成，该内容器与外包装构成为一个完整的包装，完成后成为一个单体包装，在灌装、储存和运输以及控制时始终为单一体包装。

> 注：
> 在技术细则中复合包装视为单一包装。

Combination Packaging（组合包装）——为运输目的按DGR第5章的有关规定由一个或多个内包装装入一个外包装组成的包装组合体。

Overpack（合成包装）——为便于作业和装载，一托运人将一个或多个包装件放入一个封闭物之中组成一个作业单元，此定义不包括集装器。

Salvage Packaging（补救包装）——系指用于出现破损、残缺、渗漏、不符合规定的危险物品包装件或已泄露的危险物品的特殊包装。其目的在于使危险物品能继续运输或进行处理。

第二节 包装的类型

包装的类型分为UN规格包装、限制数量包装、例外数量包装和其他类型包装等（不包括放射性物质）。

一、UN规格包装

UN规格包装一般由政府部门授权的机构进行性能测试（包括跌落试验、堆码试验等），以保证在正常的运输条件下内装物不至于损坏。此性能测试的技术标准是取决于内装物的危险性程度，并且外包装上标有UN规格包装标记。

例如：

二、限制数量包装

限制数量包装件是针对数量较小的货物采用的组合包装件，其性能测试要求不同于UN规格的包装，它只需要满足国际航协《危险品规则》6.6所述的1.2m跌落试验和24h堆垛试验的测试要求；这种包装不需要其他特殊的标记，但必须标记"LIMITED QUANTITY"或"LTD QTY"的字样。限制数量包装不允许单一包装，包括复合包装。

三、例外数量包装

极少量的危险品可能可以作为例外数量危险品载运，并可以免受国际航协《危险品规则》关于危险品文件、危险性标签和装载隔离要求的限制，包括封盖在内的用于例外数量危险品运输的包装必须质量优良。

四、其他类型包装

有些包装说明允许其他类型包装，但必须符合国际航协《危险品规则》中5.0.2的一般包装要求，例如包装说明200、805、904。

> 有些物品不需要包装就可以运输，例如Automobiles（汽车），UN3166。

五、包装等级

根据物质或物品的危险程度，将第3、4、5、6、8类和第9类危险品划分为3个包装等级，即Ⅰ级、Ⅱ级和Ⅲ级：Ⅰ级包装，危险性较大；Ⅱ级包装，危险性中等；Ⅲ级包装，危险性较小。

第9类的某些物质和第5.1项中的液体物质的包装等级，不是根据技术标准而是根据经验划分的，在IATA《危险品规则》第4.2节的危险品表中可以查到上述物质及包装等级。

第三节 补救包装

一、定义

补救包装是指一种特殊的包装，用于运输需回收或处理的已损坏、有缺陷、有渗漏或不符合规定的危险品包装件，或用于运输已溢出或漏出的危险品。

二、补救包装必须满足的要求

（1）多个破损、残损或渗漏的危险品包装不得使用补救包装。

（2）破损、残缺或渗漏的第1、2、7类和6.2中的危险品的包装（纳入UN3291的临床废弃物和废药品除外）不得采用补救包装运输。

（3）破损、残缺或渗漏的第4.1项的自身反应物质和5.2项有机过氧化物包装件不得使用通过Ⅰ级包装等级要求的金属补救包装进行运输。

第四节 合成包装件

一、定义

合成包装件是指由单一托运人使用的一个用于盛装一个或一个以上的包装件使其形成一个便于操作和储存的操作单元的包装件。合成包装件可以是"封闭"型的，也可以是"敞开"型的。

二、相关规定

托运人必须保证在将危险品包装件组成合成包装件时，应符合以下规定。

（1）相互可能产生危险反应的盛装不同物质的包装件，或根据国际航协《危险品规则》9.3.A表需要互相隔离的危险品包装件，不得组成合成包装件。

（2）合成包装件内的每一个包装件都必须经过正确的包装、做标记、贴标签，并且没有任何已损坏及泄漏的迹象，在各个方面均符合国际航协《危险品规则》的要求。标记"OVERPACK"标明符合这一要求。合成包装件不得影响每个包装件应有的功能。

（3）贴有"仅限货机"标签的包装件不得装入合成包装件中，下列情况例外。

① 合成包装件仅由一个包装件组成。

② 合成包装件有两个或两个以上包装件组成时，其组合方式使包装件清晰可见和易于接近。

③ 包装件所含物质属于第6、7、9类及Ⅲ级包装、无次要危险性的第3类危险品。

> **注：**
> 为了冷却目的，合成包装件中可装有固体二氧化碳（干冰），但合成包装件必须符合包装说明954的要求（飞机集装器不是合成包装件）。

合成包装件不能损害其内装的每一包装件所具有的功能。合成包装件的制作过程如图5-3所示。

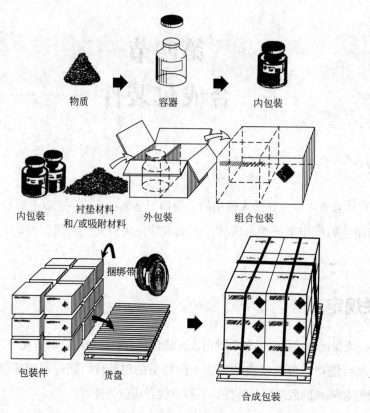

图 5-3 合成包装件

合成包装件"敞开"型如图 5-4;"封闭"型如图 5-5 所示。

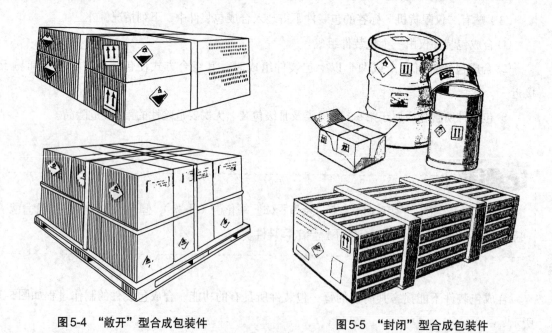

图 5-4 "敞开"型合成包装件　　　　图 5-5 "封闭"型合成包装件

第五节
包装标记和说明

一、UN规格包装的标记

（1）UN规格包装标记用于表明带有该标记的包装容器符合相关设计标准，并符合有相关的包装制造方面的规定，但不是使用规定。因此，标记本身不必进一步指明该包装可能被用于盛装何种特定物质。

（2）UN规格包装标记可以为包装的制造商、修理商、用户、经营人和有关当局提供某种帮助。对新包装的使用，初始的标记是制造商用的区别包装类型和标明其达到某些性能试验的手段。

（3）UN规格包装标记并非总是能够提供各种试验水平等方面的细节，凡需考虑这些细节，应参照合格包装的检验证书、测试报告或注册证明等。例如，带有X和Y标记的包装可以用于装运被指定为具有较低风险性包装类别的物质，其相对密度的最大值可按照包装测试要求中所给出的系数的1.5倍或2.25倍来确定。也就是说，经过测试用于盛装相对密度为1.2物质的Ⅰ级包装，可用于盛装相对密度为1.8、包装等级为Ⅱ级的物质，也可用于盛装相对密度为2.7、包装等级为Ⅲ级的物质。当然包装应满足相对高密度的物质所要求的所有性能标准。

（4）UN规格包装标记必须压印或用其他方式标在包装件上，以便有足够的持久性和对比性，易于看清和了解。标记不允许手写。

（5）内包装不要求标记识别代码。

（6）除用于第2类气体、第7类放射性物质和第9类杂项危险品的一些包装外，按联合国规格要求进行生产和测试的组合包装和复合包装的所有单一包装和外包装必须带有耐久、易辨认和位置合适并且与包装相比大小适当易于看清的标记。毛重超过30kg或类似复制的包装，必须在包装件顶部或侧部标有标记。标记的字母、数字和符号的高度必须大于或等于12mm。包装件小于或等于30L或30kg时，标记字母高度必须大于或等于6mm。5L或5kg及以下的包装件的标记，其字母、数字和符号也必须有适当的尺寸。

二、联合国（UN）用于包装指定类型的UN规格包装的代码

国际航协《危险品规则》为指定包装类型使用了两种代码系统，第一种适用于除内包装的外包装，第二种适用于内包装。

1.第一种：适用于除内包装外的包装的代码

（1）外包装/单一包装代码　由阿拉伯数字和拉丁字母两部分组成。代码首位阿拉伯数字表示包装的类型，拉丁字母表示包装材料的种类。如必要，编号末尾标有阿拉伯数字用以表示包装类型中所属形式。

（2）包装类型代码

1——圆桶

3——方形桶

4——箱

5——袋

6——复合包装

（3）包装材料代码

A——钢（各种型号和各种表面处理的钢）

B——铝

C——天然木材

D——胶合板

F——再生木（再制木）

G——纤维板

H——塑料

L——纺织品

M——纸、多层的

N——金属（不包括钢和铝）

（4）复合包装代码　用两个大写拉丁字母用以表示材料的种类，第一个字母表示内容器的材料，第二个字母表示外包装的材料。

（5）组合包装代码　仅使用表示外包装的代码。

（6）包装限定代码　有一些包装的包装代码后面有一个代码，这些代码具有下列含义。

① "V"表明包装为"特殊包装"，即物品或盛装固体或液体的任何内包装，在符合国际航协《危险品规则》6.3.1.3条件规定时，不必对外包装进行测试，可以直接装于外包装内并进行运输。如果字母，"U"在包装代码后面，则表示本包装为国际航协《危险品规则》6.5.3规定的感染性物质特殊包装。

② "W"表明虽然代码是指同样的包装类型，但该包装的制造规格与航协《危险品规则》6.2不同，不过可视为同样符合国际航协《危险品规则》6.0.1.3的要求。空运这类包装须由始发国书面批准。

③ "T"表明本包装为国际航协《危险品规则》5.0.1.6，6.0.7和6.7规定的"补救包装"。

2. 第二种：适用于内包装的代码

代码中的大写拉丁字母"IP"表示"内包装"（INNER PACKAGINGS）；阿拉伯数字表示内包装的种类，有的情况下数字后还会有一个大写字母，表示这一种类内包装的更细分类。

三、UN规格包装标记的组成（标记必须包括）

举例： 4G/X50/S/04
CN/310060029

具体说明如下。

（1）UN规格包装符号

本符号仅用于证明该包装符合UN规格包装的适用规定。

对模压金属包装，符号可用大写字母"UN"代替（图5-6）。

图5-6　UN规格包装符号

（2）规格包装标记示例（表5-1）

（3）字母X，Y或Z表示其设计形式已通过了测试并满足相对应包装等级的要求

X用于Ⅰ级包装（本包装用于Ⅰ、Ⅱ、Ⅲ级包装的物品和物质）；

Y用于Ⅱ级包装（本包装用于Ⅱ、Ⅲ级包装的物品和物质）；

Z用于Ⅲ级包装（本包装用于Ⅲ级包装的物品和物质）。

盛装液体的单一包装，字母X、Y、Z后的一个数字表示相对密度，四舍五入至第一位小数，表示按此相对密度的包装设计类型已通过了试验，若相对密度不超过1.2可省略。

盛装液体的单一包装，表示包装容器能承受的液压试验压力值，单位为千帕（kPa），四舍五入至十位数。

（4）拟装固体或内包装的包装，字母X、Y、Z后的一个数字为最大毛重（以kg表示），以表示按此最大毛重的包装设计类型已通过了试验。

（5）对盛装固体或带有内包装，在显示毛重的数字后使用字母"S"。

（6）在显示毛重的数字后或字母"S"后标出包装制造年份的最后两位数。包装类型为1H1、1H2、3H1和3H2的，还必须正确标出制造年份，月份可标在包装的标记剩余的其他地方。

（7）在年份后标出国家主管部门规定的国籍识别标记。

（8）国籍识别标记后为制造商或主管当局所规定的其他的识别符号。

表5-1　UN规格包装标记示例

包装	UN符号（a）	类型代码（b）	包装等级（c）	毛重（e）	固体或内包装（g）	密度（d）	试验压力（e）	生产年份（f）	国家（g）	生产厂商（h）		完整代码
纤维板纸箱	UN	4G	Y	145	S			12	NL	VL823	UN	4G/Y145/S/02 NL/VL823
纤维板纸箱	UN	4G	X,Y,Z	20, 30, 45	S			12	NL	ABC1234	UN	4G/X20-Y30-Z45/S/02 NL/ABC1234
盛装液体的钢桶	UN	1A1	Y			1.4	150	12	NL	VL824	UN	1A1/Y1.4/150/02 NL/VL1824
盛装固体或内包装的钢桶	UN	1A2	Y	150	S			12	NL	VL825	UN	1A2/Y150/S/02 NL/VL825
等效规格塑料箱	UN	4HW	Y	136	S			12	NL	VL826	UN	4HW/Y136/S/02 NL/VL826

四、包装说明

危险品包装件必须严格按照国际航协《危险品规则》的包装说明来包装,包装说明举例如下。

包装说明　　870

经营人差异:AM-08

此说明适用于装载在客/货机或仅限货机的 UN2794 和 UN2795

包装必须达到Ⅱ级包装的性能标准。

电池组必须选用下例的任一外包装,包装内必须有坚固、严密的耐酸/碱的内衬,以免在意外情况下发生渗漏。电池组在包装时必须使其冲入液体的开口和排气口保持向上,防止短路并要在包装内用衬垫材料填紧。包装件的直立方向必须用 "Package Orientation(向上)" 标签标出。在包装件的顶面还可印上 "THIS SIDE UP(此面向上)" 或 "THIS END UP(此端向上)"。

如果电池组作为整个设备的不可缺少的组成部分进行运输,他们必须安装牢固且保持直立向上,并要防止与其他物品接触而引起短路。如果整个设备不能直立运输,必须将电池组拆下按本包装说明进行包装。

电池组、蓄电池与电池液放入同一外包装的情况,见 UN2796 和 UN2797

类型	桶					方桶			箱				
名称	钢	铝	胶合板	纤维	塑料	钢	铝	塑料	木	胶合板	再生木材	纤维板	塑料
规格	1A2	1B2	1D	1G	1H2	3A2	3B2	3H2	4C1 4C2	4D	4F	4G	4H1 4H2

包装说明 954

运营人差异:AL-05,AM-09,AS-11,CA-08,CZ-04,FX-19,IP-06,JJ-08,KE-06,US-07,VN-11

本细则适用于客机和货机上承运的、以及 CAO 的 UN1845。

必须满足《DGR》5.0.2 的一般包装要求。

为空运固体二氧化碳(干冰)而设计和制造的包装,必须容易排除二氧化碳气体,以免内部压力升高而损坏包装。

每次运输之前,托运人与营运人必须制定方案,以保证执行安全通风的措施。

对于《DGR》8.1 和 10.8.1 中的托运人申报单要求,仅当固体二氧化碳(干冰)用作危险品的冷却剂,而且该危险品需要托运人申报单时才使用。

不需要托运人申报单时,在航空运单的 "货物品名" 栏中必须包含《DGR》8.2.3 所要求的、有关固体二氧化碳(干冰)的下述信息:

（1）运输专用名称（干冰或固体二氧化碳）；

（2）第九类；

（3）UN1845；

（4）包装件数目；以及

（5）每包装件内的干冰净含量。

注：

① 请参阅有关航空公司对装载固体二氧化碳（干冰）的限制

② 运单要求见8.2.3.装载要求见9.3.12。

③ 为冷却目的，合成包装件可包含固体二氧化碳（干冰），但应满足包装说明904的要求。

第六节 装入同一外包装的不同危险品

一、UN规格包装

（1）能产生危险反应并导致如下后果的危险品不得放置在同一外包装内：燃烧或放出相当数量的热，放出易燃、有毒或窒息的气体；生成腐蚀性物质或不稳定的物质。

（2）根据国际航协《危险品规则》9.3.A表不需要隔离的危险品。

（3）同一外包装内不得同时包含6.2项的感染性物质和其他货物。

（4）一种危险品所使用的内包装及其所含数量，符合这一种危险品相应包装说明中的有关规定。

（5）外包装是每种危险品相应包装说明都允许使用的包装。

（6）为运输而准备的包装件符合其内装物品中最严格的包装等级所对应性能试验的技术标准。

（7）一个外包装内装入的不同危险品的数量，其Q值必须不大于1，Q值按下列公式计算：

$$Q=\frac{n_1}{M_1}+\frac{n_2}{M_2}+\frac{n_3}{M_3}+\cdots\cdots$$

式中，n_1、n_2、n_3、…是每一包装内各种危险品的净重；M_1、M_2、M_3是国际航协《危险品规则》4.2危险品表中规定的对客机或货机各种危险品的最大允许净重数量。

计算出来的 Q 值必须进位到小数点后一位数。

（8）下列危险品不需要计算"Q"值：

① 固体二氧化碳（干冰），UN1845；

② 在危险品表H栏，J栏或L栏中注明"无限制性"的物品；

③ 共处同一包装件内，具有相同的UN编号和包装等级，净数量的总和不超过国际航协《危险品规则》4.2危险品表中最大允许净数量的危险品；

④ 在危险品表J、L栏中标注为每个包装件允许的"毛重"的危险品。

（9）含有在危险品表J、L栏的重量后标注"G"字样的危险品的包装件，该包装件毛重不得超过其所含危险品标注允许的最低毛重值。

二、限制数量包装

当不同限制数量的危险品装入同一个外包装时，这些危险品的数量必须限制在以下范围。

（1）不属于第2类和第9类的其他类别的危险品，每一包装件内所装总数量的"Q"值不超过1，"Q"值计算公式中 n_1、n_2 等是每一包装件内各种危险品的净数量，M_1、M_2 等是国际航协《危险品规则》4.2危险品表中与"Y"的包装说明相对应的每一件包装件内限制数量危险品的最大允许净数量。

（2）第2类和第9类危险品未与其他类别危险品混装时，每一包装件的毛重不得超过30kg；与其他类别危险品混装时，每一包装件的毛重不得超过30kg，并且每一包装内所装不属于第2类或第9类的其他类别危险品净数量，根据上述"Q"值计算公式"Q"值不大于1时才允许。

（3）固体二氧化碳（干冰），UN1845，可以与其他危险品包装在一起，但该包装件的毛重不得超过30kg。计算 Q 值时不需要考虑干冰的数量。含有固体二氧化碳（干冰）的包装和外包装必须保证二氧化碳的释放。

（4）使用同一UN编号和包装等级的不同危险品装在同一个外包装内时，不必计算"Q"值。但是，每一包装件的总净重不超过国际航协《危险品规则》4.2危险品表H栏规定的最大净重值。

（5）限制数量危险品的包装方法，必须符合国际航协《危险品规则》4.2危险品表G栏相应的限制数量包装数量及包装说明的要求。

（6）包装必须达到国际航协《危险品规则》6.1和6.2中制造标准以及6.6中试验标准，但6.0.4中的标记要求和6.3中的试验要求，对这些包装不适用。

第七节
包装要求及检查

一、一般包装要求

危险品必须使用优质包装。这些包装不得有任何损坏迹象，必须具有足够的强度来抵抗运输途中在正常情况下会遇到的冲击与装载,包括从货盘、集装器或者合成包装件取下做进一步的手工或机械处理。包装件的结构和封闭性能必须适应正常航空运输条件下温度、湿度、压力(比如由于海拔高度所产生)或震动的变化而不致泄漏,包装件外部不得沾染达到有害数量的危险品。这些规定适用于新的、翻新的和重新制造的包装。

二、内包装要求

1.衬垫材料

内包装被包装、固定或衬垫在外包装内时,必须保证在正常运输条件下不致破裂、泄露或在外包装内移动。衬垫材料不得与内包装中物品发生危险反应。内包装如有泄露不得降低衬垫作用。

2.吸附材料

除非在本节或包装说明中另有规定,装入玻璃、陶瓷、塑料或金属内包装的第3类、第4类、第5类、第8类或第6.1项的液体,在包装时必须根据表5-2使用能够吸收液体的吸附材料。这种吸附材料不得与被吸收液体发生危险的反应。如果在正常运输条件下,内包装不会破裂并且能防止内装物漏出外包装,可以不要求吸附材料。

如果要求使用的吸附材料且外包装对液体无防漏性能,则必须在外包装内加上衬里或给内包装加上塑料袋或采用其他效果相同的方法。如果要求使用吸附材料,每一外包装内的用量和填入必须符合如下要求(表5-2)。

表5-2 对吸附材料的要求

项目	客机	仅限货机
Ⅰ级包装	A	B
Ⅱ级包装	B	B
Ⅲ级包装	C	C

注:A表示吸附材料能够吸收全部内包装中的液体。B表示吸附材料能够吸收任一内包装中的液体,如果内包装的大小不同,应能够完全吸收容量最多的内包装中的液体。C表示不要求使用吸附材料。

三、其他包装要求

(1)外包装的质地和厚度必须保证在运输中发生摩擦时不致发热而改变内装物的化学稳定性。

(2)如果内装物可能释放气体,为了降低包装内部压力而需要排气的包装在航空运输中不准使用,除非国际航协《危险品规则》另有规定。

(3)盛装液体危险品或感染性物质的组合包装(不包括仅含120mL或120mL以下易燃液体的内包装,或初级容器内含感染性物质不超过50mL的内包装),在包装时内包装的封闭盖必须朝上,在包装件上必须贴有向上标贴来指明它的竖直方向,也可以在包装件的顶面写上"THIS END UP"或"THIS SIDE UP"(此面向上)。

（4）包装件尺寸不得太小，其表面必须有充分余地来粘贴所需的标贴和标记。

（5）装过某种危险品的空容器，如果未清理干净仍存在危险性则必须将其严格封闭并按原危险品包装处理，除非已采取适当的措施使危险性彻底消除。

（6）曾装过第7类放射性物品的包装，按照国际航协《危险品规则》有关放射性物品的规定处理。

（7）曾装过感染性物质的空容器，必须彻底地消毒和杀菌，一切和感染性物质有关的标贴和标记都必须处理掉。

（8）液体包装的要求可在国际航协《危险品规则》5.0.2.14章节中查阅。

四、危险品货物包装的检查

步骤一：参阅国际航协《危险品规则》4.2表格
（1）确定运输专用名称和UN/ID编号；
（2）注意包装等级；
（3）确定该物品或物质是否允许装入客货机还是仅限货机；
（4）注意包装说明；
（5）注意每个包装件的最大允许净重或最大允许毛重；
（6）注意是否有包装的特殊规定。

步骤二：确认合适的包装说明
注意包装说明的第一个数字表示被包装货物主要危险性的类别。

步骤三：确认该包装符合包装说明的所有要求
以待运输危险品的数量、可利用的包装等为考虑的基础，根据使用的包装说明，托运决定使用何种包装，可供的选择为：
（1）根据标准三位代码包装说明的UN规格包装；
（2）根据"Y"包装说明的限制数量包装；
（3）根据一些标准三位代码包装说明允许的其他包装。

步骤四：确认符合指定包装的数量限制
（1）包装级别要求；
（2）没有超出限制。

注：

通常情况下货运代理或运营人不得打开危险品包装件，以检查是否符合包装说明的要求，因为：
（1）是否符合包装要求是托运人的责任；
（2）有可能破坏外包装的统一性，因此可能不再能通过性能试验；
（3）可能对人体有潜在的危险。

练习思考题

1. 托运人在准备危险品包装时有什么责任?
2. 什么是单一包装和组合包装?
3. 危险品的包装类型有哪些?
4. 何谓合成包装件?它有几个形式?
5. 包装等级是Ⅰ级的危险品可以装在XYZ包装的哪一个?
6. 限制数量的危险品包装件必须要经过跌落和码放两项包装测试,单件包装的毛重量不允许超过30kg,在包装件的外表面上必须清楚地标明什么?
7. 一个外包装内装入的不同危险品的数量,其Q值必须不大于1,哪些危险品不需要计算Q值?
8. 干冰可以与其他危险品包装在一起但该包装件的毛重不得超过多少?
9. 吸附材料A、B各表示什么意思?
10. 盛装液体的危险品和感染性物质的组合包装在包装时有何要求?
11. 危险品包装的检查有哪些步骤?
12. 请说出下列联合国规格包装标记的含义。

第六章

危险品标记和标签

> **学习目标**
>
> 了解并熟练使用危险品的各类标记和标签。

对危险品包装要求进行正确的标签和标记是安全运输过程中的重要元素。托运人必须根据国际航协的规定保证所托运的危险物品包装或含有危险物品的合成包装件已经被正确地做好标记和标签。包装件上必须留有足够的位置粘贴所有需要的标记和标签。标签和标记有如下目的：标明包装件中的物品；指明包装件满足相关标准；提供安全操作和装载信息；标明危险品的性质。

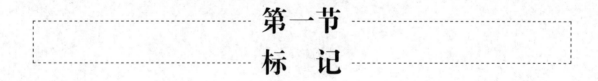

第一节 标 记

一、托运人的具体责任

对于需要做标记的危险品包装件或合成包装件，托运人必须按照下列各项要求办理。

（1）检查所有有关的标记是否已标注在包装件或合成包装件的正确位置上，并符合国际航协《危险品规则》的具体要求；

（2）去除包装件或合成包装件上所有无关的标记；

（3）确保国际航协《危险品规则》第五章要求使用规格包装件的，用来盛装危险品的每一外包装或单一包装上，标出国际航协《危险品规则》6.0.4所规定的规格标记；

（4）任何适用的新标记都应标注在正确的位置上，并确保标记要经久耐用且规格正确；

（5）托运人必须确保危险品的包装件或合成包装件交给运营人托运时，标记工作彻底完成。

二、标记种类

1. 基本标记

基本标记——作为最基本的要求,每个含有危险品的包装件或合成包装件都需要清晰地标出(图6-1)。

(1)运输专用名称(需要时补充以适当的技术名称)

(2)UN或ID编号(包括前缀字母UN或ID)

(3)托运人及收货人名称及地址

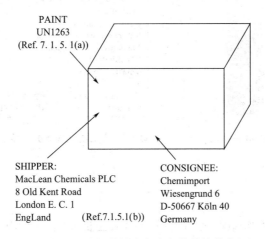

图6-1　危险品的包装件或合成包装件的基本标记

2. 附加标记

(1)第1类——爆炸品　包装件内爆炸品的净数量和包装件的毛重(图6-2)。

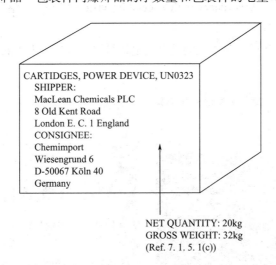

图6-2　爆炸品的附加标记

(2)第2类中的深冷液化气体　包装件的每一侧面或桶形包装件每隔120°应印上"KEEP UPRIGHT(保持直立)"字样。在包装件表面必须印上"DO NOT DROP—HANDLE WITH CARE(勿摔—小心轻放)"字样(图6-3)。

（3）第2类至第6类、第8类　当一票货物超过一个包装件时，每个包装件中所含第2类至第6类、第8类危险品的净数量须标注在包装件上。当DGR4.2表的H、J、L栏中标明为毛重（有大写字母G）时，包装件上的计重单位后也应注明字母"G"。这些数量必须标在UN编号和运输专用名称相邻的地方（图6-4）。

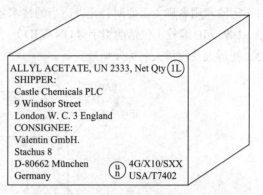

图6-3　深冷液化气体的附加标记　　　　图6-4　第2类至第6类、第8类超过一件的附加标记

若包装中含有9类物质或物品，应在其外包装上根据情况注明净重或毛重。

（4）呼吸保护装置　当根据特殊规定A144运输带有化学氧气发生器的呼吸保护装置（PBE）时，必须在包装件上的运输专用名称旁标注下列文字："Air Crew Protective Breathing Equipment（smokehood）in Accordance with Special Provision A144"［飞行机组呼吸保护装置（防烟罩），符合A144特殊规定］。

（5）第6.2项感染性物质　负责人的姓名及电话号码，该负责人应具备处理该感染性物质的突发事件的能力（图6-5）。

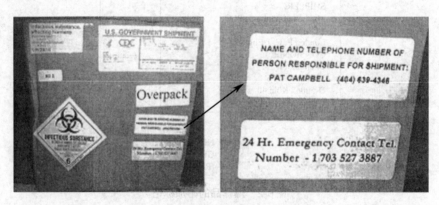

图6-5　感染性物质的附加标记

（6）内装UN3373的包装件

注明："BIOLOGICAL SUBSTANCE，CATEGORY　B"（生物物质B级）字样（图6-6）。

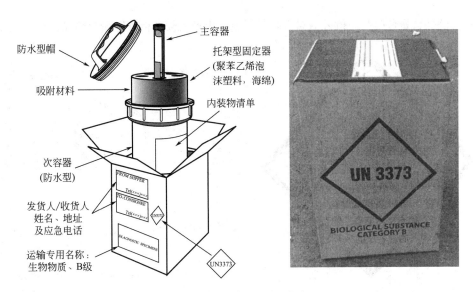

图6-6 B级生物物质的附加标记

注：

1. 装有诊断标本、临床标本或B级生物制品的包装件不需在外包装上注净数量。但是，当使用干冰作为制冷剂时，需标注干冰的净数量。
2. 根据DGR包装说明650要求，在包装件的外表面上还应显示标记UN3373。

（7）UN1845干冰［Carbon dioxide，Solid（Dry Ice）］ 应注明每个包装件中所含干冰的净数量（图6-7）。

（8）有限数量包装 有限数量包装件必须注明"LIMITED QUANTITY"或"LTD QTY"字样（图6-8）。

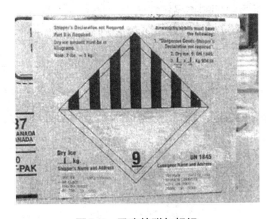

图6-7 干冰的附加标记

图6-8 限量包装的附加标记

（9）危害环境物质 适用于液态或固体危害环境物质（UN3077或UN3082）包装件的标记要求（图6-9）。

第六章 危险品标记和标签

（10）例外数量危险品　例外数量危险品标签被更换成新的例外数量危险品标记（图6-10）。

图6-9　危害环境物质的附加标记

图6-10　例外数量危险品标记

3.UN规格包装标记

包装件内为固体或有内包装

 4G/Y50/S/01
A/PA-03/3050

——联合国包装符号

4G——包装类型代号，为纤维板箱

Y——用于Ⅱ级包装（本包装可用于Ⅱ级、Ⅲ级包装的物品和物质）

50——测试最大毛重为50kg

S——可能装有固体或内包装

01——制造年份为2001年

A——授权国家：澳大利亚

PA-03/3050——制造厂商名称或由澳大利亚政府当局版权的识别编号

包装件内为液体：

 1A1/X1.4/150/05
NL/VL824

——联合国包装符号

1A1——包装类型代号，为小口钢桶
X——用于Ⅰ级包装（本包装可用于Ⅰ级，Ⅱ级，Ⅲ级包装的物品和物质）
1.4——测试液体的相对密度为1.4
150——液压试验压力值为150kPa
05——制造年份2005年
NL——授权国家：荷兰
VL824——制造厂商名称或荷兰政府当局授权的识别编号

 例3

感染性物质

 4G/Clacc 6.2/01
DK/SP9989-ERIKSSON

——联合国包装符号

4G——包装类型代号，为纤维板箱
Class6.2——感染性物质
01——制造年份为2001年
DK——授权国家：丹麦
SP9989-ERIKSSON——制造厂商的名称和/或丹麦政府当局授权的识别编号

 例4

特殊包装
有些包装件在包装类型代号的后面紧跟着字母"V"，这表明此包装件为"特殊包装"，已参照国际航协《危险品规则》的要求，不需另外测试。

 4GV/X10/S01
USA/+AA0439

例5

有些包装件在包装类型代号的后面紧跟着字母"T",这表明此包装件为"补救包装"。

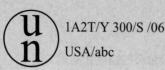

1A2T/Y 300/S /06
USA/abc

4．限制数量包装件标记

需标注"LIMITED QUANTITY"或"LTD QYY"

三、标记的规格与质量

标注在包装件和合成包装件上的所有标记不得被包装的任何部分及附属物,或任何其他标签和标记所遮盖,所需标记不得与其他可能影响这些标记效果的包装标记标注在一起。

1．质量

所有标记必须注意以下几点。

（1）经久耐用,用印刷或其他方式打印或粘贴在包装件或合成包装件的外表面。

（2）清楚易见。

（3）能够经受暴露在露天环境中,且其牢固性和清晰度不会明显降低。

（4）显示在色彩反差大的（包装）背景上。

2．文字

必须使用英文,如始发国需要,亦可同时使用其他文字。

3．合成包装的标记

（1）除非包装件内所有危险品的标记都明显可见,否则在合成包装件的外表面上必须显示"Overpack（合成包装件）"。对于包含放射性物质的合成包装件的标记要求,见国际航协《危险品规则》10.7.1.4。

（2）包装规格标记不得重新标注在合成包装件上面。"Overpack（合成包装件）"标记已说明合成包装件内装有的包装符合规定的规格。

第二节 标　签

一、危险品托运人具体责任

对于需要粘贴标签的包装件及合成包装件,托运人必须做到:

① 去除包装件或合成包装件上所有无关的标签；
② 只能使用经久耐用及正确规格的标签；
③ 印记在标签上的所需任何补充内容，必须具有耐久性；
④ 应使用正确的标签牢固地粘贴在正确的位置上；
⑤ 确保包装件上或合成包装件在向运营人交运时，标签粘贴的责任已彻底履行。

二、标签的质量与规格

1.耐久性

标签的材料、印刷及粘贴必须充分耐用，在经过包括暴露在露天环境内的正常运输条件的考验后，其牢固性和清晰度不会明显降低。

2.标签种类

标签有以下两种类型。

（1）危险性标签（呈45°角正方形） 所有类型的大多数危险品都需贴此种标签。

（2）操作标签 一些危险品需贴此种标签，它即可单独使用，亦可与危险性标签同时使用。

3.标签规格

（1）危险品包装件及合成包装件上所用的各种标签（危险性标签和操作标签），在形状、颜色、格式、符号和文字说明上，都必须符合国际航协规定。

（2）危险性标签必须符合以下规格。

① 危险品标签必须为正方形且最小尺寸100mm×100mm（4in×4in），以45°放置（菱形）危险性标签有一条与符合相同颜色的直线在边内5mm处与边缘平行。标签分为上下两部分。除了第1.4、1.5和1.6项外，标签的上半部用于标示图形符号，下半部用于标示文字，及适用的类、项及配装组号码或字母。

② 所有标签上的图形符号、文字和标号都必须用黑色，以下情况除外：第8类标签上的文字（如需要）和类别号码必须用白色；以绿色、红色或蓝色为底色的危险性标签上可用白色。

③ 第1.4、1.5和1.6项的标签，必须在上半部分标注项的号码，在下半部分标注配装组字母。

④ 考虑到其形状、方向性和运输中的固定装置，第2类的气瓶可以粘贴与国际航协《危险品规则》7.3中规定的标签相同但已按照ISO 7225：1994缩小了尺寸的标签，并粘贴在此种气瓶的非瓶体部位（肩部）。根据ISO 7225：1994 "Gas cylinders-precautionary Labels（气瓶-警示标签）"规定，标签可以在编辑处重叠，但在任何情况下，表明主要危险性的标签以及任何标签上的数字必须保持完全可见，符号清晰。

4.标签上的文字

除另有适用的规定外，说明危险性质的文字可与类别/项别及爆炸品的配装组一起填入标签的下半部。文字应该用英文。若始发国另有要求，两种文字应该同样明显地填写。操作标签要求相同。标签上可印有商标，包括制造商的名称，但必须印在边缘实线之外十个打字点以内。

三、危险性标签的使用

危险品包装件及合成包装件上应使用的危险性标签都在国际航协《危险品规则》危险品表

中用缩写词列出。表中列出的每一物品和物质都需使用一种指定的主要危险性标签。在特定的情况下，可根据特殊规定，对国际航协《危险品规则》4.2表中没有列出次要危险性的物质加贴次要危险性标签，或将表中列出的次要危险性标签去除。国际航协《危险品规则》C.1表或C.2表（4.1项的自身反应物质或由有机过氧化物）也可能要求有次要危险性标签。

主要和次要危险的标签上必须标有类和项的号码。

1. 第1类

第1类物质（爆炸品），必须注意以下几点：

（1）要求贴第1.1、1.2、1.3、1.4F、1.5和1.6项爆炸品标签的包装件（少数例外）通常是禁止空运的；

（2）类、项及配装组号码或字母必须填写在标签上。

① 1.1，1.2，1.3项

**填入项别配装组号码位置。如"1.1C"

名称：爆炸品

货运标准代码：适用的REX、RCX、RGX

最小尺寸：100mm×100mm

图形符号（爆炸的炸弹）：黑色

底色：橘黄色

 贴有注明1.1或1.2项的标签的包装件通常禁止空运

② 1.4项，包括配装组S

***填入配装组号码的位置。印有标签上的数字"1.4"，高度至少为30mm，宽度为5mm。

名称：爆炸品

货运标准代码：适用的RXB、RXC、RXD、RXE、RXG、RXS

最小尺寸：100mm×100mm

数字：黑色

底色：橘黄色

③ 1.5项

***填入配装组号码的位置。印有标签上的数字"1.5"，高度至少为30mm，宽度约5mm。

名称：爆炸品

货运标准代码：REX

最小尺寸：100mm×100mm

数字：黑色

底色：橘黄色

注：

贴有此种标签的包装件通常禁止空运。

④ 1.6项

***填入配装组号码的位置。印有标签上的数字"1.6"，高度至少为30mm，宽度约5mm。

名称：爆炸品

货运标准代码：REX

最小尺寸：100mm×100mm

数字：黑色

底色：橘黄色

注：

贴有此种标签的包装件通常禁止空运。

2. 第2类

第2类物质（气体），有三种不同标签。

（1）2.1项易燃气体（红色标签）

名称：易燃气体

货运标准代码：RFG

最小尺寸：100mm×100mm

图形符号（火焰）：黑色或白色

底色：红色

注：

此标签也可印为红色底面，图形符号（火焰）、文字、数码及边线均为黑色。

（2）2.2项非易燃，无毒气体（绿色标签）

名称：非易燃、无毒气体

货运标准代码：RNG或RCL

最小尺寸：100mm×100mm

图形符号（气瓶）：黑色或白色

底色：绿色

注：

此标签也可印为绿色底面，图形符号（气瓶）、文字、数码及边线均为黑色。

（3）2.3项毒性气体（白色标签）

名称：毒性气体

货运标准代码：RPG

最小尺寸：100mm×100mm

图形符号（骷髅和交叉股骨）：黑色或白色

底色：白色

印有"Toxic Gas（毒性气体）"或"Poison Gas（毒气）"文字的毒性物质标签可以接受。

3. 第3类——易燃液体

名称：易燃液体

货运标准代码：RFL

最小尺寸：100mm×100mm

图形符号（火焰）：黑色或白色

底色：红色

此标签也可印为红色底面，图形符号（火焰）、文字、数码及边线均为黑色。

4. 第4类

（1）易燃固体（4.1项）

名称：易燃固体

货运标准代码：RFS

最小尺寸：100mm×100mm

图形符号（火焰）：黑色

底色：白色，带有七条红色竖道

（2）自燃物质（4.2项）

名称：自燃物质

货运标准代码：RSC

最小尺寸：100mm×100mm

图形符号（火焰）：黑色

底色：上半部白色，下半部红色

第4.2项物质如也是易燃固体，则无需标签用于4.1项的次要危险性标签。

（3）遇水释放易燃气体的物质（4.3项）

名称：遇水释放易燃气体的物质

货运标准代码：RFW

最小尺寸：100 mm×100mm

数字：黑色或白色

底色：蓝色

此标签也可印为蓝色底面，图形符号（火焰）、文字、数码及边线均为黑色。

5. 第5类

类别中项的号码，如5.1或5.2必须填写在底角处。

盛装有机过氧化物的包装件并符合8类物质包装Ⅰ级或包装Ⅱ级标准，必须粘贴腐蚀性的次要危险性标签。

许多液态有机过氧化物的成分是易燃的，但无需粘贴易燃液体的危险性标签，因为有机过氧化物标签本身就意味着该产品可能是易燃的。

（1）氧化剂（5.1项）

名称：氧化剂

货运标准代码：ROX

最小尺寸：100 mm×100mm

图形符号（圆圈上带火焰）：黑色

底色：黄色

（2）有机过氧化物（5.2项）

旧标签（可用至2012年12月31日）　　　新标签

名称：有机过氧化物

货运标准代码：ROP

最小尺寸：100 mm×100mm

图形符号（圆圈上带火焰）：黑色

底色：黄色

新标签底色：上半部红色，下半部黄色；上半部线条必须和图形符号颜色相同

6. 第6类

主要或次要危险属于6.1项的物质（毒性物质），其毒性物质标签中的文字描述可以用"Toxic（毒性的）"或"Poison（有毒的）"。

除主要危险性标签外，6.2项中的感染性物质包装件必须根据内装物的性质粘贴其他的标签。

（1）毒性物质（6.1项）

名称：毒性物质

货运标准代码：RPB

最小尺寸：100 mm×100mm

图形符号（骷髅和交叉股骨）：黑色

底色：白色

印有"Toxic（有毒）"或"Poison（毒性）"文字的毒性物质标签可以接受

（2）感染性物质（6.2项）

标签下部可有如下说明：感染性物质如有破损或渗漏立即通知公共卫生部门

名称：感染性物质

货运标准代码：RIS

最小尺寸：100 mm×100mm

小包装件的尺寸可为：50 mm×50mm

图形符号（三枚新月叠加在一个圆圈上）和说明文字：黑色

底色：白色

7. 第7类（参见本教材"放射性物质"章节）

8. 第8类——腐蚀性物质

第8类物质如果其毒性只产生于对组织的破坏作用，则无需粘贴用于6.1项的次要危险性标签。

名称：腐蚀性物质

货运标准代码：RCM

最小尺寸：100 mm×100mm

图形符号（液体从两只玻璃容器中洒出并对一只手和一块金属造成腐蚀）：黑色

底色：上半部白色，下半部黑色，带有白色边线

9. 第9类——杂项危险品

第9类物质的包装件必须贴有危险品表所要求的第9类"Miscellaneous Dangerous Goods

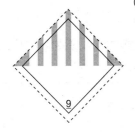

（杂项危险品）"标签。当包装件内盛装磁性物质时，必须贴上"Magnetized Material（磁性物质）"标签用来代替杂项危险品标签。

名称：杂项危险品

货运标准代码：适用的RMD、RSB、ICE

最小尺寸：100 mm×100mm

图形符号（上半部有七条竖道）：黑色

底色：白色

10. 补救包装

补救包装在进行航空运输之前，必须确保：① 包装内所含危险品的所有相应标签均在该标签上贴出；② 仅限货机运输的含有危险品的包装件，须粘贴"Cargo Aircraft Only（仅限货机）"标签。

11. 空包装

（1）除了第7类危险品外，任何装过危险品的包装，在没有经过气体清洁、净化或重新装入非危险品以消除其有害性前，都必须按要求对那些危险品进行识别、标记、粘贴标签和标牌。

（2）装过感染性物质的空包装在返还托运人或运送至其他地点前，都必须要进行完全的消毒或灭菌，并且除去原有的任何表示其曾装过感染性物质的标记和标签。

12. 不同的危险品包装在同一外包装中

当两件或两件以上的危险品被包装在同一外包装中时，包装件上须按要求注明每一种物质。如果已经粘贴了标明主要危险性的标志，则不需粘贴相同危险性的次要危险性标签。

四、操作标签

1. 磁性物质

"Magnetized Material（磁性物质）"标签必须用在装有磁性物质包装件及合成包装件上，但不得装载在直接影响飞机的直读磁罗盘或罗盘传感器的位置上，请注意多个包装件会产生累积效应。

联运文电代码：MAG

2. 仅限货机

"Cargo Aircraft Only（仅限货机）"标签必须用在仅限货机运输的危险品包装件上。但当包装说明编号及包装件的允许量指明客、货机均可承运时，不应使用"Cargo Aircraft Only（仅限货机）"的标签，即使是在同一票货中其他包装件在托运人申报单中表明。

联运文电代码：CAO

"Cargo Aircraft Only（仅限货机）"时，"Cargo Aircraft Only（仅限货机）"标签也不能用于按照客机限制包装的包装件。该标签必须粘贴在包装件上粘贴危险性标签的同一侧面，并靠近危险性标签的位置。

旧标签

有时国家差异可以要求仅限货机运输一些通常允许用客机托运的货物，并粘贴"Cargo Aircraft Only（仅限货机）"的标签。

"仅限货机"标签被重新设计，旧标签可继续使用至2012年12月31日。

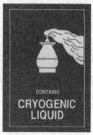

3. 低温液体

含有低温液体的包装件和合成包装件上的"Cryogenic Liquid（低温液体）"操作标签必须与非易燃气体（2.2项）危险性标签同时使用。这类货物应与活动物隔离。

联运文电代码RCL

说明文字"Caution: may cause cold burn if spilled or leaked 当心——一旦溢出或渗漏可能会导致冻伤"可选择使用添加到标签上。

4. 包装件方向

盛装液体危险品的包装件及合成包装件必须使用方向性（向上）标签，或者使用符合ISO 780：1985标准的事先印刷在包装件上的包装件方向标签。但以下包装件除外：

① 在容积120mL或以下的内包装中盛有易燃液体；
② 在容积50mL或以下的主容器中盛有感染性物质；
③ 盛有放射性物质。

标签的横线下可填入"Dangerous Goods（危险品）"字样。标签必须粘贴或者印刷在包装件相对的两个侧面以表明正确的包装件方向，使其封闭处朝上。粘贴包装件方向标签时，还可将"THIS END UP（此端向上）"或"THIS SIDE UP（此面向上）"字样显示在包装件或合成包装件的顶面。该类标签至少在包装件上贴两个，必须在两个相对的侧面上各贴一个，箭头方向向上。

5. 远离热源

"Keep Away From Heat（远离热源）"操作标签必须用于含有4.1项中的自身反应物质和5.2项有机过氧化物的包装件和合成包装件上，且与相应的危险性标签同时使用。

6. 轮椅

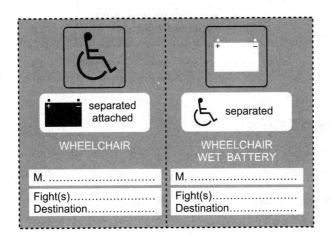

7. 放射性物质，例外包装件

货运IMP代码：RRE

"Radioactive Material，Excepted Package（放射性物质，例外包装件）"标签必须用在装有放射性物品的例外包装件上。

> **注：**
> 可选择性的在标签上添加"此包装件信息不需要列入危险品机长通知单（NOTOC）上"的文字。

8. 锂电池标签

适用于锂离子电池和锂金属电池

9. 含危险品的集装器的识别

每个装有需要粘贴危险性标签的危险品的集装器，都必须在其表面清晰地标示该集装器内装有危险品。此识别标记应显示在集装器的标牌上（图6-11）。标牌两侧边缘有明显的红色线条，最小尺寸为148 mm×210mm。危险品的主要危险性类别或项别号必须在标牌上明显标示，卸下危险品后，必须立即从集装器上摘掉标牌。

图6-11　集装器的标牌

如果集装器内的包装件具有"仅限货机"标贴，则该标签必须可见或标牌上必须指明该集装器仅限货机装运（图6-12）。

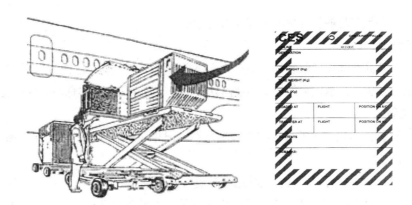

图6-12 仅限货机装运的集装器标贴

10. 其他标签(图6-13)

以下这些都不是空运危险品的标签,它们主要来自以下几个方面。

其他运输方式的要求,如铁路或船运。

国家的法令要求许多家用产品必须标明注意事项和有关标签。但这并不意味着当这些物品用飞机运输时属于危险品,而只是在使用或处置它们时要留心注意事项,同时还说明可能受到规则的约束。如果在接收这些物品有疑问时,要请示值班主任。

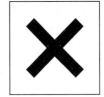

图6-13 其他标签

五、标签的粘贴方法

1. 总则

(1)所有标签必须牢固地粘贴或印刷在包装上,清晰可见,而不被包装的任何部分或其他标签所遮盖;

(2)每一标签必须粘贴或印刷在颜色对比明显的底面上,或必须用颜色对比明显的虚线或实线标注在标签的外边缘;

(3)标签粘贴时不得折叠,不得将同一标签贴在包装件的不同侧面上;

(4)如果包装件的形状非正规,其表面无法粘贴标签,可以使用硬质的拴挂标签;

（5）包装件必须有足够位置粘贴所有要求的标签。

2.标签的禁用方式

（1）气瓶，及其他细长形包装件，其尺寸不得小到使标签自身叠盖；

（2）箭头除了用于指示包装件的适当朝向外，不得出现在装有液体危险品的包装件上。

3.粘贴位置

（1）如果包装件的尺寸足够，标签必须粘贴在标记相应运输专用名称的同一侧面，并靠近运输专用名称的位置；

（2）标签应粘贴在托运人、收货人的地址旁边；

（3）如果需要粘贴标明主要和次要危险性的标签，次要危险性标签必须紧接着主要危险性标签粘贴。

4.合成包装件

对于合成包装件，其内部包装件上所需的标签必须清晰可见，否则必须在合成包装件的外部按原标签重新粘贴。如果已粘贴了标明主要危险性的标签，则不需要再粘贴标明相同危险性的次要危险性标签。

5.危险品包装件标记、标签示意（图6-14，图6-15）

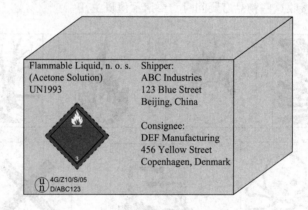

图6-14　危险品包装件标记、标签示意一

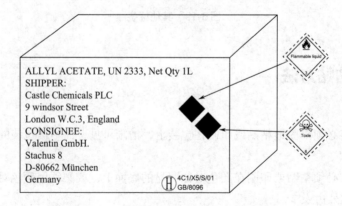

图6-15　危险品包装件标记、标签示意二

练习思考题

1. 危险品标记分为哪几类?
2. 危险品包装上应有的基本标记有哪些要素组成?
3. 对于第2类深冷液化气体的标记有何特殊要求?
4. 哪些类的危险品应在外包装上注明净重或毛重?
5. 除基本标记外,哪些危险品需标有附加标记?
6. 危险品货物的危险性标签和操作标签分别是什么形状?

第七章

危险品运输文件

> **学习目标**
>
> 正确填写危险品申报单、货运单操作说明栏和品名栏、收运检查单和特种货物机长通知单。

正确填制危险品运输文件是安全运输的基本要求和必要保证，它的正确性和完整性是保证安全、快捷、高效地完成运输工作的基础。

托运人托运危险品时应填写托运人危险品申报单、货运单，运营人在接收和运输危险品时应填写危险品收运检查单、特种货物机长通知单等文件。

第一节 托运人危险品申报单

在托运危险品时，托运人应按国际航协《危险品规则》中的定义和分类，填写好"托运人危险品申报单（以下简称申报单）"。交运危险品时托运人必须做到以下几点：

（1）只能用正确的方法填写正确的表格；

（2）确保表格内所填写的内容准确、易读和耐久；

（3）确保在向公司交运货物时申报单已按规定的要求签署；

（4）确保货物已经按照国际航协《危险品规则》的规定准备完毕。

一、申报单的规格

申报单的表格可用黑色和红色印制在白纸上，或只用红色印制在白纸上。表格左右两边垂直的斜纹影线必须印成红色。申报单印制必须使用ISO的A3或A4型纸。

二、填写申报单的一般原则

（1）申报单应用英文填写，也可以在英文后面附上另一种文字的准确译文。

（2）申报单一式三份，均需按规定填制并签字。两份随货运单和货物送至到达站，一份由始发站留存，其中一份包括上面的签字可为复印件。

> **注：**
> 最初接收危险品货物的运营人，要求保留申报单的原件或复印件。中转运输时，可以接受影印的申报单。

（3）只有第一运营人需要保留托运人申报单的原件。当货物需要中转时，托运人申报单原件的复印件可以作为文件进行保存。

（4）申报单的货运单号码栏、始发站机场栏和目的站机场栏可以由托运人、其代理填写或修改，也可以有收货人员填写或修改，但是其他栏目必须有托运人或其所雇的代表其承担托运人的责任的人或组织填写。

（5）申报单可以手工填写，或使用机器（打字机、电脑）。

（6）申报单必须有托运人或其指定代表签署姓名和日期，签字必须使用全称，可以手写或盖章，但不准使用打字机。当相应的法律法规认可传真签名有效性时，才可以接受传真签名。受雇于托运人的个人或组织（包括集运人、运输商或国际航协货运代理人），如果能够在托运前期作为代表承担托运人的责任并接受过国际航协《危险品规则》1.5要求的培训，方可签署托运人危险品申报单。

（7）申报单上如有涂改，托运人必须在涂改处签字，该签字必须与文件上的签字相一致，货运单号码、始发站机场、到达站机场除外。

三、填写申报单的一般说明

以下要求适用于不含放射性物质的危险品。

（1）Shipper：填写托运人的姓名全称及地址。

（2）Consignee：填写收货人的姓名全称及地址。如果托运人托运传染性物质，还应填写发生事故时可与之联系并能够进行处理的负责人姓名和电话号码。

（3）Air Waybill Number：填写申报的危险品的货运单号码。

（4）Page…of…Pages：填写页码和总页数，如无续页均写为第"1页，共1页"。（Page 1 of 1 Pages）。

（5）Aircraft Limitations：填写危险品运输时对机型的限制。如客机、货机均可或仅限货机等，应根据货物的情况而定。"将Passenger and Cargo Aircraft"（客机、货机均可）或Cargo Aircraft Only（仅限货机）的两项中一项划掉，另一项保留。

（6）Airport of Departure：填写始发站机场或城市的全称。

（7）Airport of Destination：填写到达站机场或城市的全称。

（8）Shipment Type：填写危险品是否属于放射性物质。划掉"Radioactive（放射性）"字样表明该货物不含放射性材料。除了用作冷却剂的固体二氧化碳（干冰）外，放射性物质不能与其他危险品包括在同一申报单中。

（9）Nature and Quantity of Dangerous Goods：填写危险品的类别与数量。

步骤1　UN or ID NO：填写危险品的联合国或国际航协编号。编号的前面应缀上"UN"或"ID"。

步骤2　Proper Shipping Name：运输专用名称。

填写危险品专用名称，必要时填写技术名称。除运输专用名称中已含有"molten（熔化）"字样外，固体物质交付空运呈熔化状态时，"molten（熔化）"字样必须加入运输专用名称。

步骤3　Class or Division：填写危险品的类别或项别号码。对于第1类爆炸品，应注明配装组。次要危险性类和项号码必须填写在危险性类和项号码后面的括号内。当特殊规定要求或分别根据《危险品规则》C.1和C.2的4.1，5.2项的自身反应物质及有机过氧化物需要粘贴次要危险性标签时，必须填写次要危险性。在主要和/或次要危险性的类或项的数字以前缀"CLASS"或"DIVISION"。

步骤4　Packing Group：填写适用的危险品包装等级，前面可以冠以"PG"字样。

内含任何单个物质的化学物品箱或急救箱，其指定的包装等级是最严格的。

上述步骤1～4的危险品说明必须按照此顺序来表述，除国际航协《危险品规则》允许外部可添加其他信息。

（10）Quantity and Type of Packing：填写危险品的数量和包装种类。

填写包装件的数量（同一种类包装和同一内装物）和包装的种类。包装种类必须使用全称表示，例如"Fibreboard box（纤维板箱）"、"steel drum（钢鼓）"等，并且要做到以下几点。

① 对于具有不同运输专用名称，UN/ID编号或包装等级的危险品，必须填入每一包装件中危险品的重量或体积表示的净数量或毛重（对于IATA《危险品规则》危险品表H、J或L栏出现"G"字母的情况）。

② 对于未清洗的，含有残余危险品的空包装，除了第七类，必须使用"EMPTY UNCLEANED"或"RESIDUE LAST CONTAINED"的字样进行描述。不需要显示数量，只需要填入包装件件数和包装的种类。

③ 对于"机器或设备中的危险品"，必须按照物品中危险品呈现的物理状态，即固体、液体或气体状态，分别填写每一危险品各自的总数量。

④ 当每个包装件的最大允许量标注为"No Limit（不限）"或在危险品表4.2 H、J或L栏具有包装说明参考时，重量填写必须：对于物质，填写净重或体积（如UN2969、UN3291）；对于和设备包装在一起的锂电池（如UN3091和UN3481），分别依据包装说明969和966，填写每一包装件的净重；对于物品，填写跟有字母"G"的毛重（如UN2794、UN2800、UN2990、UN3166）。

> **注：**
> 如果运输专用名称显示出物质的物理状态，则必须按照固体或液体两种不同形态相应填写以"kg"或"L"表示的计量单位。

⑤ 对于化学药品箱或急救箱，填写其中危险品的总净重或总净容积（包括重量或体积的单位）。箱内液体的净量应按1∶1的基础计算其容积，即1L等于1kg。

⑥ 当两种或多种不同危险品装入同一外包装时，"All packed in one（包装类型描述）"字样必须紧随有关说明。如含有一件以上包装件，每一包装件含有同一类别并可配装的物品，下列说明应紧随有关项目。如"All packed in One（填入包装类型描述）×（……）（填入实际包装件数）"。

⑦ 两种或两种以上危险品按照IATA《危险品规则》5.0.2.11或5.0.3.2的要求装在同一外包装时，"Q"值应精确进到小数点后第一位。

⑧ 对于用补救包装运输的危险品，应填入剩余重量的估计量和"SALVAGE PACKAGE（补救包装）"字样。

⑨ 对于第一类爆炸品，除显示每一包装件的净重外还需标注包装件内爆炸物质的净质量（NET EXPLOSIVE MASS），其缩写"NEQ"、"NEM"、"NEW"都可使用。

⑩ 当使用合成包装件时，"Overpack Used（使用合成包装件）"字样必须填入申报单并紧随合成包装件内有关包装件项目之后。

⑪ 当货物包含多件OVERPACK时，每件OVERPACK必须标有一个识别号，且必须标有OVERPACK内危险品的总含量和单位，如适用还须标有毛重字母"G"。以上信息还必须显示在DGD上。DGD上的总含量信息必须与OVERPACK上一致。

⑫ 多个合成包装件中的包装件完全相同时，应列出"Overpack Used（使用合成包装件）×（相同合成包装件的件数）"。多个合成包装件中的包装件不相同时，应将它们分别列出。

（11）Packing instruction：包装说明。填写包装说明的编号或限量包装说明的编号（带前缀"Y"）（G，I和K栏）。

① 当货物适用于客机运输时，应选择客机所对应的包装说明编号，且包装件上不得粘贴"仅限货机"标签。

② 如货物适用于货机运输，则应填入货机包装说明编号，包装件上必须粘贴"仅限货机"标签；若填写客机包装说明编号，则不必粘贴"仅限货机"标签。然而，如果相同的包装说明编号和每一包装件的允许量同时适合客机、货机两种机型时，不得使用"仅限货机"标签。

（12）Authorizations：填写主管部门的批准或认可。

① 如果涉及的特殊规定是A1、A2、A51、A81、A88、A99或A130时，填写有关特殊规定的编号。

② 如物质是经政府当局批准按A1、A2运输时，批准或豁免证书应随附申报单。批准内容应包括：数量限制；包装要求；机型（如适用）；其他相关信息，如按A2特批的应有标签要求。

③ 当危险品装在手提式容器中运输时，必须随附一份国家主管当局批准的文件。

④ 当危险品按规定装在按IATA《危险品规则》5.0.6.7批准的包装中运输时，必须随附一份国家主管当局批准的文件。

⑤ 当运输的爆炸性物质符合包装说明101并获得了有关国家当局的批准时，必须在托运人危险品申报单上用国际交通机动车辆国家识别符号（见附录D.1）标注所列的批准当局的名称。标注方法如下："Packaging authorized by the competent authority of …（包装已获……国家主管当局批准）"。

⑥ 按要求批准运输的有机过氧化物和自身反应物质必须标注在申报单上。对于未列明

的有机过氧化物和自身反应物质,关于分类批准和运输条件的文件必须附在申报单后面。批准、许可和/或豁免文件必须随附申报单。如果文件未使用英文,还必须随附一份准确的英译文。

托运人应在声明"attached(随附)"前输入许可、批准或豁免的证书号或识别号,并且这些文件必须随附托运的货物一起运输。

(13) Additional Handling Information(其他操作说明)。

填写任何其他有关的特殊操作说明。

① 对在IATA《危险品规则》4.2危险品表M栏中注有A20特殊规定的4.1项自身反应物质或具有相同性质的其他物质,以及5.2项有机过氧化物,托运人必须指明含有这些物质的包装件不得被阳光直射,远离热源,并码放在通风良好的地方。

② 当运输自身反应物质或有机过氧化物的样品时,必须在"Additional Handling Information(其他操作说明)"栏中加以说明并指出这是需要经批准的有机过氧化物样品。

③ 安装在呼吸保护装置(PBE)中的化学氧气发生器如按照特殊规定A144进行运输时,"Air Crew Protective Breathing Equipment(smoke hood)in accordance with Special Provision A144[符合特殊规定A144的机组呼吸保护装置(防烟面罩)]"的声明必须写在托运人危险品申报单上的"其他操作说明"栏中。

④ 对于A类的感染性物质(UN2814和UN2900)和国家法律与国际公约禁止在"n.o.s★"运输专用名称后标示技术名称的物质,必须在托运人危险品申报单填入责任人的姓名和电话号码。

(14) 保证声明

① 申报单中含有证明或声明,保证货物按照IATA《危险品规则》及其他空运规定进行准备,而且符合收运条件,声明文字如下:

"I hereby declare that the contents of this consignment are fully and accurately described above by the proper shipping name, and are classified, packaged, marked and labelled/placarded, and are in all respects in proper condition for transport according to applicable international and national governmental regulations."(我在此声明,以上填写的本批货物的运输专用名称完整无误,其分类、包装、标记及标签/标牌已经完成,且各方面均符合相关的国际和国家政府规定,可予以交运。)

② 空运时还需要作以下补充声明:

"I declare that all of the applicable air transport requirements have been met.(我声明,符合所有适用的空运要求。)"

(15) Name/Title of Signatory:填写签署人的姓名和职务,既可打印,也可盖章。

签署人的职务或其就职的部门名称,都可以接受。

(16) Place and Date:填写签字的地点和日期。

(17) Signature:签字,只可手写或盖章。

四、托运人危险品申报单实样

危险品申报单实样如图7-1所示。

图7-1 危险品申报单实样

五、托运人危险品申报单填写实例

托运人危险品申报单填写实例如图 7-2 所示。

SHIPPER'S DECLARATION FOR DANGEROUS GOODS

Shipper
ABC Company
1000 High Street
Youngville, Ontario
Canada

Air Waybill No.   800 1234 5686
Page 1 of 1 Pages
Shipper's Reference Number
(optional)

Consignee
CBA Ltc
50 Rue de la Paix
Paris 75 006
France

For optional use
for
Company logo
name and address

Two completed and signed copies of this Declaration must be handed to the operator.

WARNING

Failure to comply in all respects with the applicable Dangerous Goods Regulations may be in breach of the applicable law, subject to legal penalties.

TRANSPORT DETAILS

This shipment is within the limitations prescribed for: (delete non-applicable)

PASSENGER AND CARGO AIRCRAFT / CARGO AIRCRAFT ONLY

Airport of Departure: Youngville

Airport of Destination: Paris, Charles de Gaulle

Shipment type: (delete non-applicable)
NON-RADIOACTIVE / RADIOACTIVE

NATURE AND QUANTITY OF DANGEROUS GOODS

Dangerous Goods Identification

UN or ID No.	Proper Shipping Name	Class or Division (Subsidiary Risk)	Packing Group	Quantity and type of packing	Packing Inst.	Authorization
UN1816	Propyltrichlorosilane	8 (3)	II	3 Plastic Drums x 30 L	876	
UN3226	Self-reactive solid type D (Benzenesulphonyl hydrazide)	Div. 4.1		1 Fibreboard box x 10 kg	459	
UN1263	Paint	3	II	2 Fibreboard boxes x 4 L	364	
UN1263	Paints	3	III	1 Fibreboard box x 30 L	366	
UN3166	Vehicle, flammable liquid powered	9		1 automobile 1350 kg G	950	
UN3316	Chemical kits	9	II	1 Fibreboard box x 5 kg	960	
UN2794	Batteries, wet, filled with acid	8		1 Wooden box 50 kg G	870	

Additional Handling Information

The packages containing UN3226 must be protected from direct sunlight, and all sources of heat and be placed in adequately ventilated areas.
24-hour Number: +1 905 123 4567

I hereby declare that the contents of this consignment are fully and accurately described above by the proper shipping name, and are classified, packaged, marked and labelled/placarded, and are in all respects in proper condition for transport according to applicable international and national governmental regulations. I declare that all of the applicable air transport requirements have been met.

Name/Title of Signatory
B.Smith, Dispatch Supervisor
Place and Date
Youngville   1 January 2011
Signature
(see warning above)
B.Smith

图 7-2 托运人危险品申报单填写实例

六、两种以上可配装危险品装在同一包装内要求注明"Q"值

要求注明"Q"值的样例如图7-3所示。

图7-3 两种以上可配装危险品装在同一包装内要求注明"Q"值

七、两种或两种以上可配装的限量危险品装在同一个包装内要求注明"Q"值

要求注明"Q"值的样例如图7-4所示。

图7-4 两种以上可配装的限量危险品装在同一个包装内要求注明"Q"值

第二节
航空货运单

以下填写货运单的说明只是有关危险品的货运单的填写说明。

一、航空货运单"操作说明栏"的填写

一份航空货运单上有危险品和非危险品时,应当在航空货运单上的"Handling Information"(操作说明)栏内填写一项或多项说明。

(1)对于客机与货机均可运输的危险品需注明"Dangerous Goods as per attached Shipper's Declaration"或"Dangerous Goods as per attached DGD",如图7-5所示。

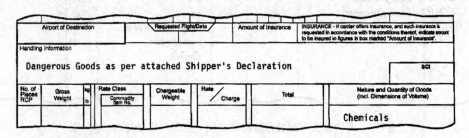

图7-5 在客机上载运的含有需要托运人申报单的危险品货物所使用的货运单

(2)对于仅限货机运输的危险品需注明"Cargo Aircraft Only"或"CAO"(即仅限货机),如图7-6所示。

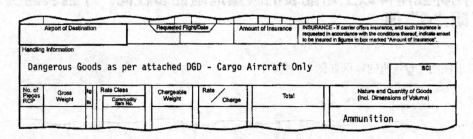

图7-6 "仅限货机"危险品货物所使用的货运单

二、航空货运单"品名栏"的填写

(1)无需危险品申报单时的填写 危险品不需要托运人申报单时必须在货运单的"Nature and Quantity of Goods(品名栏)"栏内依次填写以下信息:UN或ID编号;运输专用名称;包装件数;每一包装件净重。

> **注：**
>
> 对于固体二氧化碳（干冰），在货运单上不需注明包装等级和包装说明编号（图7-7）。
>
>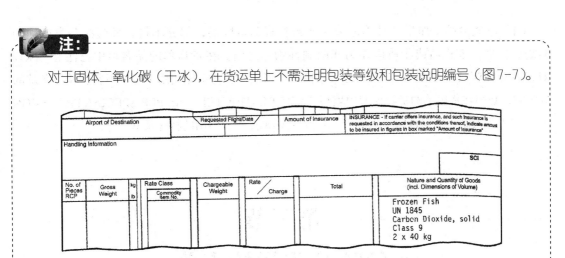
>
> 图7-7　使用固体二氧化碳（干冰）作危险品的冷冻剂的货运单

对于UN3373，只需注明"BIOLOGICAL SUBSTANCE, CATEGORY B（B类生物物质）"和"UN3373"字样。

（2）对需要危险品托运人申报单的填写，可直接在品名栏中填写其名称、运输专用名称或"化工品"的字样。

三、其他填写说明

（1）当固体二氧化碳（干冰）用作危险品的冷冻剂并且需要托运人申报单时，固体二氧化碳的详情必须填写在托运人申报单中。

（2）对于危险品空包装件的运输，在货运单的"Nature and Quantity of Goods"栏内注明"Empty"。

（3）对于符合国际航协《危险品规则》要求的例外数量危险品，必须在货运单的"Nature and Quantity of Goods"栏内说明"Dangerous Goods in Excepted Quantities（例外数量危险品）"和包装件数，如图7-8所示。

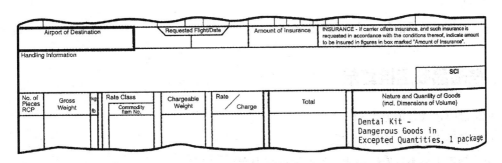

图7-8　例外数量危险品的货运单

（4）非危险品　如果某种物品或物质被怀疑为危险品，但并不符合危险品各类或项别的划分标准，该物品或物质应作为非限制性物品运输。在货运单的品名栏中已注有"NOT RESTRICTED"（非限制），则表明已做过检查。当某件货物不能使用本规则但符合特殊条款的规定时，必须在货运单的货物说明中填写"NOT RESTRICTED，AS PER SPECIAL PROVISION A×××"（非限制，依据特殊条款A×××）"的字样来注明所使用的特殊条款。

第三节
危险品收运检查单

在收运危险品时，为了检查托运人危险品申报单、货运单及危险品包装件是否完全符合要求，负责营运人危险品收运的人员必须使用危险品收运检查单。检查单必须符合现行有效的IATA危险品检查单的最低要求。

危险品收运检查单分为3种：一种用来检查非放射性危险品；另一种用来检查放射性物质；第三种是检查无需填写申报单时的干冰运输。

一、使用说明

（1）危险品收运检查单由营运人收货人员填写，一式两份，经复核签字后生效。如果收货人员未填写危险品收运检查单或者危险品收运检查单未经复核签字，则不得收运该危险品。

（2）危险品收运检查单上的各个项目必须全部检查完毕后方能确定该危险品是否可以收运。

（3）经检查，危险品收运检查单上的各个项目均无问题，该危险品可以收运。

（4）经检查，危险品收运检查单上如有任意一项或几项结果为否定，则该危险品不得收运。

（5）危险品收运检查单的正本和托运人危险品申报单与货运单附在一起随同货物运输，其副本由始发站留存。

（6）对例外数量的危险品不需要做检查单。

二、危险品收运检查单

危险品收运检查单分为3种。

第一种用来核查非放射性物质。

第二种用来核查放射性物质，见本教材第十章。

第三种用来核查不要求托运人危险品申报单的固体二氧化碳（干冰）。

1. 非放射性危险品收运检查单（英文版）

2012
DANGEROUS GOODS CHECKLIST FOR A NON-RADIOACTIVE SHIPMENT

The recommended checklist appearing on the following pages is intended to verify shipments at origin.

Never accept or refuse a shipment before all items have been checked.

Is the following information correct for each entry?

SHIPPERS DECLARATION FOR DANGEROUS GOODS (DGD)

	YES	NO*	N/A
1. Two copies in English and in the IATA format including the air certification statement [8.1.1, 8.1.2, 8.1.6.12]	☐	☐	
2. Full name and address of Shipper and Consignee [8.1.6.1, 8.1.6.2]	☐	☐	
3. If the Air Waybill number is not shown, enter it. [8.1.6.3]	☐		
4. The number of pages shown [8.1.6.4]	☐	☐	
5. The non-applicable Aircraft Type Deleted or not shown [8.1.6.5]	☐	☐	
6. If full name of Airport or City of Departure or Destination is not shown, enter it. [8.1.6.6 and 8.1.6.7] Information is optional	☐		☐
7. The word "Radioactive" deleted or not shown [8.1.6.8]	☐	☐	

Identification

8. UN or ID Number, preceded by prefix [8.1.6.9.1, Step 1]	☐	☐	
9. Proper Shipping Name and the technical name in brackets for asterisked entries [8.1.6.9.1, Step 2]	☐	☐	
10. Class or Division, and for Class 1, the Compatibility Group, [8.1.6.9.1, Step 3]	☐	☐	
11. Subsidiary Risk, in parentheses, immediately following Class or Division [8.1.6.9.1, Step 4]	☐	☐	☐
12. Packing Group [8.1.6.9.1, Step 5]	☐	☐	☐

Quantity and Type of Packing

13. Number and Type of Packages [8.1.6.9.2, Step 6]	☐	☐	
14. Quantity and unit of measure (net, or gross followed by "G", as applicable) within per package limit [8.1.6.9.2, Step 6]	☐	☐	
15. When different dangerous goods are packed in one outer packaging, the following rules are complied with:			
– Compatible according to Table 9.3.A.	☐	☐	☐
– UN packages containing Division 6.2 [5.0.2.11(c)]	☐	☐	☐
– "All packed in one (type of packaging)" [8.1.6.9.2, Step 6(f)]	☐	☐	☐
– Calculation of "Q" value must not exceed 1 [5.0.2.11 (g) & (h); 5.0.3.2; 8.1.6.9.2, Step 6(g)]	☐	☐	☐
16. Overpack			
– Compatible according to Table 9.3.A. [5.0.1.5.1 and 5.0.1.5.3]	☐	☐	☐
– Wording "Overpack Used" [8.1.6.9.2, Step 7]	☐	☐	

Packing Instructions

17. Packing Instruction Number [8.1.6.9.3, Step 8]	☐	☐	

Authorizations

18. Check all varifiable special provisions. The Special Provision Number if A1, A2, A51, A81, A88, A99 or A130 [8.1.6.9.4, Step 9]	☐	☐	☐
19. Indication that governmental authorization is attached, including a copy in English and additional approvals for other items under [8.1.6.9.4, Step 9]	☐	☐	☐

Additional Handling Information

20. The mandatory statement shown for self-reactive and related substances of Division 4.1 and organic peroxides of Division 5.2, or samples thereof and for PBE [8.1.6.11.1, 8.1.6.11.2 and 8.1.6.11.3]	☐	☐	☐
21. Name and Telephone Number of a responsible person for Division 6.2 Infectious Substance shipment [8.1.6.11.4]	☐	☐	☐
22. **Name and Title (or Department)** of Signatory, **Place and Date** indicated and **Signature** of Shipper [8.1.6.13, 8.1.6.14 and 8.1.6.15]	☐	☐	☐
23. **Amendment** or alteration signed by Shipper [8.1.2.6]	☐	☐	☐

	YES	NO*	N/A

AIR WAYBILL–HANDLING INFORMATION

24. The statement: "Dangerous goods as per attached Shipper's Declaration" or "Dangerous Goods as per attached DGD" [8.2.1(a)] .... ☐ ☐
25. "Cargo Aircraft Only" or "CAO", if applicable [8.2.1(b)] .... ☐ ☐ ☐
26. Where non-dangerous goods are included, the number of pieces of dangerous goods shown [8.2.2] .... ☐ ☐ ☐

PACKAGE(S) AND OVERPACKS

27. Packaging conforms with packing instruction and is free from damage or leakage [The relevant PI and 9.1.3] .... ☐ ☐
28. Same number and type of packagings and overpacks delivered as shown on DGD [9.1.3] .... ☐ ☐

Markings

29. UN Specification Packaging, marked according to 6.0.4 and 6.0.5:
    - Symbol and Specification Code .... ☐ ☐ ☐
    - X, Y or Z meets or exceeds Packing Group/Packing Instruction requirements ..... ☐ ☐ ☐
    - Gross Weight within limits (Solids, Inner Packagings or IBCs[SP A179]) .... ☐ ☐ ☐
    - Infectious substance package marking [6.5.3.1] .... ☐ ☐ ☐
30. The UN or ID number(s) [7.1.5.1(a)] .... ☐ ☐
31. The Proper Shipping Name(s) including technical name where required [7.1.5.1(a)] .... ☐ ☐
32. The full name(s) and Address(es) of Shipper and Consignee [7.1.5.1(b)] .... ☐ ☐
33. For consignments of more than one package of all classes (except ID 8000 and class 7) the net quantity, or gross weight followed by "G", as applicable, unless contents are identical, marked on the packages [7.1.5.1(c)] .... ☐ ☐ ☐
34. Carbon Dioxide, Solid (Dry Ice), the net quantity marked on the packages [7.1.5.1(d)] .... ☐ ☐ ☐
35. The Name and Telephone Number of a responsible person for Division 6.2 Infectious Substances shipment [7.1.5.1(e)] .... ☐ ☐ ☐
36. The Special Marking requirements shown for Packing Instruction 202 [7.1.5.1(f)] .... ☐ ☐ ☐
37. Limited Quantities mark [7.1.5.3] .... ☐ ☐ ☐
38. The Enviornmentally Hazardous Substance Mark [7.1.6.3] .... ☐ ☐ ☐

Labelling

39. The label(s) identifying the Primary risk as per 4.2, Column D [7.2.3.2; 7.2.3.3(b)] .... ☐ ☐ ☐
40. The label(s) identifying the Subsidiary risk, as per 4.2, Column D [7.2.3.2; 7.2.6.2.3] ...... ☐ ☐ ☐
41. Cargo Aircraft Only label [7.2.4.2; 7.2.6.3] .... ☐ ☐ ☐
42. "Orientation" labels on two opposite sides, if applicable [7.2.4.4] .... ☐ ☐ ☐
43. "Cryogenic Liquid" labels, if applicable [7.2.4.3] .... ☐ ☐ ☐
44. "Keep Away From Heat" label, if applicable [7.2.4.5] .... ☐ ☐ ☐
45. All required labels are displayed correctly [7.2.6] and all irrelevant marks and labels removed [7.1.1; 7.2.1] .... ☐ ☐

For Overpacks

46. Packaging Use markings and hazard and handling labels, as required must be clearly visible or reproduced on the outside of the overpack [7.1.4.1, 7.2.7] .... ☐ ☐ ☐
47. The word "Overpack" marked if markings and labels are not visible [7.1.4.1] .... ☐ ☐ ☐
48. If more than one overpack is used, identification marks shown and total quantity of dangerous goods [7.1.4.2] .... ☐ ☐ ☐
49. "Cargo Aircraft Only" restrictions [5.0.1.5.3] .... ☐ ☐ ☐

GENERAL

50. State and Operator variations complied with [2.8] .... ☐ ☐ ☐
51. Cargo Aircraft Only shipments, a cargo aircraft operates on all sectors .... ☐ ☐ ☐

Comments:_____

_____

Checked by:_____

Place: _____ Signature:_____

Date: _____ Time:_____

* IF ANY BOX IS CHECKED "NO", DO NOT ACCEPT THE SHIPMENT AND GIVE A DUPLICATE COPY OF THIS COMPLETED FORM TO THE SHIPPER.

非放射性危险品收运检查单（中文版）

下列所推荐的检查单意指在始发站核查装运的货物。
在所有项目检查完毕之前不得收运或拒运货物。
下列各项内容是否正确？

托运人危险物品申报单   Yes   No*   N/A

1. 两份英文申报单及按IATA要求的格式填写
   〔8.1.1，8.1.2，8.1.6.12〕   □   □
2. 托运人和收货人的姓名全称及地址〔8.1.6.1，8.1.6.2〕   □   □
3. 如无货运单号码，填上〔8.1.6.3〕   □   □
4. 填写总页数〔8.1.6.4〕   □   □
5. 删除不适用的"航空器类型"〔8.1.6.5〕   □   □
6. 如无始发站或目的站的机场或城市的全名，填上
   〔8.1.6.6，8.1.6.7〕   □   □   □
7. 删除"放射性"字样〔8.1.6.8〕   □   □

识别

8. UN或ID编号，"UN"或"ID"前缀于编号
   〔8.1.6.9.1，第1步〕   □   □
9. 运输专用名称如有星号的，在括弧内填上其技术名称
   〔8.1.6.9.1，第2步〕   □   □
10. 类别或项别，如第1类，还需填上其配装组
    〔8.1.6.9.1，第3步〕   □   □
11. 次要危险性紧接着类别或项别号码填写在括号内
    〔8.1.6.9.1，第4步〕   □   □   □
12. 包装等级〔8.1.6.9.1，第5步〕   □   □   □

数量及包装类型

13. 包装件数量及类型〔8.1.6.9.2，第6步〕   □   □
14. 每一包件的数量和计量单位（适用的净重或毛重）
    〔8.1.6.9.2，第6步〕   □   □

     Yes   No*   N/A

15. 如不同种类的危险品包装在同一个外包装内，
    下列原则是否遵守：
    ——根据9.3.A表的可相容性   □   □   □
    ——内装有6.2项危险品联合国规格包装件〔5.0.2.11（c）〕   □   □   □
    ——"All packed in one（包装类型描述）"（"所有危险品在同
    一类型的包装件内"）〔8.1.6.9.2，第6（f）步〕   □   □   □
    ——计算"Q"值不能大于1〔5.0.2.11（g）&（h）；5.0.3.2；
    8.1.6.9.2，第6（g）步〕   □   □   □

16. 合成包装件：
    —— 根据9.3.A表的可相容性〔5.0.1.5.1和5.0.1.5.3〕 ☐ ☐ ☐
    —— 标明"Overpack Used"（"使用合成包装件"）字样
    〔8.1.6.9.2，第7步〕 ☐ ☐ ☐

包装说明

17. 包装说明编号〔8.1.6.9.3，第8步〕 ☐ ☐ ☐

批准

18. 如果涉及的特殊规定是A1，A2，A51，A81，A88，A99
    或A130，注明该特殊规定的编号〔8.1.6.9.4第9步〕 ☐ ☐ ☐
19. 表示附有政府批准文件的，应附有一份英文的文件，以及
    其他条款中的附加许可条件〔8.1.6.9.4，第9步〕 ☐ ☐ ☐

其他操作说明

20. 对4.1项自身反应物质及其相关物质、5.2项有机过氧化物或 ☐ ☐ ☐
    它们的新配方以及呼吸保护装置，应有强制性的声明
    〔8.1.6.11.1，8.1.6.11.2，8.1.6.11.3〕 Yes No* N/A
21. 6.2项感染性物质，其负责人的姓名及电话号码〔8.1.6.11.4〕 ☐ ☐ ☐
22. 托运人的姓名、职务，签字的地点及日期，及.托运人签字
    〔8.1.6.13，8.1.6.14，8.1.6.15〕 ☐ ☐ ☐
23. 修正或改动后的托运人签字〔8.1.2.6〕 ☐ ☐ ☐

货运单

24. 在"操作说明"栏中填上"Dangerous goods as per attached ☐ ☐
    shipper's Declaration" or "Dangerous Goods as per attached
    DGD"（"危险品如所附托运人申报单"）〔8.2.1（a）〕
25. 如适用，填上"Cargo Aircraft Only"或"CAO" ☐ ☐ ☐
    （"仅限货机"）〔8.2.1（b）〕
26. 如包括非危险物品，填上危险品的件数〔8.2.2〕 ☐ ☐ ☐

包装件及合成装件

27. 包装件必须符合包装说明并且没有任何损坏或渗漏 ☐ ☐ ☐
    〔9.1.3和相关PI〕
28. 交付的包装件或合成包装件的件数与包装类型必须 ☐ ☐ ☐
    与托运人申报单上的件数及包装类型相同〔9.1.3〕

标记

29. 对联合国规格包装件，它们的标记是否符合6.0.4
    和6.0.5的要求
    —— 符号和规格代码 ☐ ☐ ☐
    —— X、Y、或Z是否与包装等级/包装说明一致 ☐ ☐ ☐

——未超过最大毛重（固体、内包装或IBCs）[SP A179]　☐　☐　☐
——感染性物质包装件标记[6.5.3.1]　☐　☐　☐
30. UN或ID编号[7.1.5.1（a）]　☐　☐
31. 所要求的运输专用名称，包括技术名称[7.1.5.1（a）]　☐　☐
32. 托运人及收货人的姓名全称及地址[7.1.5.1（b）]　☐　☐

	Yes	No*	N/A
33. 除非内含物相同，超过一个包装件的所有类别的危险品（ID8000和第7类除外）在包装上标记净重或跟有"G"的毛重（如适用）[7.1.5.1（c）]	☐	☐	☐
34. 固体二氧化碳（干冰）包装件上标注净重[7.1.5.1（d）]	☐	☐	☐
35. 6.2项感染性物质负责人的姓名及电话号码[7.1.5.1（e）]	☐	☐	☐
36. 包装说明202，所要求的特殊标记[7.1.5.1（f）]	☐	☐	☐
37. 限制数量包装标记[7.1.5.3]	☐	☐	☐
38. 环境污染物质标记[7.1.6.3]	☐	☐	☐

标签

39. 根据4.2危险品表D栏，每个包装件必须粘贴主要危险性标签 [7.2.3.2；7.2.3.3（b）]　☐　☐　☐
40. 根据4.2危险品表D栏，次要危险性标签应紧接着主要危险性标签粘贴[7.2.3.2；7.2.6.2.3]　☐　☐　☐
41. 仅限货机标签[7.2.4.2；7.2.6.3]　☐　☐
42. 在相对的两面粘贴"方向性"标签，如适用[7.2.4.4]　☐　☐
43. 粘贴"深冷液化气体"标签，如适用[7.2.4.3]　☐　☐
44. 粘贴"远离热源"标签，如适用[7.2.4.5]　☐　☐
45. 上述所有标签须正确粘贴并除去无关的标记与标签 [7.1.1；7.2.1]　☐　☐　☐

合成包装件

46. 内部包装件所使用的标记和危险性及操作标签必须清晰可见或在合成包装件外面再次粘贴[7.1.4.1，7.2.7]　☐　☐　☐
47. 如果内部包装件上所有的标记和标签都不可见，标注"Overpack"[7.1.4.1]　☐　☐　☐
48. 如果使用一个以上的合成包装件，显示识别标记和危险品总数量[7.1.4.2]　☐　☐　☐

	Yes	No*	N/A
49. "仅限货机"的限制[5.0.1.5.3]	☐	☐	☐

一般情况

50. 符合国家及经营人的差异[2.8]　☐　☐　☐
51. 对"仅限货机"的货物，所有航段都必须由货机载运　☐　☐　☐

意见：	
检查者：	复查者：
地点：	签字：
日期：	时间：

*如任何栏填写时出现"No"，不得收运此货物，将一份已填好的此表副本交给托运人。

2. 干冰的收运检查单（英文版）

2012
ACCEPTANCE CHECKLIST FOR DRY ICE (Carbon Dioxide, solid)
(For use when a Shipper's Declaration for Dangerous Goods is not required)

A checklist is required for all shipments of dangerous goods (9.1.4) to enable proper acceptance checks to be made. The following example checklist is provided to assist shippers and carriers with the acceptance of dry ice when packaged on its own or with non-dangerous goods.

Is the following information correct for each entry?

	YES	NO	N/A
The Air Waybill contains the following information in the "Nature and Quantity of Goods" box (8.2.3)			
1. The UN Number "1845", preceded by the prefix "UN"	☐	☐	
2. The words "Carbon dioxide, solid" or "Dry ice"	☐	☐	
3. The Class number "9"	☐	☐	
4. The number of packages of dry ice	☐	☐	
5. The net quantity of dry ice in kilograms	☐	☐	
Note: The packing group "III" and packing instruction "904" are optional.			
Quantity			
6. The quantity of dry ice per package is 200 kg or less [4.2]	☐	☐	
Packages and Overpacks			
7. The number of packages containing dry ice delivered as shown on the Air Waybill	☐	☐	
8. Packages are free from damage and in a proper condition for carriage	☐	☐	
9. The packaging conforms with Packing Instruction 904 and the package is vented to permit the release of gas	☐	☐	
Markings (Only use this section when accepting individual packages containing dry ice)			
10. The words "Carbon dioxide, solid" or "Dry ice" [7.1.5.1(a)]	☐	☐	
11. The UN number "1845" preceded by prefix "UN" [7.1.5.1(a)]	☐	☐	
12. Full name and address of the shipper and consignee [7.1.5.1(b)]	☐	☐	
13. The net quantity of dry ice within each package [7.1.5.1(e)]	☐	☐	
Labels			
14. Class 9 label affixed [7.2.3.10]	☐	☐	
15. Irrelevant marks and labels removed [7.1.1(b); 7.2.1(a)]	☐	☐	☐
State and Operator Variations			
16. State and operator variations complied with [2.9]	☐	☐	☐

Comments: _____

Checked by: _____

Place: _____ Signature: _____

Date: _____ Time: _____

*IF ANY BOX IS CHECKED "NO", DO NOT ACCEPT THE SHIPMENT AND GIVE A DUPLICATE COPY OF THIS COMPLETED FORM TO THE SHIPPER.

干冰（固体二氧化碳）收运检查单（中文版）
（当不需要有托运人危险品申报单时用）

检查单是为了能正确收运所有的危险品而必备的，下面的这份检查单是为了帮助托运人和经营人在接受干冰或含有干冰的非危险品时所提供的。

下列各项内容是否正确？

                        Yes No* N/A

货运单
在货运单中的"货物数量及品名栏"中是否包含以下内容？［8.2.3］
1. 联合国编号"1845"，前缀"UN"　　　　　　　□　□
2. "固体二氧化碳"或"干冰"的字样　　　　　　□　□
3. 干冰的包装件件数　　　　　　　　　　　　　□　□
4. 干冰的净重（公斤）　　　　　　　　　　　　□　□

> **注：**
> 包装说明"954"可以选择使用

数量
5. 每个包装件中干冰的重量小于等于200kg（4.2）　□　□

包装件和合成包装件
6. 交付的干冰的包装件件数是否与货运单上所显示的件数一致　□　□
7. 包装件未损坏并处于合适的运输状态中　　　　□　□
8. 包装件符合包装说明954并有释放气体的通气孔　□　□

标记和标签
9. "Carbon dioxide, solid（固体二氧化碳）"或"Dry ice（干冰）"
   的字样［7.1.5.1（a）］　　　　　　　　　　□　□
10. 联合国编号"1845"，"UN"前缀［7.1.5.1（a）］　□　□
11. 托运人和收货人的姓名全称和地址［7.1.5.1（b）］　□　□
12. 每一件包装件内干冰净重［7.1.5.1（d）］　　□　□

                     Yes No* N/A

13. 粘贴第9类标签［7.2.3.9］　　　　　　　　　□　□
14. 除去无关的标记和标签［7.1.1（b）；7.2.1（a）］　□　□　□

> **注：**
> 标记和标签的要求不适用于含有干冰的集装器。

国家和经营人差异
15. 符合国家和经营人差异［2.8］　　　　　　　□　□　□

意见：_____
_____

检查人：_____
地 点：_____ 签字：_____
日 期：_____ 时间：_____

*如任何栏填写时出现"No"，不得收运此货物，并将一份已填好的此表交给托运人。

第四节
特种货物机长通知单

当危险品作为货物运输时应填写"特种货物机长通知单"（SPECIAL LOAD NOTIFICATION TO CAPTAIN），并在机组直接准备阶段与该航班的责任机长进行交接，以向机长提供准确清晰的书面资料（手写或打印），告知将要作为货物运输的危险品的情况。

注：

其中包括在前站装载以及后续航班运输的危险品信息。

"特种货物机长通知单"涉及危险品运输专用名称、航空器的装载位置、主次危险性、包装等级和数量限制等。

"特种货物机长通知单"必须方便机长在飞行中随时使用。

考虑到在紧急情况下"特种货物机长通知单"的大量内容不适合通过飞行中的无线电话进行传输，运营人还应该另提供一份该通知单的概要，其中至少要包括每个货舱中危险品的数量及类别和项别。

一、特种货物机长通知单的填写

1. 特种货物机长通知单通用栏的填写

（1）Station of Loading：装机站全称。
（2）Flight Number：航班号。
（3）Date：航班离港日期。
（4）Aircraft Registration：飞机机号。
（5）Prepared By：填写人签字。
（6）ULD Built-Up By：集装器监装员签字。
（7）Loaded By：飞机货物监装员签字。
（8）Checked By：配载人员签字。
（9）Captain's Signature：执行该航班的机长及交接机长签字。

2. 特种货物机长通知单危险品栏目的填写

（1）Station of Unloading：卸机站名称。
（2）Air Waybill Number：货运单号码。
（3）Proper Shipping Name：危险品运输专用名称，必要时填写技术名称。当遵照特殊规定A144运输安装在呼吸保护装置（PBE）中的化学氧气发生器时，必须在运输专用名称"Oxygen generator, chemical（化学氧气发生器）"后添如下声明"Air Crew Protective Breathing Equipment (smoke hood) in accordance with Special Provision A144. [符合特殊规定A144的机组呼吸保护装置（防烟面罩）]"。

（4）Class or Division：for Class 1，Compatibility Group：危险品类别或项别，如果是第一类爆炸品，还要求注明配装组代码。

（5）UN or ID Number：危险品联合国编号或国际航协编号。

（6）Subsidiary Risk：次要危险性的类别或项别。

（7）Number of Packages：危险品的包装件数量。

（8）Net Quantity or Transport Index Per Package：填写每一包装件内危险品的净重，如果运输放射性物质则此栏填写包装件的运输指数。

（9）Radioactive Category：放射性物质包装等级和标贴颜色。

（10）Packing Group：危险品运输包装等级。

（11）Code（See reverse）：危险品的三字代码（见背面）。

（12）CAO：如果该危险品包装件仅限货机运输，在此栏内标注"×"。

（13）Loaded ULD Number：装有危险品的集装器编号。

（14）Loaded Position：危险品的装机位置。

二、签收与存档

在收到通知单时，机长必须在上面签收或以其他方式表示他已收到了"特种货物机长通知单"。

"特种货物机长通知单"必须包含已由装机负责人签字确认装机的货物无任何破损与渗漏迹象或其他说明。

地面部门必须保留一份清晰的"特种货物机长通知单"，上面必须注明或随附说明机长已签收此通知单。通知单中所包含的信息将提供给下一预定到达站和最后始发站，直到通知单所涉及的班机飞行结束。

特种货物机长通知单一式四份，其分配如下：

（1）随货运单带往目的站一份；

（2）交配载部门留存一份；

（3）交机长两份，机长必须将外站回程机长通知单带回本站交运控。

三、不需要填写机长通知单的物品和物质

（1）例外数量的危险品（REQ）。

（2）UN3373，生物制品，B类（RDS）。

（3）UN2807，磁性物质（MAG）。

（4）UN3245，转基因生物和转基因微生物。

（5）符合包装说明965～970第二部分要求的锂离子和锂金属电池（ELI ELM）。

（6）放射性物质例外包装件（RRE）。

四、特种货物机长通知单

特种货物机长通知单见图7-9。

SPECIAL LOAD NOTIFICATION TO CAPITAIN (NOTOC)
特种货物机长通知单

Flight Number 航班号	Date 日期	Aircraft Registration 飞机注册号	Prepared by: 填表人

DANGEROUS GOODS 危险物品

Station of Loading 装机站	Station Of Unloading 卸机站	Air Waybill Number 货运单号码	Proper Shipping Name 专用运输名称	Class or Division For Class 1 Compat. Grp. 类别或项别（第1类的配装组）	UN or ID Number UN或ID编号	Sub Risk 次要危险性	Number Of Package 包装件数	Net quantity Or Transp. Ind Per packages 每件净重或运输指数	Radioactive Mat. Categ 放射性物品等级分类	Packing Group 包装等级	Code (See reverse) 代码	CAO (X) 仅限货机	ERG Code 应急反应代码	Loaded 装机	
														ULD ID 集装器号	Position 位置

There is no evidence that any damaged or leaking packages containing dangerous goods have been loaded on the aircraft.
本航空器所装载的危险物品的包装件均无损坏或无渗漏现象。

OTHER SPECIAL LOAD 其他特种货物

Station Of Unloading 卸机站	Air Waybill Number 货运单号码	Contents and Description 货物品名	Number of packages 包装件数	Quantity 数 量	Supplementary Information 补充说明	Code (See reverse) 代码	Loaded 装机	
							ULD ID 集装器号	Position 位置

| | | | | Other Information 其他说明和要求 | TEMPERATURE REQUIREMENTS 温度要求
☐ Heating required for (Specify) ☐ ℃
☐ Cooling required for (Specify) ☐ ℃ | | | |

| Loading Supervisor's Signature 监装负责人签字 | | | | Captain's Signature 机长签字 | | | | |

图7-9 特种货物机长通知单

五、特种货物机长通知单实样

特种货物机长通知单实样见图7-10。

SPECIAL LOAD NOTIFICATION TO CAPITAIN (NOTOC)
特种货物机长通知单

Station of loading 起运站	Flight Number 航班号	Date 日期	Aircraft Registration 飞机注册号	Prepared by 填表人									
PVG	MU235	20-06-04.07	N7405A	Frank									

DANGEROUS GOODS 危险品

Station Of loading 起运站	Air Waybill Number 货运单号码	Proper Shipping Name 专用运输名称	Class or Division For Class 1 Compat. Grp. (第1类的配装组)	UN or ID Number UN 或 ID 编号	Sub Risk 次要危险性	Number Of Packages 包装件数	Net quantity Or Transp. Ind Per packages 单件净重或运输指数	Radioactive Mat. Categ 放射性物品等级分类	Packing Group 包装等级	Code (See reverse) 代码	CAO (X) 仅限货机	ERG Code 应急反应代码	Loaded 装机 ULD ID 集装器号	Position 位置
	781-45182491	ACRYLIC ACID, STABILIZED 水栅型石苯型	8	UN 2218	3	1	2.5L	—	II	RCM	X	8Z		23 (KL)
RMD	781-45182480	ESTERS, N.O.S. (TRIMETHYL ORTHONA- LBRATE)	3	UN 3272	—	26	27L	—	III	RFL	—	3L	24884 PMC Mu	23 (KL) 23 (RL)
	781-45182454	AVIATION REGULATOR LIQUID, N.O.S. (2-ACETYL THIAZOLE)	9	UN 3334	—	6	23.0L	—	—	RMD	—	9A		23 (KL)

There is no evidence that any damaged or leaking packages containing dangerous goods have been loaded on the aircraft
本航空器所装载的危险品的包装件均无损坏或渗漏现象。

OTHER SPECIAL LOAD 其他特种货物

Station Of loading 起运站	Air Waybill Number 货运单号码	Contents and Description 货物品名	Number of packages 包装件数	Quantity 数量	Supplementary Information 补充说明	TEMPERATURE REQUIREMENTS 温度要求 □ Heating required for □°C (Specify) □ Cooling required for □°C (Specify)	Code (See reverse) 代码	Loaded 装机 ULD ID 集装器号	Position 位置

Loading Supervisor's Signature 装载监督签字	Captain's Signature 机长签字	Other Information 其他说明和要求 Emergency Contact 8621-68322321

图7-10 特种货物机长通知单实样

练习思考题

1. 危险品运输文件主要有哪些?
2. 危险品申报单一式几份?各派何用处?
3. 危险品申报单必须由何人填写并签字?
4. 对于客机和货机均可运输的危险品,在货运单品名栏应注明什么?如是仅限货机运输的危险品应注明什么?
5. 运营人在收运危险品时,为什么需要使用危险品收运检查单?
6. 危险品收运检查单分为几种?收运检查单如出现"No",此危险品可以收运吗?
7. 什么情况下需填写特种货物机长通知单?哪些物品和物质不需要填写特种货物机长通知单?
8. 下列货物准备使用 2012 年 12 月 10 日的货机从上海运输至美国芝加哥,Acetic oxide(乙酐),10 个玻璃瓶每个内装 2L,外包装为 UN 胶合板箱。

托运人:ABC Chemicals Amager Vej 60 Kastrup(nr.Copenhagen)DK-1234 Denmark

收货人:H.Robinson Co.Ltd 549 Kingsbury Road London NW9 9 EN,England

货运单号:781-12345675

作为 ABC 化工厂出口部经理的 J.Anderson 先生,需要完成 DGD 和所需标记与标签。

第八章 操作

学习目标

1. 了解并掌握危险品收运的限制条件。
2. 了解收运危险品的一般要求和特殊要求。
3. 熟悉危险品的储存和仓库管理。
4. 掌握危险品的装载原则。

第一节 危险品的收运

危险品的收运工作应严格遵守运输过程中有关国家适用的法律、政府规定、命令或要求以及有关运营人的规定。

一、危险品收运的限制

（1）运营人不得从托运人方接收装有危险品的集装器或货物集装箱，下列物品除外：

① 装有放射性物品的货物集装箱；

② 按包装说明Y963而准备的装有日用消费品的集装器或其他种类货盘；

③ 装有用作非危险品冷冻剂的根据包装说明954准备的固体二氧化碳（干冰）的集装器或其他类型的货物托盘；

④ 经运营人预先批准的装有磁性物质的集装器或其他种类货盘。

（2）接收危险品进行航空运输应满足下列条件：

① 必须随货附两份《托运人危险品申报单》，或经准许后的等效代替文件；

② 货物必须经收运工作人员按照《危险品收运检查单》检查并签字，确定《托运人危险品

申报单》填写正确，包装上已有正确的标记与标签，而且无渗漏或其他破损的迹象。

（3）合成包装件内不得含有"Cargo Aircraft Only"标签的包装件，但以下条件除外：

① 合成包装件内只有一个包装件；

② 如合成包装件内有一个以上包装件，在组装时应使这些包装件尽可能显而易见和易于处理；

③ 在IATA《DGR》第九章规定中不要求易于接近的包装件。

（4）除非所有可以说明合成包装件内所有危险品的标记和标签都明显可见，否则"OVERPACK"（合成包装件）、运输专用名称、UN或ID编号和"LIMITED QUANTITY"（限量）（适用时）的字样、每件危险品的详细操作说明、国际航协《危险品规则》7.1.5要求使用的其他包装标记以及7.2要求使用的标签都必须显示在合成包装件的外表面上，这些标记和标签都必须重新标注和粘贴在合成包装件的外面。

（5）包装规格标记不需要重新标注在合成包装件上面。"合成包装件"标记足以说明合成包装件内装有的包装件符合规定的规格。

（6）装有放射性物质的货物集装箱，运营人必须确保在集装箱的四边都正确贴有标签。

二、托运人责任

（1）托运人应当确保所有办理托运手续和签署危险品运输文件的人已按《中国民用航空危险品安全运输管理规定》的要求接受相关危险品知识训练。

（2）托运人必须遵守货物始发站、过境站和目的站国家适用的法律、政府规定、命令或要求。托运人还必须依据IATA《危险品规则》和本手册的有关规定向公司托运危险品。

（3）托运人必须保证所托运的货物不属于禁止航空运输的物品或物质。

（4）托运人将危险品的包装件或合成包装件提交航空运输前，必须保证对所托运的危险品正确地进行分类、包装、加标记、贴标签、提交正确填制并签字的危险品运输文件。禁止以非危险品品名托运危险品。

（5）托运人托运国家法律、法规限制运输的危险品，应当提供相应主管部门的有关有效证明。

三、收运危险品的一般要求

（1）货物收运人员必须依照《中国民用航空危险品安全运输管理规定》、国际航协《危险品规则》及国际民航组织《危险品航空安全运输技术细则》的规定接受初始培训和定期复训。

（2）危险品收运的人员必须检查托运人所有办理托运手续和签署危险品运输文件的人已按CCAR-276或IATA《危险品规则》的要求接受了相关危险品运输训练，并在托运时出示训练合格的证明。收运人员必须要求托运人完成危险品申报单的填写，并签字盖章。

（3）防止普货中隐含的危险品的措施如下：

① 负责货物收运的人员应进行适当的培训，以帮助他们确认和审查作为普通货物交付的危险品。

② 适当时应查验他们的物品，对于可能隐含危险品的货物，收运人员必须要求托运人提供有关资料（如MSDS）或出具相应的鉴定证明（出具鉴定证明的机构必须是公司指定的专业鉴定机

构），以证实托运的物品不是危险品或不含危险品，并在货运单上注明其包装内物品不具危险性。

（4）无论在何种情况下，运营人均保留请专业人士或部门对货物进行最后判定的权利。如果收运人员认为托运人提供的资料不足以说明货物的性质，有权要求托运人到运营人指定的鉴定机构对其所托运的货物进行检测。

（5）对于危险品使用的UN规格包装，收运人员必须根据DGR第6、7章中的规定，检查该包装是否符合危险品运输要求。对于从中国始发危险品的UN规格包装，公司只认可中华人民共和国出入境检验检疫——《出境危险货物运输包装使用鉴定结果单》和《出境货物运输包装性能检验结果单》，特殊批准的除外。

（6）收运人员必须依照当年有效的危险品收运检查单逐项进行检查，不符合要求的应拒绝收运。只有经过检查，对于完全符合规定且完全具备收运条件的危险品方可收运。

收运人员必须要求托运人完成危险品申报单的填写，并签字盖章。

四、收运危险品的特殊要求

1. 感染性物质的收运

（1）收运感染性物质必须严格按照国际航协《危险品规则》的相关要求办理运输。在运输每批感染性物质前，托运人必须向负责公司危险品收运的人员证实该感染性物质可合法运输且收货人已经做好提取货物的一切准备工作。托运人还应与公司收货人员事先安排好运输细节，并将24h专人联系电话写在货运单和货物外包装件上。

（2）必须保证提供安全快捷的运输，如果发现在标签或文件方面的错误，应马上通知托运人或收货人以便采取更改措施。

（3）托运人应预定好航班、日期、吨位，选择尽早航班。如果货物必须转运，必须采取预防措施，确保对载运的物质进行特别管理、快速操作及监控，并且应事先通知中转站，经中转站同意后方可中转。如果航班已经确认，配载人员须拍发装载电报通知目的地站和中转站有关危险品的装载情况，同时在货运单上注明货物出港的航班、日期、目的地站以及经停站。当需要有转运时，运营人必须采取相应预防措施，保证在运输过程中对此类货物特别照管、快速作业和及时处理，使货物按期到达目的站。

（4）被故意感染或已知或被怀疑含有感染性物质的活体动物都不得空运，除非其所含有的感染性物质不能通过其他的方法进行托运。受感染的动物只能按照国家主管部门批准通过的条款条件来进行运输。

2. 4.1项自身反应物质和5.2项有机过氧化物的收运

（1）在运输过程中，装有4.1项的自身反应物质和5.2项的有机过氧化物的包装件或集装器必须避免阳光直射，远离热源，通风良好，不能与其他货物堆放在一起。这一说明必须在托运人申报单中列明。

（2）托运人应预定好航班、日期、吨位，选择尽早航班。如果货物必须中转运输，运营人必须事先通知中转站，经中转站同意后方可中转，以保证货物的快捷运输。

（3）当国家有关当局批准运输一种新的自身反应物质的新配方或某种有机过氧化物新配方时，必须在"Additional Handling Information"（其他操作说明）栏中加以说明并指出这是样品，并满足国际航协《危险品规则》3.4.1.2.5或3.5.2.6中对有机过氧化物和自身反应物质作为样品运输的要求。

3. 机动车辆运输

（1）使用液化石油气驱动的车辆，仅限于货机运输。装机前盛装液化石油气的高压容器、管路、管路控制器内的气体必须完全放空。

（2）使用汽油驱动的车辆，油箱应尽量放空，剩余燃料不得超过油箱容积的1/4。

（3）使用柴油驱动的车辆，油箱不需要放空，但油箱内必须留有充分的空间以防止柴油膨胀造成泄漏。

（4）收运人员必须仔细检查车辆，确保没有燃料和机油漏出，油盖箱和水箱盖要拧紧。

（5）机油和水不需要放干，轮胎不需要放气。

（6）汽车电瓶可以不卸掉，也无需切断电源，但必须将电瓶牢牢固定住，始终保持直立方向，并使其不与其他部件相接触，以防止短路。

（7）如果是溢漏型电池组，在运输中不能保持直立，必须拆下，按照国际航协《危险品规则》中适用的包装说明433或800进行包装。

（8）机动车辆运输所需要的含有危险品的设备，如灭火器、充气筒、安全装置等，必须在机动车上安装牢固。如果机动车辆上装有危险品名称表中所限定为仅限货机运输的危险品时，该机动车应装载于货机航班上。

（9）如果机动车辆是以拆卸的状态运输，造成油路断开，那么所有断开的油路必须全部密封。

第二节
危险品的存储

危险品存储应严格遵守CCAR-276部的规章及运输过程中有关国家适用的法律、法规、政府规定命令或要求以及有关运营人的规定。

一、危险品仓库设施

（1）危险品仓库必须设置安全、充足的照明设备和足够、有效的消防设施，以备在发生意外时能及时采取应急措施。

（2）危险品仓库应通风良好，无阳光直射，远离各种热源，夏季温度不宜高。

（3）仓库内的输配电线、灯具、火灾事故照明和疏散指示标志，都应符合要求。

（4）每一分库房必须有相应通风设施，如换气扇等，以便有效地消除仓库内因储存大量的危险品而难以避免地散发出化学物品气味。

（5）用于存储第7类放射性物质的仓库，其墙壁及仓库大门必须坚固，在一定程度上具有降低放射性物质辐射水平的功能。

（6）危险品仓库应配备防护服和防护面罩及其他防护必需品，以便在发生危险品泄漏及危险品事故时，能够及时从容地采取应急措施。防护面罩主要包括过滤式防毒面具和隔绝式氧气或空气面具等。

（7）危险品仓库应配备个人防护用品，个人经常使用的防护用品主要包括工作服、工作帽、鞋靴、胶皮手套、口罩等。

（8）危险品仓库必须保证水源及一定数量的沙土，以便在发生不正常情况时，能够及时采取措施。

（9）危险品仓库内还应配备必要的报警装置。

（10）仓库及其附近区域严禁使用明火，严禁吸烟。特别是储存易燃、易爆品的仓库绝不允许在仓库内用火，并必须接装避雷设备。

（11）普通货仓库内危险品储存的指定区域也应具备上述设施。

二、危险品仓库管理

（1）危险品仓库工作人员必须进行培训，并经过危险品仓库工作人员上岗考试合格后持证上岗。危险品仓库工作人员还必须接受防火与灭火的专门训练，并熟悉各类危险品的性质及其事故的处理方法。

（2）危险品的包装件应在专门设计的危险品仓库中分类别存放。危险品仓库的管理部门必须制定完备、有效的规定和措施，切实做好仓库的防火、防盗、防鼠、防水、防晒、防冻等工作。

（3）危险品仓库严禁吸烟和使用明火，特别是储存易燃、易爆品的仓库绝不允许在仓库内用火，并必须接装避雷设备。

（4）未经批准的任何人员不得进入危险品仓库。特殊情况下，需要货物托运人、收货人或其代理人进入仓库时，必须有运营人的工作人员陪同进入。有关人员离开库区时应及时上锁。

（5）危险品仓库内外明显位置应明示应急电话号码。

（6）危险品入库和出库时，应核对货物的货运单号码、清点货物的件数、检查货物的包装。

（7）危险品仓库应保持整洁、干燥、卫生。

（8）破损、泄漏、有异味的危险品不应存放冷库。

（9）对于不正常运输的危险品，应定期与查询部门联系其处理情况，避免危险品长期积压。

（10）危险品仓库应定期清仓。

（11）正常中转运输的危险品，如果滞留危险品仓库达3天以上，则应及时与吨位控制部门联系，通知货物滞留情况，以尽早安排运输。

（12）对于收运的危险品，如果由于托运人或其代理人原因造成货物滞留危险品仓库，应收取一定金额的仓库保管费用。危险品仓库保管费用应参照运营人相关规定收取。

三、危险品的存储

（1）危险品在危险品仓库中的存储，按照其危险性不同的类别、项别分别放置在不同的仓库中或不同的区域内。

（2）危险品如需在普通货物仓库中存储，则必须存放在指定区域以便集中管理，这一区域必须设有明显标志，必须有明显的隔离设施。

（3）性质相抵触的危险品包装件在仓库的存放，必须符合9.3.A表隔离包装件的隔离原则。

包装件在任何时候不得相互接触或相邻放置。在仓库中存储时应有2m以上的间隔距离。

（4）操作人员必须依照轻拿轻放原则和请勿倒置原则搬运和存放危险品包装件。

（5）危险品标志应处于易见位置，桶不得卧堆，桶口朝上或按标签指示方向放置。

（6）性质相抵触的危险品包装件在仓库的存放，必须符合国际舱协《危险品规则》表9.3A隔离包装件的隔离原则。

（7）危险品入库时，应根据其不同的类别、项别或配装组分别存放。例如，第一类爆炸品应按照不同的项别和配装组分别存放。危险品操作中要防止撞击、震动、摩擦、翻滚，做到小心轻放，轻装轻卸。

（8）入库的货物应按照小心轻放，箭头向上、标记和标签朝上的要求存放，遵循大不压小、重不压轻、木箱或铁箱不压纸箱的原则。一般情况下，货物存放高度不宜超过同类货物4层或3米的高度。

（9）危险品入库时，如果货运单或货物包装时有要求冷藏或冷冻存储和特殊要求的，应根据其不同的危险性采取不同的处理方式。

（10）如没有专门的危险品冷库，需要冷冻的危险品必须存放在容易管理的指定区域内。

四、特殊要求的危险品存放

1. 压缩气体钢瓶

压缩气体钢瓶可以直立放在瓶架上，也可以放在干燥的地面上，但不可倒置。气体钢瓶在平放时，必须用三角木卡牢，以免滚动。多个钢瓶存放时，钢瓶的首位朝向要一致，并应避免将瓶口指向人多的地方。库房温度高于35℃时，应采取降温措施。

2. 深冷液化气体

（1）液氮罐必须保持直立、箭头向上。

（2）液氮罐数量较多时，如果放置于密封空间内，应注意通风以防窒息。

3. 自反应物质与有机过氧化物

自反应物质与有机过氧化物的包装件，必须避免阳光直射，应放在远离任何热源且通风良好的地方。

4. 放射性物质

Ⅱ级-黄色和Ⅲ级-黄色的放射性物质包装件、合成包装件及放射性专用箱，无论在什么地方摆放，每一堆货物的总运输指数不得超过50。任意两堆货物之间的距离至少保持6m。

人员接触的辐射限量如下。

（1）放射性物质必须与工作人员和公众有足够的隔离。必须使用以下剂量值来计算隔离距离或辐射等级：

① 工作人员常规工作区域的剂量为每年5mSv；

② 公众经常活动区域的剂量为每年1mSv。

（2）所有存储有关人员必须得到其所面临的危险及应遵守的预防措施之类的必要指导。

（3）为了保证尽可能降低放射性辐射的原则，Ⅱ-黄和Ⅲ-黄包装件、OVERPACK或容器临时存储时应当与人员隔离。最小隔离距离应当符合9.3.A表和9.3.B表，如条件允许则应保持更远的隔离距离。无论这些放射性物质储存多久，这些距离都是从包装件、OVERPACK或容器的表面开始计算。

（4）在收运、操作过程中应尽可能降低放射性辐射。

五、仓库管理人员的注意事项

（1）不准无关人员靠近危险品包装件。
（2）仓库及附近区域严禁使用明火，禁止吸烟。
（3）经常查看危险品包装件，及时发现问题。
（4）牵引车、叉车不准在危险品旁边停靠。
（5）重视托运人或收货人提出的关于危险品的特殊存储要求。
（6）对于未按时运出、中转或提取的危险品，应及时处理，不得在库内长期存放。
（7）做好日常防火、消防设备的养护和检查。熟练使用消防设备，并熟悉各类危险品性质及其事故的处理办法。

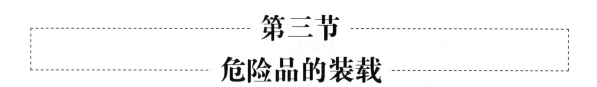

第三节 危险品的装载

危险品在运输装载过程中应严格遵守国际航协《危险品规则》的装载原则。除国际航协《危险品规则》允许的和放射性物质例外包装件外，危险品不准带入飞机客舱或驾驶舱。另外只有客机的主货舱符合B级或C级货舱的所有适航标准，则可以将危险品装入该舱。贴有仅限货机标签的危险品不得装在客机上。

一、装载原则

1.预先检查原则

危险品在装机之前，必须进行认真检查，包装件在完全符合要求的情况下，才可以继续进行作业。检查的内容包括以下内容。

（1）装有危险品的包装件、合成包装件和装有放射性物质的专用货箱在装上航空器或装入集装器之前，应当检查是否有泄漏和破损的迹象。泄漏和破损的包装件、合成包装件的专用货箱不得装上航空器。

（2）集装器未经检查并经证实其内装危险品无泄漏或无破损迹象之前不得装上航空器。

（3）装上航空器的危险品的任何包装件如出现破损或泄漏，应将此包装件从航空器卸下，在此之后应当保证该交运货物的其余部分良好并符合航空运输，并保证其他包装件未受污染。

（4）装有危险品的包装件，合成包装件和装有放射性物质的专用货箱在卸下航空器或集装器时，应当检查是否有破损或泄漏的迹象。如发现破损或泄漏的迹象，则应当对航空器或集装器装载危险品的部位进行破损或污染的检查。

（5）包装件上的危险性标签和操作标签应准确无误、粘贴牢固；如出现标签未贴或贴错现象，应立即停止装载并反馈给收货部门。

（6）包装件上的文字标记（包括运输专用名称、UN或ID编号、包装件内危险品的净重或毛重（如适用）、托运人和收货人的姓名及地址）应书写正确，字迹清楚，如有遗漏，立即停止装载并通知收货部门。

2. 方向性原则

装有液体危险性物品的包装件均按要求贴上危险品的向上标签（需要时还应注"THIS SIDE UP"）。操作人员在搬运、装卸、装集装板或集装箱以及装机的全过程中，必须按该标签的指向使包装件始终保持直立向上。

3. 轻拿轻放原则

在搬运或装卸危险品包装件时，无论是采用人工操作还是机械操作，都必须轻拿轻放，切忌磕、摔、碰、撞。

4. 固定货物，防止滑动原则

危险品包装件装入飞机后，为防止损坏，装卸人员应将它们在货舱内固定住，以免危险品在飞机飞行中滑动或倾倒。

危险品包装件的装载应该符合如下要求：

（1）体积小的包装件不会通过网孔从集装板上掉下；

（2）散装的包装件不会在货舱内移动；

（3）桶状包装件，难以用尼龙带捆绑或固定时，要用其他货物卡紧；

（4）用其他货物卡住散装的包装件时，必须从五个方向（前后左右上）卡紧；

注：

（2）、（3）、（4）中描述的方法不得与危险品的强制性要求（如隔离要求）相抵触。

（5）如果集装箱内的货物未装满（即使用的容积未超过总容积的三分之二）应将货物固定。

5. 可接近性原则

可接近性原则仅适用于仅限货机危险品的装载，是指危险品的包装件和合成包装件必须放在机组人员眼看得见，手摸得到的地方（图8-1）。如果大小和重量允许，将该包装件和合成包装件与其他货物分开。相关的危险性标签和仅限货机操作标签必须明示。

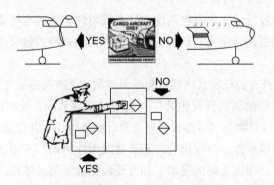

图8-1 "仅限货机"危险品装载的可接近性原则

以下类别的危险品不受可接近原则的包装限制：

（1）第3类　易燃液体，Ⅲ级包装，无次要危险性；

（2）第6类　毒性和感染性物质；

（3）第7类　放射性物质；

（4）第9类　杂项类。

仅限货机的包装件只能装在集装板上，不准装入集装箱内。为了使包装件保持可接近性，集装板上的货物不得用整块塑料布完全遮盖。在地面运输中为防雨而使用的塑料布，在装机时必须去掉。

仅限货机的包装件在装板时应符合如下要求：

（1）必须装在集装板的靠外一侧，并且标签朝外，可以看到；

（2）危险品集装器挂牌和包装件上的标签必须都位于集装板的同一侧；

（3）集装板装入飞机后，上述侧面应靠近货舱内的走道。

仅限货机的货物装载高板上的一侧，以保证可接近性原则。

二、装载要求

（1）当危险品按照要求装入航空器时，装载人员必须保证该危险品的包装件不得破损，且必须特别注意在运输准备过程中包装件的操作和装机方式，以避免由于拖、拉或不正确的操作产生事故性破坏。

（2）如果发现破损或泄漏的迹象，则必须检查飞机上堆放过该危险品或集装设备的位置是否有损坏或污染的迹象，如果有危险品的污染必须立即清除。

（3）当装载人员发现标签丢失、损坏或字迹模糊时，必须通知有关部门更换标签。该要求不适用于收运时标签脱落或字迹模糊的情况。

（4）如果负责运输或开启含有污染性物质包装件的任何人员发现该包装件上有破损或泄漏的迹象，上述有关人员必须：

① 避免接触或尽可能少地接触该包装件；

② 立即通知专业人员，由专业人员检查相邻的包装件的污染情况，将可能污染的包装件分开放置；

③ 立即通知有关部门，向该货物经过的其他国家提供有关接触该包装件的人员可能受到的伤害和信息；

④ 通知托运人及收货人。

三、不相容危险品的装载和隔离

有些不同类别的危险品，互相接触时可以发生危险性很大的化学反应，称为性质抵触的危险品。为了避免这样的危险品在包装件偶然漏损时发生危险的化学反应，必须在储存和装载时对它们进行隔离。

性质相抵触的危险品 见表8-1（DGR表9.3.A）所示。

表8-1 性质相抵触的危险品

Hazard Label	1 excl.1.4S	1.4S	2	3	4.2	4.3	5.1	5.2	8
1 excluding 1.4S	①	②	×	×	×	×	×	×	×
1.4S	②	—	—	—	—	—	—	—	—
2	×	—	—	—	—	—	—	—	—
3	×	—	—	—	—	—	×	—	—
4.2	×	—	—	—	—	—	×	—	—
4.3	×	—	—	—	—	—	—	—	×
5.1	×	—	—	×	×	—	—	—	—
5.2	×	—	—	—	—	—	—	—	—
8	×	—	—	—	—	×	—	—	—

① 爆炸品与爆炸品能否放在一起主要看配装组，配装组相同则可以放在一起，配装组不同就不能放在一起（具体查看DGR9.3.2.2）。

② 1.4s配装组的爆炸品可以和能够空运的其他爆炸品放在一起（具体查看DGR9.3.2.2.3）。

> **注：**
> 1. 判断性质抵触的危险品时，主要危险性与次要危险性都要考虑。横行与纵行交叉点为"×"，表示所对应的两种危险品的性质相互抵触；横行与纵行交叉点无"×"，表示所对应的两种危险品可以码放在一起。
> 2. 4.1项和第6、7、9类危险品无需与其他危险品进行隔离。

性质抵触的危险品包装件在任何时候不得相互接触或相邻放置。在运输与储存时应满足以下要求。

（1）在仓库中储存时，应有2m以上的间隔距离。

（2）装在集板上或散舱时，可采用如下方法中的任何一种。

① 将性质抵触的危险品分别用尼龙带固定在集装板或飞机货舱地板上，两者的间距至少1m（图8-2）。

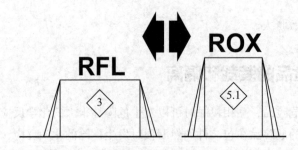

图8-2 性质抵触的危险品包装件在装机时的隔离方法之一

② 用普通货物的包装件将性质抵触的两个危险品隔开，两者的间距至少0.5m（图8-3）。

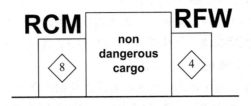

图8-3　性质抵触的危险品包装件在装机时的隔离方法之二

四、危险品和其他特种货物的隔离

一些危险品与一些非危险品也不相容，对于这些物品的装载预防措施如表8-2所示。

表8-2　危险品和其他特种货物的隔离

货物 \ 类别	毒性和感染性物质	Ⅱ级和Ⅲ级放射性物质	干冰和低温液体
危险品类别号	6	7	9/2.2
活体动物	×	↔	◁▷
孵化蛋		↔	◁▷
未冲洗底片		↔	
食品或其他可食用物质（鱼、海鲜、肉）	×		

注：×表示包装件一定不能装载在同一舱（国际航协《危险品规则》9.3.15）；◁▷表示用非危险品隔离（国际航协《危险品规则》9.3.12/13）；↔表示按照国际航协《危险品规则》9.3.15.2（活体动物）及国际航协《危险品规则》9.3.10.8（未冲洗底片）的规定有最小的隔离距离要求。

五、第六类危险品与其他物品的隔离

第6类危险品（毒性或A类感染性物质）和需要粘贴次要危险品为"毒性"（Toxic）标签的物质不得与以下物品放在同货舱内：动物，食品，饲料，其他供人类或动物所消费的可食用物质。

以下情况除外：

① 危险品装在一个封闭的集装器内，而食品与动物装在另一个封闭的集装器内；② 使用封闭集装器时，内装危险品与内装食品、动物的集装器不得相邻放置。

六、固体二氧化碳（干冰）的装载

固体二氧化碳在运输时应根据机型、飞机通风率、包装与堆放方式，以及装载要求等因素做好合理安排。

干冰对于活体动物存在两种危险性，一是放出二氧化碳气体，二氧化碳气体密度比空气大，而且会取代空气中的氧气，空气中二氧化碳在含量若大于2.5%，就会影响到人和动物的正常生理功能。二是降低周围温度，使动物处于低温环境。

飞机正在装载或已装载干冰时，必须通知地面操作人员。飞机在经停站着陆时，都应打开舱门，以利空气流通而降低货舱的二氧化碳浓度。如果需要装卸货物，必须待货舱内空气充分流通后，工作人员才可进入货舱进行装卸工作。

机组和旅客交运行李中含有干冰的，必须在包装上标明内含干冰并标注干冰的体积重量或标明干冰含量不超过2.5kg可使用如下的粘签或直接在包装上标注如下。

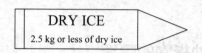

对于UN1845固体二氧化碳（干冰），在《特种货物机长通知单》上只需反映UN编号，专用运输名称、类别、每个舱内总重量以及这些包装件的卸机站。

七、第4.1项和第5.2项危险品的装载

在整个装载过程中，含有第4.1项中的自身反应物质或第5.2项的有机过氧化物的包装件或集装器，应避免阳光直射，远离热源，且通风良好，切勿与其他货物码垛在一起。

八、磁性物质的装载

运营人对磁性物质的收运有专门的《磁性类物质航空运输管理规定》，其关于装载的规定主要有以下几点。

（1）经检测机构检测，距包装件外表任意一点2.1m（7ft）处测得磁场强度小于0.159A/M（0.002高斯），或罗盘磁针无明显偏转（低于0.5°）的磁性类物质，运输时不受限制。

（2）经检测机构检测，距包装件表面任何一点2.1m（7ft）处测得磁场强度大于0.159A/M（0.002高斯），或距包装件外表任意一点4.6m（15ft）处测得磁场强度不超过0.418A/M（0.00525高斯）或罗盘磁针的偏转不超过2°的磁性类物质，运输时按国际航协《危险品规则》规定的第9类危险品操作。

（3）经检测机构检测，距包装件外表面任意一点4.6m（15ft）处测得磁场强度超过0.418A/M（0.22525高斯），或罗盘磁针的偏转超过2°的磁性类物质，公司不予以接受。

九、放射性物质的装载

（1）Ⅰ级放射性物质，可以装在任何机型的货舱内，无数量限制，无特殊要求。

（2）Ⅱ级、Ⅲ级放射性物质的限制如下：

① 每个放射性物质包装件的运输指数不得超过10；

② 每架客机，非裂变放射性物质包装件的总运输指数不得超过50；

③ 每架货机，非裂变放射性物质包装件的总运输指数不得超过200；

④ 对于裂变放射性物质，客、货机上总临界安全指数不得超过50，放射性物质包装件与人

员的间隔距离见表8-3和表8-4。

表8-3　Ⅱ级放射性包装件与人员的隔离

总运输指数	最小距离/m	总运输指数	最小距离/m
0.1 ~ 1.0	0.30	13.1 ~ 14.0	2.05
1.1 ~ 2.0	0.50	14.1 ~ 15.0	2.15
2.1 ~ 3.0	0.70	15.1 ~ 16.0	2.25
3.1 ~ 4.0	0.85	16.1 ~ 17.0	2.35
4.1 ~ 5.0	1.00	17.1 ~ 18.0	2.45
5.1 ~ 6.0	1.15	18.1 ~ 20.0	2.60
6.1 ~ 7.0	1.30	20.1 ~ 25.0	2.90
7.1 ~ 8.0	1.45	25.1 ~ 30.0	3.20
8.1 ~ 9.0	1.55	30.1 ~ 35.0	3.50
9.1 ~ 10.0	1.65	35.1 ~ 40.0	3.75
10.1 ~ 11.0	1.75	40.1 ~ 45.0	4.00
11.1 ~ 12.0	1.85	45.1 ~ 50.0	4.25
12.1 ~ 13.0	1.95		

表8-4　Ⅱ级、Ⅲ级放射性包装件与人员的隔离（货机）

总运输指数	最小距离/m	总运输指数	最小距离/m
50.1 ~ 60	4.65	180.1 ~ 190	8.55
60.1 ~ 70	5.05	190.1 ~ 200	8.75
70.1 ~ 80	5.45	200.1 ~ 210	9.00
80.1 ~ 90	5.80	210.2 ~ 220	9.20
90.1 ~ 100	6.10	220.1 ~ 230	9.40
100.1 ~ 110	6.45	230.1 ~ 240	9.65
110.1 ~ 120	6.70	240.1 ~ 250	9.85
120.1 ~ 130	7.00	250.1 ~ 260	10.05
130.1 ~ 140	7.30	260.1 ~ 270	10.25
140.1 ~ 150	7.55	270.1 ~ 280	10.40
150.1 ~ 160	7.80	280.1 ~ 290	10.60
160.1 ~ 170	8.05	290.1 ~ 300	10.80
170.1 ~ 180	8.30		

间隔距离的大小依放射性物质包装件的总运输指数而定，不考虑飞行时间。在位于客舱下面的货舱内，放射性物质包装件最好直接固定在地板上或集装板上。

（3）放射性物质与摄影底片的隔离如下。

① 未显影的摄影底片被射线照射后将会完全报废。Ⅱ级-黄色和Ⅲ级-黄色放射性物质包装件与未冲洗的摄影胶卷或胶片的最小间隔距离，按表8-5确定。

表8-5 放射性物质与未冲洗胶片的最小隔离距离　　　　　　　　单位：m

总运输指数	载运的持续时间					
	0~2h	2~4h	4~8h	8~12h	12~24h	24~48h
1	0.4	0.6	0.9	1.1	1.5	2.2
2	0.6	0.8	1.2	1.5	2.2	3.1
3	0.7	1.0	1.5	1.8	2.6	3.8
4	0.8	1.2	1.7	2.2	3.1	4.4
5	0.9	1.3	1.9	2.4	3.4	4.8
10	1.4	2.0	2.8	3.5	4.9	6.9
20	2.0	2.8	4.0	4.9	6.9	10.0
30	2.4	3.5	4.9	6.0	8.6	12.0
40	2.9	4.0	5.7	6.9	10.0	14.0
50	3.2	4.5	6.3	7.9	11.0	16.0

② 间隔距离的大小与放射性物质包装件的总运输指数和摄影底片受照射时间有关。

（4）放射性物质与活体动物的隔离如下。

Ⅱ级-黄色和Ⅲ级-黄色包装件，合成包装件和/或货物集装箱必须与活体动物隔离装载：运输时间小于24h，最小间隔距离为0.5m；运输时间大于24h，最小间隔距离为1m。

十、作为交运行李的轮椅或其他电池驱动的代步工具的装载

（1）装载非密封型电池的轮椅或以电瓶驱动的代步工具。在装载、码放、固定和卸下时，轮椅或代步工具的方向始终朝上，电池处于断路，电极绝缘，电瓶牢固地安装在轮椅或代步工具上。

（2）若不能保证轮椅或代步工具的方向始终朝上，需将电瓶卸下，电瓶按危险品包装后运输。

（3）装载非密封型电池的轮椅或以电瓶驱动的代步工具需要运营人批准，并通知机长。

（4）粘贴危险品标签。

十一、仅限货机危险品的装载

（1）带有仅限货机标签的危险品，只能装载货机上（图8-4）。

图8-4 仅限货机危险品只能装在货机上

（2）在装载时，必须使用仅限货机（粘贴有仅限货机标签）的危险品包装件具有可接近性。在必要的时候，只要包装件的大小和重量允许，应当将该包装件放置在机组人员可以用手随时将其搬开的位置（图8-5）。

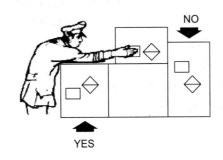

图8-5 仅限货机危险品应具有可接近性

这一要求对如下危险品不适用：
① 无次要危险性的Ⅲ级包装的易燃液体（第3类）；
② 毒性物质和感染性物质（第6类）；
③ 放射性物质（第7类）；
④ 杂项危险品（第9类）。
（3）仅限货机的包装件只能装在集装板上，不准装入集装箱内。
仅限货机的包装件在装集装板时应符合如下要求。
① 必须装在集装板的靠外一侧，并且标签朝外，可以看到；对于大批量的同种危险品装载在同一集装板上时，应保证靠外一侧的包装件上的标签朝外，可以看到。
② 危险品集装器挂牌必须与包装件上的标签都位于集装板的同一侧。
③ 集装板装入飞机后，上述侧面应靠近货舱内的走道。
④ 集装板不得装载在主货舱的T板位置。

❓ 练习思考题

1. 接收危险品进行航空运输应满足哪些条件？
2. 4.1项自身反应物质和5.2项有机过氧化物的收运和存储有何特殊要求？
3. 深冷液化气体的存放有什么要求？
4. 有毒物质和感染性物质的存放有什么要求？
5. 性质抵触的危险品包装件在任何时候不得相互接触或相邻放置，在运输与存储时应满足哪些条件？

6. 放射性物质的装载有什么特殊要求？
7. 干冰对于活体动物存在哪些危险性？
8. 第6类危险品不得与哪些物品放在同一货舱内？
9. 在存储过程中需要远离热源，避免阳光直射，放置在通风良好环境的危险品是（　　）。

    A.RFS 与 ROX

    B.RFS 中的易燃固体与 ROP

    C.RFS 中的自身反应物质与 ROP

10. 根据DGR9.3.A表，下列危险品包装件的存储是否需要隔离？（　　）

    DIV5.1 与 CLASS 3　　　　　CLASS 8 与 CLASS 5

    CLASS 6 与 CLASS 2　　　　DIV 4.2 与 DIV 5.1

11. 运输危险品时，操作人员在装机前可以拒绝装机的是（　　）。

    A.运单后附有危险品申报单和检查单

    B.装机前检查危险品包装件上标签、标记正常

    C.客机航班上发现仅限货机危险品

第九章

放射性物质

> **学习目标**
> 1. 了解放射性物质的定义、分类。
> 2. 重点掌握放射性物质的包装要求、标记、标贴。
> 3. 能正确填写运输放射性物质所需的文件等。

第一节 放射性物质的定义及分类

一、定义

放射性物质是指能自发和连续地发射出电离辐射的物质和物品,它们能对人类和动物健康产生危害,并可使照相底片或X光片感光。这种辐射不能被人体的任何器官(视觉、听觉、触觉或味觉)所觉察,但可用合适的仪器探测和测量。

放射性物质的运输专用名称和UN编号单独列在国际航协《危险品规则》的第10.4节中。

二、限制

只有符合国家豁免规定条件才能用飞机运输的放射性物质包括:
① 置于通风型的B(M)型包装件;
② 置于需要一个辅助的冷却系统进行外部冷却的包装件;
③ 置于运输中需要操作控制的包装件;
④ 爆炸品;

⑤ 自燃液体。

IATA《危险品规则》第二章中的规定也适用于本章。

三、测量单位

1. 活度（Activity）

度量放射性强弱程度的物理量称为放射性物质的活度，它是指每秒钟原子蜕变的平均次数。单位时间内发生衰变的核子数目越多，其射出的相应粒子的数目越多，放射性物质的活度就越大，放射性就越强。

活度单位为贝克勒尔（Bq），其定义为一个原子蜕变/s。

$1TBq=10^3 GBq=10^6 MBq=10^9 kBq=10^{12} Bq$

2. 剂量当量（Dose-Equivalent）

剂量当量是放射性原子在衰变和蜕变过程中，电子轨道转移后所释放出的能量。常用剂量当量来衡量人体被射线辐射的程度。

单位：西沃特（Sv）和雷姆（rem）。

3. 剂量当量率（Dose-Equivalent Rate）

剂量当量率指单位时间的剂量当量。

单位：自辐射源或包装件外一定距离测量，以西沃特每小时（Sv/h）来表示。

4. 辐射水平（Radiation Level）

以毫西沃特每小时（mSv/h）为单位的相应的剂量当量率，又称为辐射水平。

5. 运输指数（Transport Index）

运输指数是分配给包装件、合成包装件或放射性专用箱的单一数字，是提供给承运人来隔离放射性物质和人、动物、未冲洗的胶片和其他放射性物质的基础，保证公众和搬运人员在存储和运输中的安全和所受辐射最低。

运输指数是指距离放射性货包或货物外表面1m处最大辐射水平的数值。

6. 表面辐射水平（Maximum Radiation Level）

表面辐射水平是距离放射性货包或货物外表面5cm处的最大辐射水平。

7. 临界安全指数（Criticality Safety Index，简称CSI）

临界安全指数是指定给含有裂变物质（豁免的裂变物质除外）的包装件、合成包装件或放射性专用箱的数字，用于控制含有裂变物质的包装件、合成包装件或放射性专用箱的累计数量。

四、放射性物质的危险性

放射性物质的两种主要危险性表现有以下两点。

（1）污染——来自外部或内部的对放射性物质的直接接触。

（2）辐射——暴露在来自放射性物质的 α、β、γ 射线的辐射之下。

放射性物质的包装件被设计为防泄漏（避免污染）和将外照射降低到安全范围，并要通过测试。

五、放射性物质的分类

根据放射性物质的状态或特点，放射性物质分为以下几类：特殊形式放射性物质[Special Form Radioactive Material（A_1）]；低比活度放射性物质[Low Specific Activity（LSA）Material]；表面污染物质[Surface Contaminated Object（SCO）]；裂变物质（Fissile Material）；低弥散放射性物质（Low Dispersible Material）；其他形式放射性物质[Other Form Radioactive Material（A_2）]。

1. 特殊形式放射性物质

特殊形式的放射性物质（A_1）（Special Form）是指非弥散的固体放射性物质，或装有放射性物质的密封盒，该密封盒只有当被破坏后才能被打开。特殊形式放射性物质的设计至少有一边尺寸不小于5mm。特殊形式的设计必须得到放射方的批准，并必须具有符合国际航协《危险品规则》第10.3.4.3和第10.3.4.4节中的有关试验规定所要求的性能或设计。

2. 其他形式放射性物质

其他形式放射性物质（A_2）（Other Form）是指不符合国际航协《危险品规则》第10.3.4.1中规定的特殊形式的放射性物质。

3. 低比活度放射性物质

低比活度放射性物质或LSA物质[Low Specific Activity（LSA）Material]是指其本身的活度有限的放射性物质，或适用估计的平均活度限值的放射性物质。确定估计的平均活度时不考虑低比活度放射性物质周围的外屏蔽材料。低比活度放射性物质可划分为以下三类中的相应一类。

（1）低比活度放射性-Ⅰ级（LSA-Ⅰ）

LSA-Ⅰ物质是指铀和钍矿石这些矿石的富集物，以及为了利用放射性核素而将作加工的含天然放射性核素的其他矿石；未受辐照的天然铀、贫化铀或天然钍固体，以及它们的固体或液体的化合物或混合物；除裂变物质以外的A_2值不受限制的放射性物质；活度均匀分布且估算的平均比活度不超过国际航协《危险品规则》10.4.2列出的活度浓度值30倍的其他放射性物质，不包括国际航协《危险品规则》10.3.7.2中非例外数量的裂变物质。

（2）低比活度放射性-Ⅱ级（LSA-Ⅱ） LSA-Ⅱ物质是指氚浓度不高于0.8TBq/L的水；活度分布遍及各处，并估计的平均比活度对固体和气体不超过$10^{-4}A_2/g$，对液体不超过$10^{-5}A_2/g$。

（3）低比活度放射性-Ⅲ级（LSA-Ⅲ） LSA-Ⅲ物质是指固态物质如固化废物、活性材料，不包括粉末；其中的放射性物质分布在整个固体或一堆固体物品内，或基本上均匀分布在密实的固态黏合体内；其中的放射性物质是比较难溶的，或实质上是被包在比较难溶的基质中的，因此，即使在失去包装材料的情况下被浸在水里，7天内每个包装由于浸泡而损失的放射性物质不会超过$0.1A_2$；估计的固体平均比活度（不包括屏蔽材料）不超过$2×10^{-3}A_2/g$的物质。

4. 表面污染物体

表面污染物体[Surface Contaminated Object（SCO）]是指本身没有放射性，但其表面散布有放射性物质的固体物体。表面污染物体分为以下两级。

（1）表面污染物体-Ⅰ级（SCO-Ⅰ） SCO-Ⅰ是指在300cm²面积以上可接近表面上的平均非固着污染，对β、γ发射体和低毒性α发射体不超过4Bq/cm²，或对所有其他α发射体不超过0.4Bq/cm²；在平均表面超过300cm²可接近表面上的固着污染，对β、γ发射体和低毒性α

发射体不超过40kBq/cm², 或对所有其他α发射体不超过4Bq/cm²; 在超过300cm²不可接近表面上的非固着和固着污染, 对β、γ发射体和低毒性发射体不超过40kBq/cm²; 或对所有其他α发射体不超过4Bq/cm²。

（2）表面污染物体-Ⅱ级（SCO-Ⅱ） SCO-Ⅱ是指其表面的固着污染或非固着污染超过SCO-Ⅰ中所指定的应用限制的固态物体，并且满足以下要求。

① 在平均超过300cm²可接近表面上的非固着污染，对β、γ发射体和低毒性α发射体不超过400Bq/cm²，对所有其他α发射体不超过40Bq/cm²。

② 在平均超过300cm²可接近表面上的固着污染，对β、γ发射体和低毒性α发射体不超过800kBq/cm²，对所有其他α发射体不超过80kBq/cm²。

③ 在平均超过300cm²面积的不可接近表面上的非固着污染加上固着污染，对β、γ发射体和低毒性α发射体不超过80kBq/cm²，对所有其他α发射体不超过80kBq/cm²。

5. 低弥散物质

低弥散物质（Low Dispersible Material）指弥散度有限的非粉末状固体放射性物质或封入密封包壳的固体放射性物质。

6. 裂变物质

裂变物质（Fissile Material）是指铀-233、铀-235、钚-239、钚-241或它们之中任意组合，但不包括未经辐照过的天然铀及贫化铀，以及仅在热反应堆中辐照过的天然铀及贫化铀。

六、活度的确定

对于装有放射性物质的包装件，其活度限值根据"特殊形式"放射性物质的活度值A_1和"非特殊形式"放射性物质的活度值A_2确定。

已列出的单个放射性核素的下列基本数值由表9-1给出。

（1）A_1、A_2，TBq；

（2）豁免物质的活度浓度，Bq/g；

（3）豁免货物的活度限值，Bq。

表9-1（DGR表10.3.A）列出了常用放射性核素的A_1和A_2值。它是选用A型包装件要查阅的活度限值。

表9-1 常用放射性核素的A_1和A_2

放射性核素	元素（原子序数）	A_1（特殊形式）/TBq	A_2（其他形式）/TBq	豁免物质的活度浓度/(Bq/g)	豁免货物的活度限制/Bq
Ac-225（a）	铜89	0.8	0.006	1×10	1×10^4
Ac-227（a）		0.9	0.00009	1×10^{-1}	1×10^3
Ac-228		0.6	0.5	1×10^1	1×10^6

第二节
放射性物质的包装

放射性物质的包装要求应当随所包装的放射性核素的不同而变化。在任何情况下，都应考虑到放射性辐射问题。如果物质不是处于"特殊形式"的则应考虑到泄漏的可能性；如果物质是可裂变的，则应考虑到临界危险性的可能；如果放射性物质数量非常大，即活度很大，则应考虑到由辐射所产生的热量可能是可观的，在这种情况下应考虑到散热问题。

如IATA《危险品规则》10.5.2.1.1所示，辐射水平由几种因素决定——放射性物质的活度（数量）仅仅是因素之一。等量的两种不同的放射性核素，包装在同一类型的包装中，包装件的外表面和任何特定的距离处都可能产生明显不同的辐射水平。因此为了确保辐射水平符合规定的允许限值，所允许的放射性物质具体数量应随着包装内具体放射性核素的不同而变化。

包装要求中使用的术语A_1和A_2分别指每种核素允许装在A型包装件中的"特殊形式"和"其他形式"的最大活度（或数量）。A型包装件中容许装入的，除特殊形式以外任何其他形式的A_1和A_2也可作为其他用途的基本限值。大多数放射性核素的A_1和A_2值列在IATA《危险品规则》10.3.A表中；其他情况的A_1和A_2值必须通过IATA《危险品规则》10.3.2.2至10.3.2.5给出的批准程序来得到。

从IATA《危险品规则》10.3.A表中可以看到，许多放射性核素的A_2值小于A_1值，但其余核素的A_2值与A_1值相同。A_2值不能大于A_1值。

当某种放射性物质已按照这些包装要求进行包装时，在大多数情况下，包装好的包装件必须按照IATA《危险品规则》10.5.14的要求来给出"运输指数"。"运输指数"是用来表示放射性物质包装件的相对辐射危险程度的一个数字。

在大多数情况下，还必须将包装好的包装件划分为IATA《危险品规则》10.5.C表所规定的三个等级中的一种，然后贴上该等级的危险性标签。

一、一般包装要求

（1）在设计放射性物质的包装件时，除需考虑泄漏、散热等问题外，还必须考虑包装件的重量、体积和形状，使其能够容易和安全地操作和运输。并且，包装件的设计应使其能够在运输中恰当地固定在飞机上。此外，包装件设计必须保证包装件上的任何提吊附件在使用时不会失灵。

（2）根据实际情况，包装的设计和制作必须保证其外表面没有凸出的部分，并易于去污。包装件的外层设计必须做到避免集水和积水。

（3）装有放射性物质时包装材料以及任何其他部件和构件在物理上和化学上必须相互兼容，必须考虑在辐照下内装物的变化情况。

（4）包装件在运输期间不能因外加的不属于包装件的任何设施而降低其包装件的安全性。在常规运输条件下，包装件的完好性及密封完整性不能因受可能遇到的任何加速、振动、共振及温度因素的影响而遭到任何破坏。

（5）放射性内装物可能逸出的所有阀门必须防止意外开启。包装件的设计必须考虑在正常的运输条件下可能遇到的环境温度和压力。对于具有其他危险性质的放射性物质，还必须考虑其他危险性质。

（6）在环境温度38℃且无绝热条件下，包装件的可接近表面温度不得超过50℃。含有放射性物质的包装件必须经受在内压力造成的不小于最大正常操作压力加上95kPa的压差情况下不泄漏。

（7）外部污染　任何包装件的任一外表面上的非固着放射性污染，必须保持在尽可能低的水平。在正常运输条件下不得超过以下限值：

① β和γ发射体及低毒性α发射体为4 Bq/cm^2；

② 其他所有的α发射体为0.4 Bq/cm^2。

这些限值适用于表面任一部分的平均面积超过300 cm^{2}的包装件。

（8）对于合成包装件和专用货箱，内外表面的非固着污染水平不得超过IATA《危险品规则》10.5.3.2所规定的限制。用于放射性物质专项运输的合成包装件或专用货箱，只有在进行特定的专项运输时表面的固着污染才不受本条款限制。

（9）放射性物质若符合根据第3章定义的其他类/项别的标准，必须划分包装等级Ⅰ、Ⅱ或Ⅲ；根据第3章的分组标准，确定主次危险性。同时，必须满足次要危险性的包装性能要求。

二、其他要求

1.一个包装件内的不同放射性核素

当不同种的多种放射性核素一起包装在同一个包装件内时，总的活度必须按IATA《危险品规则》10.3.2.4至10.3.2.5所规定的要求进行确定。

2.含有其他物品的包装

低比度放射性物质和表面污染物体可以同其他物品包装在一起，只要这些物品与包装或其内装物之间不会产生降低包装安全性的相互作用。除此以外的放射性物质的包装件，除了使用放射性物质所必需的物品和证件以外，包装件中不得有任何其他物品。

3.含有放射性物质包装件的合成包装件

（1）放射性物质包装件可以混合在一个合成包装件内运输，只要其中所包含的每一个放射性物质包装件都符合IATA《危险品规则》第十章中的相关要求。但运输指数大于零的裂变物质包装件不能在合成包装件中运载。

（2）只允许合成包装件内包装件的原始托运人采用直接测量辐射水平的方法来测定整个合成包装件的运输指数。

三、包装件类型

放射性物质的包装件类型如下。

（1）例外包装件。

（2）工业包装件：1型、2型、3型。

（3）A型包装件。

（4）B（U）和B（M）型包装件。

（5）C型包装件。

四、运输放射性物质的包装功能

第一，具有密封容器功能，以防止污染人类和环境。

第二，必须提供辐射防护，包装类型取决于辐射线的数量和类型（α、β、γ、中子）。

第三，防止运输的裂变物质的临界变化。

第四，防止内部生热，能够对内部辐射产生的热量散热。

五、例外包装件

限量的放射性物质、含有放射性物质的仪器、制品和空包装，在符合国际航协《危险品规则》中相关规定的情况下，可以作为例外包装件运输。但是必须符合以下条件。

① 包装件外表面任一点的辐射水平不超过 $5\mu Sv/h$。

② 若例外包装件内含有裂变物质，则必须符合国际航协《危险品规则》10.3.7.2的要求，且包装件的最小尺寸不得小于10cm。

③ 例外包装件的任一表面的非固着放射性污染不超过国际航协《危险品规则》10.5.3.2的限值。

④ 如果通过航空邮件运输例外包装件，需满足国际航协《危险品规则》第10.2.2节的要求。

例外包装件需符合国际航协《危险品规则》的下列条款：

① 包装件标记（10.7.1.3.2）；

② "例外包装件"标签（10.7.4.4.3）；

③ 填写航空货运单（10.8.8.3）；

④ 检查和排出污染的要求（9.4.3）；

⑤ 报告危险品事故、事件和发生的其他意外情况（9.6.1，9.6.2）；

⑥ 一般包装要求（10.6.0～10.61）；

⑦ 其他条款；

⑧ 培训要求（1.5）。

例外包装件不受国际航协《危险品规则》下列条款的限制：

① 包装件的分类（10.5.13.1）；

② 包装（9.3.10.7，10.5.5，10.5.6，10.5.10.6～10.5.9.9，表9.3.B和10.5.B）；

③ 包装术语、标记要求和测试（10.6，10.6.2.1）；

④ 标记（10.7.1，但10.7.1.3.2的要求除外）；

⑤ 标签（10.7.2，但10.7.4.4.3的要求除外）；

⑥ 文件（10.8，但10.8.8.3除外）；

⑦ 其他托运人和运营人的责任（10.10）。

具有其他危险性的放射性物质的例外包装件，其他的危险性优先。因此，这种包装件应符合本教材关于其他危险性规定的限制，见特殊规定A130。

六、工业包装件

（1）工业包装件可用于低比活度放射性物质（LSA）和表面污染物体（SCO）。工业包装件包括1型工业包装件、2型工业包装件和3型工业包装件。LSA物质和SCO未经包装不得运输。

（2）活度限制　单个低比活度放射性物质包装件或单个表面污染物体包装件中的总活度必须加以限制，使其必须在距离未屏蔽的物质表面3m处的辐射水平不超过10mSv/h。同时，单个包装件的活度必须限制在不超过"飞机上工业包装件内LSA物质及SCO的活度限制表"中规定的一架飞机内的活度限值水平（表9-2）。LSA-Ⅱ或LSA-Ⅲ的不可燃固体物质的单个包装件的活度不得超过 $3000A_2$。

表9-2　飞机上工业包装件内LSA物质及SCO的活度限制（DGR10.5.B）

内装物	工业包装件类型	
	专项运输	非专项运输
LSA-Ⅰ		
固体	1型	1型
液体	1型	2型
LSA-Ⅱ		2型
固体	2型	3型
液体和气体	2型	3型
LSA-Ⅲ	1型	1型
SCO-Ⅰ	2型	2型
SCO-Ⅱ		

七、A型包装件

1.限制

当活度和/或放射性限度超过例外包装的限度时，需要使用A型包装件。A型包装件的活度限制如下。

（1）特殊形式放射性物质　A_1值。

（2）所有其他形式放射性物质　A_2值。

具体放射性活度限制详见国际航协《危险品规则》10.4.B表。

2.设计

A型包装件的设计在各方面必须符合国际航协《危险品规则》10.6.0、10.6.1.1和10.6.2.4对A型包装和包装件的要求。

3.批准

除非用于包装裂变物质，通常A型包装件不需要经主管当局批准。

八、B（U）型和B（M）型包装件

活度更高一些的放射性物质需要使用B型包装件进行运输，B型包装件需要能够承受运输过程中的较强事件的影响。

1. B型包装件不得含有的内容

（1）超过包装件设计许可的放射性活度；

（2）与包装件设计批准的放射性核素不同的核素；

（3）与包装件设计批准的形式、物理或化学形态不同的内装物。

2. 航空运输使用的B（U）型和B（M）型包装件的活度不得超过以下限值

（1）对于低度弥散放射性物质，不超过包装件设计批准证书上许可的限值；

（2）对于特殊形式放射性物质，不超过3000A_1或100000A_2中的较小值；

（3）对于所有其他放射性物质，不超过3000A_2。

3. B（U）型和B（M）型包装件的设计和批准

B型包装件的设计必须在各方面符合国际航协《危险品规则》10.6.2.5对B型包装和包装件的要求。

每个B（U）型包装件的设计都需要经过单方批准，即只需始发国主管当局的批准。以下包装件除外：

（1）按照IATA《危险品规则》10.5.11.3和10.5.7.2.2为裂变物质设计的B（U）型包装件需经多方批准；

（2）为低度弥散放射性物质设计的B（U）型包装件需经多方批准。

每个B（M）型包装件的设计都需经多方批准，即包装件运输的始发、途经国和到达国主管当局的批准。

注：

B（M）型包装件禁止用客机运输。

九、C型包装件

C型包装件的设计必须在各方面符合国际航协《危险品规则》10.6.2.7对C型包装件和包装件的要求。

十、含裂变物质的包装件

（1）除符合IATA《危险品规则》10.3.7.2要求的裂变物质包装件外，任何裂变物质不得含有：

① 与包装件设计批准不同的裂变物质；

② 任何与包装件设计批准不同的放射性核素或裂变物质；

③ 与包装件设计批准的形态、物理或化学形态，或具体安排不同的内装物。

（2）裂变物质包装件的设计必须在各方面符合IATA《危险品规则》10.3.7和10.6.2.8对裂变物质包装件的要求。

（3）每个含裂变物质的包装件的设计都需要多方批准，即始发国的主管当局及托运货物途经或抵达的每个国家的主管当局的批准。

（4）批准　除裂变物质、低度弥散放射性物质每个C型包装件的设计都只要经单方批准，即只需始发国主管当局的批准。以下包装件除外（表9-3）。

表9-3　飞机上工业包装件内LSA物质及SCO的活度限制

物质性质	每架飞机的活度限制
LSA-Ⅰ	不受限制
LSA-Ⅱ和LSA-Ⅲ 不可燃固体	不受限制
LSA-Ⅱ和LSA-Ⅲ 可燃固体及所有的液体和气体	$100A_2$
SCO	$100A_2$

十一、运输指数和临界安全指数的确定

（1）运输指数（TI）是分配给包装件、合成包装件或货物集装箱的单一数字，用于控制辐射照射量。运输指数可用于确定标签的类别、确定是否需要专载运输、决定转运过程中存储所需的隔离距离、确定装载的要求以及确定货物集装箱内或航空器内允许装载的包装件数量。运输指数按IATA《危险品规则》10.5.14.1和10.5.14.1.2确定。

（2）运输指数——辐射照射量的控制

以辐射照射量为基础的运输指数的确定步骤：

① 确定出距离包装件、合成包装件或货物集装箱外表面1m处的最高辐射水平；

② 专用货箱按第一步的方法确定的数值乘以IATA《危险品规则》10.5.B表所规定的一个适当的因子；

③ 除了将等于或者小于0.05的数值考虑作为零值外，上述第一步、第二步中的数值，经进位取到第一位小数。

（3）运输指数——货物　每个合成包装件或货物集装箱的运输指数必须根据内装所有包装件的运输指数总和/或直接测量辐射水平来确定。但非牢固密封的合成包装件除外，此类包装件的运输指数只能根据内装所有包装件的运输指数总和来确定。

（4）临界安全指数（CSI）的确定　裂变物质包装件的临界安全指数（CSI）必须用50除以从IATA《危险品规则》10.6.2.8.3规定的方法求得的两个N值中较小的一个而得出，即CSI=50/N。如果无限多个包装都是次临界，即"N"无限大，则临界安全指数的值可能为零。

（5）包装件和合成包装件的运输指数（TI）、临界安全指数（CSI）和辐射水平的限值

① 除专载运输装载的货物以外，任何单个包装件或合成包装件的运输指数都不得超过10，任何包装件或合成包装件的临界安全指数不得超过50。

② 除专载运输外，一个包装件或合成包装件的任一外表面的任何一点上的最大辐射水平不得超过2mSv/h。

③ 属于专载运输的包装件的任一外表面的任何一点上的最大辐射水平不得超过10mSv/h。

④ 包装件和合成包装件应根据IATA《危险品规则》10.5.C表的规定归类为Ⅰ级-白色，Ⅱ级-

黄色或Ⅲ级-黄色。

⑤ 在确定包装件或合成包装件划归哪一级时，运输指数和表面辐射水平都必须考虑在内。当运输指数满足某一类的条件而表面辐射水平满足另一类条件时，该包装件则必须划归为两类中较高的一类。

⑥ 如果运输指数大于10，包装件或合成包装件必须按专载运输方式运输。

⑦ 如果表面辐射水平大于2 mSv/h，包装件或合成包装件必须按专载运输方式及IATA《危险品规则》9.3.10.3的规定运输。

⑧ 特殊安排运输的包装件，或含有多个包装件的合成包装件必须划归Ⅲ级-黄色。

（6）包装件、合成包装件以及专用货箱级别的确定，见表9-4。

表9-4 包装件和合成包装件以及专用货箱级别的确定（DGR10.5.C）

包装件分类（例外包装件除外）		
运输指数	外表面任一点最大辐射水平	级别
0①	不大于5μSv/h	Ⅰ级-白色
大于0而不大于1①	大于5μSv/h而不大于0.5mSv/h	Ⅱ级-黄色
大于1而不大于10	大于0.5mSv/h而不大于2mSv/h	Ⅲ级-黄色
大于10	大于2mSv/h而不大于10mSv/h	Ⅲ级-黄色② 且专载运输
合成包装件和用做合成包装件的专用货箱的分类		
运输指数		级别
0		Ⅰ级-白色
大于0而不大于1		Ⅱ级-黄色
大于1		Ⅲ级-黄色

① 如果测量的TI值不大于0.05，则可以认为值为零。
② 见IATA《危险品规则》10.5.16和10.5.17。

十二、特殊安排

如果放射性物质的包装不符合国际航协《危险品规则》10.5提供的任何一种包装方法，那么该种物质只能在特殊安排下运输。此种特殊安排必须得到有关国家主管当局的批准，并保证在运输和存储中总体安全水平至少相当于IATA《危险品规则》以及全部适用要求所具有的安全水平，每一批货物都应当经多方批准。

十三、专项运输

（1）除专项运输的托运货物以外，任何单个包装件或合成包装件的运输指数都不得超过10，临界安全指数不得超过50。

（2）除按IATA DGR 9.3.10.3.1规定的条件专项运输的包装件或合成包装件外，单个包装件或合成包装件外表面任何一点的最大辐射水平均不得超过2mSv/h（200mrem/h）。

（3）专项运输包装件外表面任何一点的最大辐射水平不得超过10mSv/h（1000mrem/h）。

第三节
放射性物质的标记和标签

一、托运人责任

（1）检查包装件或合成包装上的各种标记是否在正确的位置，并符合IATA《危险品规则》对质量和规格的要求。

（2）清除或涂去包装件或合成包装件上原有的无关标记。

（3）确保用于放射性物质的每个外包装或单一包装上都有IATA《危险品规则》10.7.1.3.3至10.7.1.3.7中规定的识别标记。

（4）要在正确的位置使用任何适用的新标记，并确保具有耐久的质量和正确的规格。

（5）在包装件或合成包装件提交运营人并准备运输时，须确保已完成对标记的所有工作。

（6）标记的规格与质量

① 包装件和合成包装件上的所有标记不得被包装的任何部分及附属物，或任何其他标签和标记所遮盖或模糊不清。所需标记不得与其他可能影响这些标记效果的包装标记相邻。

② 质量　所有的标记必须：经久耐用，用印刷或其他方式打印或粘贴在包装件或合成包装件的外表面；清楚易见；能够经受暴露在露天环境中而不显著降低其有效性；而且显示在色彩反差大的（包装）背景上。

③ 文字　标记必须使用英文，但根据始发国需要可以同时使用英文和其他文字。

④ 尺寸　包装件和合成包装件使用的IATA《危险品规则》10.7.1.3和10.7.1.4要求的标记，高度不得低于12mm，对于不超过30L或30kg的包装件，其标记的高度不得低于6mm。

二、需要的标记

（1）含有放射性物质的所有工业包装件要求的标记　含有放射性物质的所有工业包装件（IP-1型、IP-2型和IP-3型）、A型、B（U）型、B（M）型和C型包装件要求有下列标记：运输专用名称；UN编号，前缀"UN"；托运人和收货人名称和地址；如果重量超过50kg应标明允许的毛重；当固体二氧化碳（干冰）作为冷却剂时，则附加标记，标明包装件内固体二氧化碳（干冰）的净重。

（2）例外包装件　例外包装件必须注明：UN编号，前缀"UN"；托运人和收货人姓名全称和地址；如果毛重超过50kg应标明允许的毛重；当固体二氧化碳（干冰）作为冷却剂时，则附加标记，标明包装件内固体二氧化碳（干冰）的净重。

（3）工业包装件识别

① 符合1型工业包装设计的每个包装件都必须标上"TYPE IP-1"字样。

② 符合2型工业包装或3型工业包装设计的每个包装件都必须标上：相应的"TYPE IP-2"或"TYPE IP-3"；原设计国的国际车辆运输注册代码（VRI Code），见IATA《危险品规则》附录D.1和D.2；制造厂商名称，或由设计始发国主管当局指定的其他包装件识别标记。

（4）A型包装件识别　符合A型包装设计的每个包装件都必须作如下标记（图9-1）。

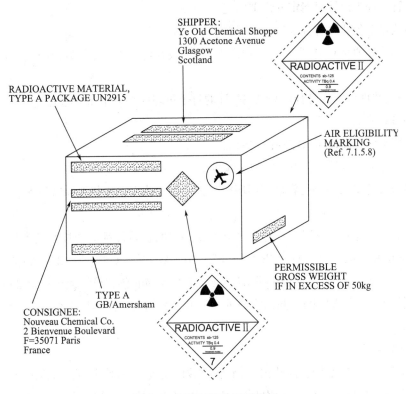

图9-1　A型包装件识别样例

①"TYPE A"；

② 原设计国的国际车辆运输注册代码（VRI Code），见IATA《危险品规则》附录D.1和D.2；和

③ 制造厂商名称，或由设计始发国主管当局指定的其他包装件识别标记。

（5）B型包装装件识别　符合B型包装设计的每个包装件必须作如下标记（图9-2）。

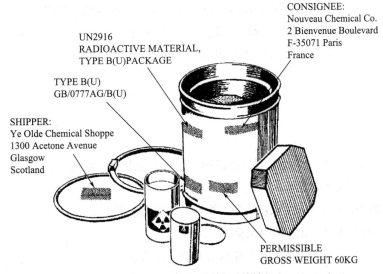

图9-2　B型包装件识别样例

① 相应的"TYPE B（U）[B（U）型]"或"TYPE B（M）[B（M）型]"字样。
② 由主管当局为设计而指定的识别标记。
③ 能确认每个包装件符合设计的顺序编号。
④ 在能防火防水的最外层容器上用压印、打上或其他方式清楚地标出防火、防水的三叶形符号。

（6）C型包装件识别　符合C型包装设计的每个包装件必须作如下标记：
① "TYPE C（C型）"字样；
② 由主管当局为设计而指定的识别标记；
③ 能确认每个包装件符合设计的顺序编号；
④ 在能防火防水的最外层容器上用压印、打上或其他方式清楚地标出防火、防水的三叶形符号。

（7）裂变物质包装件的识别　每个含有裂变物质的包装件都必须按照其类型的要求标记。其识别符号只能相应地应用"AF""B（U）F""B（M）F""CF"或"IF"等标记。

（8）主管当局的包装设计或运输批准　需要主管当局的包装设计或运输批准的包装件进行国际运输的情况下，所涉及的不同国家的批准类型不尽相同，但标记必须与设计始发国的批准证书相一致。

（9）合成包装件
① 除非所有可以说明包装件内所有危险品的标记均清晰可见，否则标记以下内容：Overpack（合成包装件）字样；使用的标记；合成包装内所有包装件上出现的需要特殊操作的操作说明。
② 包装件规格标记无需在合成包装件上重现。"Overpack"标记表明合成包装件中的所有包装件均符合规定的规格。
③ 当托运的货物含有一个以上合成包装件时，为了便于识别、装载和通知，承运人要求在每个合成包装件上应有识别标记和放射性物质的总量，且与托运人申报单上的一致。

（10）其他方式的标记　除使用IATA《危险品规则》所要求的标记以外，还允许使用其他国家或某些国家运输规则所要求的各种标记，但这些标记在颜色、设计或形式上不得与IATA《危险品规则》及本手册所规定的各种标记相混淆或相抵触。

三、标签

1. 要求

托运人负责按照下列要求将装有放射性物质的每个包装件、合成包装件或专用货箱加上全部必要的标签。对于每个要求加上标签的包装件或合成包装件，托运人必须做到以下要求：
（1）清除或涂掉包装件或合成包装件上原有的任何无关标签；
（2）使用具有耐久性和正确规格的标签；
（3）在每个标签上保证耐久地写上任何需要的其他信息；
（4）在正确的位置上牢固可靠地固定适当的标签；

（5）确保将包装件或合成包装件送交申货航准备运输时，已完成全部标签工作；

（6）当空包装作为例外包装件进行运输时，在包装上不得看到已用过的放射性标签。

2. 标签的质量和规格

（1）每个标签打印或粘贴材料必须具有足够的耐久性以确保正常运输条件下运输时标签可以辨认和醒目。

（2）标签有两种类型：

① 危险性标签（45°放置的正方形）；

② 操作标签（各种矩形），要求单独使用或与危险性标签同时使用。

（3）标签规格：用在装有放射性物质的包装件或合成包装件上的所有标签（危险性标签和操作标签）的形式、颜色、格式、符号和名称都必须与IATA《危险品规则》10.7.7节的样本设计一致，在规格上不允许有变更。除了IATA《危险品规则》提供的其他样式外，危险性标签的最小尺寸必须是100mm×100mm（4in×4in）。IATA《危险品规则》7.4节中所示的标签尺寸是最小尺寸。危险性标签有一条与符号同一颜色的线，在边缘内侧5mm处，平行延伸。除了临界安全指数标签，标签的上半部保留有三叶形符号，下半部则用于填写正文内容及类别号。

3. 危险性标签的适用性

（1）用于放射性物质的包装件和合成包装件上的危险性标签在IATA《危险品规则》4.2危险品表中有详细的说明。装有放射性物质的每个包装件必须按照IATA《危险品规则》10.5.C表指定的类别贴上标签。除此之外，对于每个裂变物质包装件，还必须紧接着放射性危险性标签粘贴临界安全指数标签。

（2）次要危险性标签。符合一种或多种其他类危险品标准又具有其他危险性质的放射性物质，其包装件必须带有几个适当的次要危险性标签。对于非易燃和无毒的非压缩气体，则不要求这样的次要危险性标签。

4. 标签上的标记

（1）内装物、放射性活度 对于放射性等级为Ⅱ级-黄色或Ⅲ级-黄色的标签，运输指数必须清晰而耐久地标注在标签上；对于临界安全指数（CSI）标签，须标注临界安全指数。标签上还必须填写如下内容。

① 除LSA-Ⅰ以外的放射性核素符号；（见IATA《危险品规则》10.4.A表）。

② 对于放射性核素混合物，或者不同的单一放射性核素包装在同一个包装件内，限制最严格的核素都必须在空白处列出。

③ 对于低比度放射性物质（LSA-Ⅰ除外）或表面污染物体（SCO），其放射性核素符号后相应列出"LSA-Ⅱ"、"LSA-Ⅲ"、"SCO-Ⅰ"或"SCO-Ⅱ"。

④ 对于LSA-Ⅰ物质，仅需使用"LSA-Ⅰ"。

（2）活度 包装件内装物的最大活度必须以贝克勒尔或其大倍数单位表示。以居里和其大倍数单位表示的等值活度可以写在贝克勒尔单位后面的括号内。每种情况都必须用全名或正确的缩写来说明所使用的单位。对于裂变物质，应使用可裂变的放射性核素的总质量代替活度，以g或kg为单位表示。

（3）运输指数（TI） 对于Ⅱ级-黄色或Ⅲ级-黄色标签，运输指数应填写在提供的方框内。

经进位取至第一位小数。

（4）临界安全指数（CSI） 临界安全指数标签上必须标记临界安全指数，临界安全指数应取自主管当局签发的特殊安排批准证书或包装件设计批准证书，并填写在提供的方框内。

（5）当局的设计或运输许可 若国际货物运输需当局的设计或运输许可，因不同国家使用不同的许可方式，标签需与批准国当局的设计相一致。

（6）合成包装件和专用货箱 对于合成包装件和专用货箱，标签上的"Contents（内装物）"和"Activity（活度）"栏内必须标注IATA《危险品规则》10.7.3.3.1和10.7.3.3.2所需信息。如果合成包装件和专用货箱内装有多个不同放射性核素的包装件，这些栏内可标注"See Shipper's Declaration（见托运人申报单）"。

5．标签的粘贴

（1）标签粘贴的一般要求见IATA《危险品规则》10.7.4。

（2）标签应粘贴在包装件上托运人或收货人地址的旁边。当有次要危险性标签时则应将其粘贴在主要危险性标签旁边。在要求"Cargo Aircraft Only（仅限货机）"操作标签时，必须将其粘贴于邻近每个危险性标签的地方。

（3）放射性物质标签带有一个或多个次要危险性标签，临界安全指数标签（如果适用）和仅限货机标签（如果适用），标签必须粘贴在包装件的两个相对侧面上。对于专用货箱则粘贴在所有四个侧面的外边。对于钢瓶包装件，必须在正好相对的面上粘贴两套标签，对非常小的包装件，两套标签可能重叠，所以只需粘贴一套，但标签不得自身叠盖。

（4）如果使用硬质合成包装件，应至少粘贴两套标签，标签必须相对地粘贴在合成包装件外侧面上。如果使用非硬质合成包装件至少应将一套标签紧固耐久地粘贴于合成包装件上。

6．操作标签

（1）"Cargo Aircraft Only（仅限货机）"标签总是在放射性物质的B（M）型包装件和含有这种B（M）型包装件的专用货箱上使用。

（2）对含有液体状态放射性物质的包装件不需要使用"This way up（此面向上）"的包装方向标签。

（3）放射性物质的例外包装件标签 对于含有放射性物质的例外包装件必须粘贴"Radioactive Material，Excepted Package（放射性物质，例外包装件）"操作标签，标签的规格要求见IATA《危险品规则》10.7.8.A。

（4）大型货运专用集装箱的标牌 含有放射性物质的大型货运专用集装箱，除了所要求的标签外，还必须带有四块符合IATA《危险品规则》10.7.7.5要求式样的标牌，这种标牌必须在货运专用集装箱的各个侧壁和后壁上垂直地固定好。任何与内装物无关的标牌都必须拆除。也可使用符合IATA《危险品规则》10.7.7.1～10.7.7.3以及10.7.7.4有关要求的放大尺寸的放射性物质标签，代替标签和标牌，只要它们的尺寸符合IATA《危险品规则》10.7.7.5的要求。

（5）其他规则要求的标签 除IATA《危险品规则》要求的标签外，其他国际或国家运输规则所要求的标签也可使用，但不得与IATA《危险品规则》规定的任何标签的颜色、设计和形状矛盾或混淆。

7.第七类标签规格实样

Ⅰ级白色
名称：放射性
货物标准代号：RRW
最小尺寸：100 mm×100 mm
标志（三叶形标记）：黑色
底色：白色

Ⅱ级黄色
名称：放射性
货物标准代号：RRY
最小尺寸：100 mm×100 mm
标志（三叶形标记）：黑色
底色：上半部黄色带白边，下半部白色

Ⅲ级黄色
名称：放射性
货物标准代号：RRY
最小尺寸：100 mm×100 mm
标志（三叶形标记）：黑色
底色：上半部黄色带白边，下半部白色

临界安全指数标签
最小尺寸：100 mm×100 mm
文字（必须）：上半部"FISSILE（裂变）"黑色字样
底色：白色

放射性物质——标牌
尺寸：所示尺寸是最小的，使用较大的尺寸时必须保持各种比例不变，数字"7"必须为25mm或更大些。

注：
标牌下半部的"放射性"字样可任选。

8. 操作标签放射性物质——例外包装件

Radioactive Material, Excepted Package
This package contains radioactive material, excepted package and is in all respects in compliance with the applicable international and national governmental regulations.

UN _____

The information for this package need not appear on the Notification to Captain (NOTOC)

放射性物质——例外包装件

名称：放射性物质——例外包装件
货运标准代码：RRE
颜色：四周红色平行斜边。白色为底，文字可以为黑色或红色。

> **注：**
> 说明文字"The Information for this package need not appear on the Notification to Captain（NOTOC）（该包装件信息不需要填写在机长通知单（NOTOC）上）"。

第四节 放射性物质的运输文件

一、托运人危险品申报单

放射性物质不能同其他危险品一起填入同一申报单中，但作为制冷剂使用的固体二氧化碳（干冰）除外。当使用固体二氧化碳（干冰）作为放射性物质的制冷剂时，装运的详细情况必须在托运人申报单中表示出来。此外，放射性物质的例外包装件不要求托运人填写申报单。

托运人必须保留一份托运人危险品申报单副本和附加信息以及按照IATA《危险品规则》要求所需的文件，保存时间最少为3个月；当文件是电子文档或保存在电脑系统中时，托运人必须确保文件能被打印。

除以下四个栏目外，放射性物质的托运人危险品申报单的填写规定相同于非放射性危险品申报单的填写。

（1）Aircraft Limitations——机型限制　填写要求同非放射性危险品，必须满足美国政府关于放射性物质运输的相关差异。

（2）Shipment Type——货物类型　划掉"Non—Radioactive（非放射性）"字样表明货物含放射性危险品。

放射性物质不得与其他危险品填在同一申报单内，作为制冷剂的固体二氧化碳（干冰）或放射性物质和其他危险品包含在同一物质内除外。当固体二氧化碳（干冰）用作放射性物质的制冷剂或放射性物质和其他危险品包含在同一物质内时，这些项目必须在同一张放射性物质申报单上详细描述。不需要托运人危险品申报单的放射性物质例外包装件不受此条的限制。

（3）Nature and Quantity of Dangerous Goods——危险品种类、数量的填写说明

顺序一　识别。

第一步：UNNo，联合国编号，编号前应缀上"UN"。

第二步：Proper Shipping Name，运输专用名称。

第三步：Class or Division（Subsidiary Risk），类别号码——"7"。如具有次要危险性，在类别号码"7"后的括号内标明次要危险性的类别或项别号码。

第四步：Packing Group，具有次要危险性的放射性物质的次要危险性所对应的包装等级。

顺序二　Quantity and Type of Packing，数量和包装种类。

第五步：

① 物质中每个放射性核素的名称或符号，对放射性核素混合物应使用适当的总称或最严格限制的放射性核素表。

② 有关放射性物质的物理状态和化学状态的说明，或表明物质是特殊形式的放射性物质（UN3332和UN3333无此要求）或低度弥散放射性物质。对化学状态的普通化学描述是可以接受的。

第六步：包装件数。同一类型包装和同一内装物品包装件的数量，包装的类型和每一包装件（包括合成包装件中的包装件）的活度（注明单位Bq）。对于裂变物质，以g或kg表示的裂变物质的重量代替活度。"ALL PACKED IN ONE"的字样必须紧接在有关条目下标明。

第七步：当使用合成包装件时，在内包装件全部描述之后，紧接写"Overpack used"。

顺序三　Packing Instructions，包装说明。

第八步：包装件、合成包装件或集装箱的等级，即"I-White（Ⅰ级-白色）"、"Ⅱ-Yellow（Ⅱ级-黄色）"、"Ⅲ-Yellow（Ⅲ级-黄色）"。

① 只适用于"Ⅱ级-黄色和Ⅲ级-黄色"的每一包装件或合成包装件或放射性专用集装箱的运输指数及尺寸。尺寸必须按照长×宽（或桶形包装件的直径）×高的顺序填写，取它们的最大数值，"L"、"W"（或"D"）和"H"这几个字母应标注在尺寸数字之前（见10.8.1.4）。运输指数经进位取至第一位小数。

② 对于裂变物质，除了裂变物质的例外包装件，需注明临界安全指数。

③ 对于例外裂变物质，如按照IATA《危险品规则》10.3.7.2规定为例外的应注明"Fissile Excepted（例外的裂变物质）"。

顺序四　Authorizations，批准。

第九步：有主管部门签发，并与托运人危险品申报单一起随货物运输的以下证书，在此栏内需注明。

① 特殊形式放射性物质批准证书 Special Form approval certificate。
② 低度弥散物质证书 Low Dispersible Material certificate。
③ B型包装件设计批准证书 Type B Package design approval certificate。
④ B（M）型包装件装运批准证书 Type B（M）Package shipment approval certificate。
⑤ C型包装件设计批准证书和装运批准证书 Type C package design approval and shipment approval certificate。
⑥ 裂变物质包装件设计批准证书 Fissile material package design approval certificate。
⑦ 裂变物质包装件装运批准证书 Fissile material package shipment approval certificate。
⑧ 特殊安排批准证书 Special arrangement approval certificate。
⑨ 任何类似文件 Any similar documents。

第十步：如果货物要求在专载运输下装运时，应标明"Exclusive use Shipment"（专机运输货物）。

第十一步：对于LSA-Ⅱ、LSA-Ⅲ、SCO-Ⅰ和SCO-Ⅱ，货物的总活度与A^2的倍数一样，托运人可在申报单上作为第三步骤的最后一项填写包装参照或识别号。

（4）Additional Handling Information——其他操作说明填写任何其他有关的特殊操作说明。对于需要主管当局证书的放射性物质，应包括以下内容。

① 需安全散热的包装件的特殊存储规定，如适用，指明所交运的包装件的平均表面通量大于$15W/m^2$（$1.4W/ft^2$）；
② 对于B（M）型包装件，声明无需额外操作控制，如适用；
③ 任何关于机型的限制要求和必须的例行说明；
④ 适用于该货物的应急安排。

二、主管当局证书

1.主管当局证书（参见DGR10.8.7）

① 特殊形式放射性物质批准证书 Special From approval certificate；
② 低度弥散物质证书 Low Dispersible Material certificate；
③ B型包装件设计批准证书 Type B Package design approval certificate；
④ B（M）型包装件装运批准证书 Type B（M）Package shipment approval certificate；
⑤ C型包装件设计批准证书和装运批准证书 Type C package design approval and shipment approval certificate；
⑥ 裂变物质包装件设计批准证书 Fissile material package design approval certificate；
⑦ 裂变物质包装件装运批准证书 Fissile material package shipment approval certificate；
⑧ 特殊安排批准证书 Special arrangement approval certificate。
⑨ 任何类似文件 Any similar documents。

2.托运人必须做到以下要求

（1）将所需的证书附在托运人危险品申报单上。

如果证书是英语以外的文字，则必须附有准确的英文译文。

（2）出示主管当局签发证书的识别标记以及这些文件随附申报单的声明。

主管当局的证书可能包括时效期限，货运代理人和航空公司收货人必须注意该证书是否失效并且适用于该批货物。

申报单填写实例如图9-3所示。

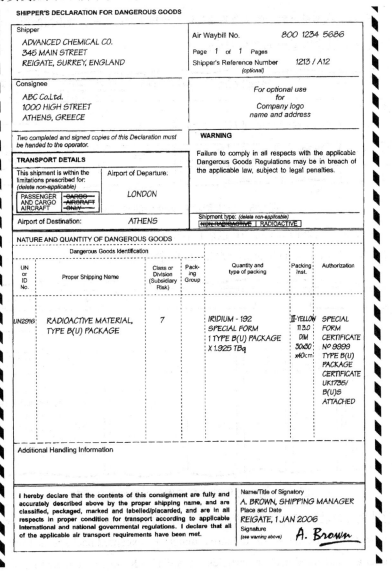

图9-3　申报单填写实例

三、航空货运单

参见DGR10.8.8。

（1）除"nature and quantity of dangerous goods（危险品种类、性质、数量和包装的填写说明）"一栏外，放射性物质的货运单的填写规定同其他危险品一致（图9-4）。

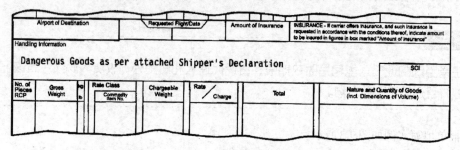

图9-4 在客机上载运的含有需要托运人申报单的危险品货物使用的货运单

仅限货机货物使用的货运单如图9-5所示。

图9-5 仅限货机货物使用的货运单

（2）例外包装件 例外包装件放射性物质不需要托运人危险品申报单，但是，在航空货运单的"品名和数量（Nature and Quantity of Goods）"栏中必须标示特定内容（图9-6）。

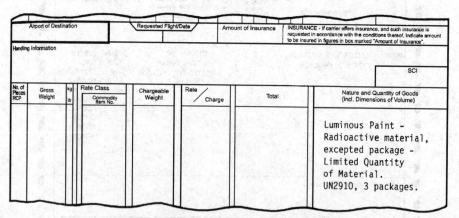

图9-6 含有放射性物质的例外包装件的货运单

常见放射性例外包装件在货运单品名栏的填写内容：Radioactive material, excepted package-limited quantity material, UN2910；Radioactive material, excepted package-instruments, UN2911；Radioactive material, excepted package-articles, UN2911；Radioactive material, excepted package-empty packaging, UN2908。

四、放射性物质收运检查单（英文版）

2012
DANGEROUS GOODS CHECKLIST FOR A RADIOACTIVE SHIPMENT

The recommended checklist appearing on the following pages is intended to verify shipments at origin.

Never accept or refuse a shipment before all items have been checked.

Is the following information correct for each entry?

SHIPPERS DECLARATION FOR DANGEROUS GOODS (DGD)

YES NO* N/A

1. Two copies in English and in the IATA format including the air certification statement [10.8.1.2; 10.8.1.4, 8.1.1 and 10.8.3.12.2] .... ☐ ☐
2. Full name and address of Shipper and Consignee [10.8.3.1, 10.8.3.2] .... ☐ ☐
3. If the Air Waybill number is not shown, enter it. [10.8.3.3] .... ☐
4. The number of pages shown [10.8.3.4] .... ☐ ☐
5. The non-applicable Aircraft Type deleted [10.8.3.5] .... ☐ ☐
6. If full name of Airport or City of Departure or Destination is not shown, enter it. [10.8.3.6 and 10.8.3.7] .... ☐
7. The word "Non-Radioactive" deleted [10.8.3.8] .... ☐ ☐

Identification
8. UN Number, preceded by prefix "UN" [10.8.3.9.1, Step 1] .... ☐ ☐
9. Proper Shipping Name [10.8.3.9.1, Step 2] .... ☐ ☐
10. Class 7 [10.8.3.9.1, Step 3] .... ☐ ☐
11. Subsidiary Risk, in parentheses, immediately following Class [10.8.3.9.1, Step 4] and Packing Group if required for Subsidiary Risk [10.8.3.9.1, Step 5] .... ☐ ☐ ☐

Quantity and Type of Packing
12. Name or Symbol of Radionuclide(s) [10.8.3.9.2, Step 6 (a)] .... ☐ ☐
13. A description of the physical and chemical form if in other form [10.8.3.9.2, Step 6 (b)] .... ☐ ☐ ☐
14. "Special Form" (not required for UN 3332 or UN 3333) or low dispersible material [10.8.3.9.2, Step 6 (b)] .... ☐ ☐ ☐
15. The number and type of packages and the activity in becquerel or multiples thereof in each package. For Fissile Material the total weight in grams or kilograms of fissile material may be shown in place of activity [10.8.3.9.2, Step 7] .... ☐ ☐
16. For different individual radionuclides, the activity of each radionuclide and the words "All packed in one" [10.8.3.9.2, Step 7] .... ☐ ☐ ☐
17. Activity within limits for Type A packages [Table 10.3.A], Type B, or Type C (see attached competent authority certificate) .... ☐ ☐ ☐
18. Words "Overpack Used" shown on the DGD [10.8.3.9.2, Step 8] .... ☐ ☐ ☐

Packing Instructions
19. Category of package(s) or overpack [10.8.3.9.3, Step 9 and Table 10.5.C] .... ☐ ☐
20. Transport Index and dimensions (Length x Width x Height) for Category II and Category III only [10.8.3.9.3, Step 9] .... ☐ ☐ ☐
21. For Fissile Material the Criticality Safety Index or the words "Fissile Excepted" [10.8.3.9.3, Step 9] .... ☐ ☐ ☐

Authorizations
22. Identification marks shown and a copy of the document in English attached to DGD for the following [10.8.3.9.4, Step 10; 10.5.7.2.2]:
    – Special Form approval certificate .... ☐ ☐ ☐
    – Low dispersible material approval certificate .... ☐ ☐ ☐
    – Type B package design approval certificate .... ☐ ☐ ☐
    – Other approval certificates as required .... ☐ ☐ ☐
23. **Additional Handling Information** [10.8.3.11] .... ☐ ☐
24. **Name and Title (or Department) of Signatory, Place and Date** indicated [10.8.3.13 and 10.8.3.14] and **Signature** of Shipper [10.8.3.15] .... ☐ ☐
25. **Amendment** or alteration signed by Shipper [10.8.1.7] .... ☐ ☐

	YES	NO*	N/A

AIR WAYBILL–HANDLING INFORMATION

26. The statement: "Dangerous goods as per attached Shipper's Declaration" or "Dangerous Goods as per attached DGD" [10.8.8.1(a)] .... ☐ ☐
27. Cargo Aircraft Only or CAO, if applicable [10.8.8.1(b)] .... ☐ ☐ ☐
28. Where non-dangerous goods are included, the number of pieces of dangerous goods shown [10.8.8.2] .... ☐ ☐ ☐

PACKAGE(S) AND OVERPACKS

29. Same number and type of packagings and overpacks delivered as shown on DGD .... ☐ ☐
30. Unbroken transportation seal [10.6.2.4.1.2] and package in proper condition for carriage [9.1.3; 9.1.4] .... ☐ ☐

Markings

31. The UN Number [10.7.1.3.1] .... ☐ ☐
32. The Proper Shipping Name [10.7.1.3.1] .... ☐ ☐
33. The full Name and Address of the Shipper and Consignee [10.7.1.3.1] .... ☐ ☐
34. The permissible gross weight if it exceeds 50 kg [10.7.1.3.1] .... ☐ ☐ ☐
35. Type A packages, marked as per 10.7.1.3.4 .... ☐ ☐ ☐
36. Type B packages, marked as per 10.7.1.3.5 .... ☐ ☐ ☐
37. Type C packages, Industrial Packages and packages containing Fissile material marked as per 10.7.1.3.6, 10.7.1.3.3 or 10.7.1.3.7 .... ☐ ☐ ☐

Labelling

38. Two correctly completed Radioactive Hazard labels on opposite sides [10.7.3.3; 10.7.4.3.1] .... ☐ ☐
39. Applicable label(s) identifying the Subsidiary [10.7.3.2; 10.7.4.3] .... ☐ ☐ ☐
40. Two Cargo Aircraft Only labels, if required, on the same surface near the Hazard labels [10.7.4.2.4; 10.7.4.3.1; 10.7.4.4.1] .... ☐ ☐ ☐
41. For fissile materials, two correctly completed Criticality Safety Index (CSI) labels on the same surface as the hazard labels [10.7.3.3.4; 10.7.4.3.1] .... ☐ ☐ ☐
42. All displayed labels correctly affixed and irrelevant marks and labels removed [10.7.1.1; 10.7.2.1; 10.7.4] .... ☐ ☐

For Overpacks

43. Packaging markings as required must be clearly visible or reproduced on the outside of the overpack [10.7.1.4.1] .... ☐ ☐ ☐
44. If more than one overpack is used, identification marks shown and total quantity of dangerous goods [10.7.1.4.2] .... ☐ ☐ ☐
45. Hazard labels reflect total for overpack [10.7.3.4] .... ☐ ☐ ☐

GENERAL

46. State and Operator variations complied with [2.8] .... ☐ ☐ ☐
47. Cargo Aircraft Only shipments, a cargo aircraft operates on all sectors .... ☐ ☐ ☐
48. Packages containing Carbon dioxide solid (dry ice), the marking, labelling and documentary requirements complied with [Packing Instruction 954; 7.1.5.1 (d); 7.2.3.9] .... ☐ ☐ ☐

Comments:_____

_____

Checked by:_____

Place: _____ Signature:_____

Date: _____ Time:_____

* IF ANY BOX IS CHECKED "NO", DO NOT ACCEPT THE SHIPMENT AND GIVE A DUPLICATE COPY OF THIS COMPLETED FORM TO THE SHIPPER.

2011放射性危险物品收运检查单（中文版）

下列推荐的检查单意指核查在始发站装运的货物。

在所有项目检查之前不得收运或拒收货物。

下列各项内容是否正确？

托运人危险物品申报单   Yes   No*   N/A

1. 两份英文申报单及按IATA要求的格式填写   □   □
   ［10.8.1.2；10.8.1.4和8.1.1］
2. 托运人和收货人的姓名全称及地址［10.8.3.1，10.8.3.2］   □   □
3. 如无运单号码，填上！［10.8.3.3］   □   □
4. 填写总页数［10.8.3.4］   □   □
5. 删除不适用的"航空器类型"［10.8.3.5］   □   □
6. 如无始发站或目的站的机场或城市的全名，填上！   □   □
   ［10.8.3.6；10.8.3.7］
7. 删除"非放射性"字样［10.8.3.8］   □   □

识别

8. UN编号，"UN"前缀于编号［10.8.3.9.1，第1步］   □   □
9. 运输专用名称［10.8.3.9.1，第2步］   □   □
10. 第7类［10.8.3.9.1，第3步］   □   □
11. 次要危险性，紧随类别号码填写在括号内［10.8.3.9.1，第4步］   □   □   □
12. 如有次要危险性填写相应的包装等级［10.8.3.9.1，第5步］   □   □   □

数量及包装类型

13. 放射性核素名称及符号［10.8.3.9.2，第6（a）步］   □   □
14. 对于其他形式，说明物理和化学形态   □   □
    ［10.8.3.9.2，第6（b）步］
15. 对于特殊形式，"special form"字样（对UN3332或   □   □   □
    UN3333不要求）或低弥散材料［10.8.3.9.2，第6（b）步］
16. 包装件的数量及类型，每一包装件的放射性活度（用Bq表示），   □   □
    或裂变物质的总重量（用克或千克表示）［10.8.3.9.2，第7步］
17. 对于不同的单个放射性核素，必须填上每一个核素的活度和   □   □   □
    "All Packed in One（所有危险品在同一类型的包装件内）"
    的字样［10.8.3.9.2，第7步］
18. 活度应符合A型包装件（10.3.A表），B型或C型包装件   □   □   □
    （见所附政府主管部门证明）的活度限值
19. 托运人申报单上应标明"Overpack used   □   □   □
    （使用合成包装件）"字样［10.8.3.9.2，第8步］

	Yes	No*	N/A

包装说明

20. 包装件或合成包装件的放射性等级〔10.8.3.9.3，第9步 和表10.5.C〕　☐　☐
21. Ⅱ级和Ⅲ级包装的运输指数及尺寸（长×宽×高） 〔10.8.3.9.3，第9步〕　☐　☐　☐
22. 裂变物质的临界安全指数或"裂变例外"〔10.8.3.9.3，第9步〕　☐　☐　☐

批准

23. 显示识别标记和涉及下列任何一项的英文文件副本随附托运人申报单 〔10.8.3.9.4，第10步；10.5.7.2.2〕
    ——特殊形式的批准证书　☐　☐　☐
    ——低度弥散放射性物质的批准证书　☐　☐　☐
    ——B型包装件设计批准证书　☐　☐　☐
    ——必要的其他批准证书　☐　☐　☐
24. 其他操作事项〔10.8.3.11〕　☐　☐
25. 关于航空运输的保证声明〔10.8.3.12.2〕　☐　☐
26. 填写人托运人姓名，职务（或部门），签字的地点及日期 〔10.8.3.13和10.8.3.14〕

	Yes	No*	N/A

27. 托运人的签名〔10.8.3.15〕　☐　☐
28. 修正或更改后的托运人签名〔10.8.1.7〕　☐　☐　☐

航空货运单

29. 在"操作说明"栏中填写："Dangerous goods as per attached shipper's declaration"或"Dangerous goods as per attached DGD（危险物品，如所附托运人危险物品申报单）"〔10.8.8.1（a）〕　☐　☐
30. 如适用填上"Cargo Aircraft Only"或"CAO"（"仅限货机"） 〔10.8.8.1（b）〕　☐　☐
31. 如包括非危险物品，填上危险品的件数〔10.8.8.2〕　☐　☐　☐

包装件及合成包装件

32. 交付的包装件或合成包装件的件数与包装类型必须与托运人 申报单上的件数及包装类型相同　☐　☐
33. 运输密封性未破坏〔10.6.2.4.1.2〕，并且载运的包装件 完好无损〔9.1.3和9.1.4〕　☐　☐

标记

34. UN编号〔10.7.1.3.1〕,　☐　☐
35. 运输专用名称〔10.7.1.3.1〕　☐　☐
36. 托运人及收货人的姓名全称及地址〔10.7.1.3.1〕　☐　☐

37. 毛重超过50kg时标注所允许的毛重［10.7.1.3.1］　　　　　□　□　□
38. A型包装件，按照10.7.1.3.4标记　　　　　　　　　　　　　□　□　□
39. B型包装件，按照10.7.1.3.5标记　　　　　　　　　　　　　□　□　□
40. C型包装件、工业包装件和内装裂变物质的包装件，按照
    10.7.1.3.6，10.7.1.3.3或10.7.1.3.7标记　　　　　　　　　 □　□　□

　　　　　　　　　　　　　　　　　　　　　　　　　　　　Yes　No*　N/A

标签

41. 两张正确填写的放射性标签粘贴在相对应的两面
    ［10.7.3.3；10.7.4.3.1］　　　　　　　　　　　　　　　　□　□
42. 如有次要危险性标签应紧接着填写好的放射性标签旁粘贴　　□　□　□
    ［10.7.3.2；10.7.4.3］
43. 如需要应使用两张仅限货机标签，仅限货机标签在同一个面　□　□　□
    上毗连危险性标签粘贴［10.7.4.2.4；10.7.4.3.1；10.7.4.4.1］
44. 对于裂变物质，应用两张已正确填写的临界安全指数标签在　□　□　□
    同一个面上毗连危险性标签粘贴［10.7.3.3.4；10.7.4.3.1］
45. 上述所有标签应正确粘贴，并除去无关的标记与标签　　　　□　□
    ［10.7.1.1；10.7.2.1；10.7.4］

关于合成包装件

46. 包装件所使用的标记必须清晰可见，否则必须在合成包装件　□　□　□
    外面重现［10.7.1.4.1］
47. 如果使用一个以上的合成包装件，显示识别标记和危险品　　□　□　□
    总数量［10.7.1.4.2］
48. 危险性标签反应合成包装件内所有的内装物［10.7.3.4］　　　□　□　□

一般情况

49. 符合国家及经营人的差异［2.8］　　　　　　　　　　　　　□　□　□
50. 对"仅限货机"的货物，所有航段都必须由货机载运　　　　　□　□　□
51. 对含有固体二氧化碳（干冰）的包装件，所需的标记，标签及□　□　□
    文件应符合［包装说明954；7.1.5.1（d）；7.2.3.9］的要求

意见：	
检查者：	复查者：
地点：	签字：
日期：	时间：

　　*如填写任何栏出现"No"时，不应收运此货物，并将一份已填好的此表副本交给托运人。

　　放射性危险品收运检查单与非放射性危险品收运单在使用方法的问题处理方面是相同的。放射性物质例外包装件不需要作检查单。

五、特种货物机长通知单

放射性危险品和非放射性危险品在运输时使用相同的"特种货物机长通知单"。

? 练习思考题

1. 何谓放射性物质？
2. 放射性物质的主要危险性表现在哪里？
3. 放射性物质分为哪几类？
4. 什么是裂变物质？
5. 放射性物质的包装件有哪些类型？
6. 运输放射性物质的包装应具备哪些功能？
7. 含有放射性物质的包装件其标记要求有哪些？
8. B（U）型放射性物质的包装件必须经始发国主管部门批准，对吗？
9. 请写出放射性例外包装件（空包装）在空运时货运单品名栏的正确填写内容。
10. 运输指数为0.4，表面辐射水平为900μSv/h，此包装件的级别是什么？
11. 运输指数为0，表面辐射水平为6μSv/h，此包装件的级别是什么？
12. Ⅱ级放射性物质的危险性比Ⅲ级放射性物质的危险性大，对吗？

第十章

危险品紧急情况处置程序

> **学习目标**
> 1. 了解危险品事故和事件的定义。
> 2. 熟悉并掌握发生各类危险品事故和事件后的处理方法。

第一节 危险品事故和事件

一、危险品事故和事件

1. 危险品事故

与危险品航空运输有关联,造成致命或严重人身伤害或财物损失的事故。

2. 危险品事件

不同于危险品事故,但与危险品航空运输有关联,不一定发生在航空器上,但造成人员受伤、财产损失、起火、破损、溢出、液体或放射性物质渗漏或包装未能保持完好的其他情况。任何与危险品运输有关并严重危及航空器或机上人员的事件也视为危险品事件。

二、未申报或误申报的危险品

当承运人在货物中发现任何危险品未申报或申报有误,必须及时向承运人所在国家的主管当局报告。当承运人在旅客行李中发现了国际航协《危险品规则》2.3中所列的不允许携带的危险品时,也必须及时向发生事故所在国的主管当局报告。

三、事故的调查

发生危险品事故后,由公司委派人员进行调查,调查过程中可邀请有关方面的专家参加。危险品事故的调查应包括以下内容。

(1) 事故发现的日期,时间和地点。
(2) 发生事故时所涉及的人员及其姓名。
(3) 货运单号码、运输专用名称、UN编号、分类、包装等级和件数等。
(4) 托运人和收货人的姓名、地址和单位。
(5) 危险品的运输文件和批准证书是否齐备,是否填写正确。
(6) 事故中人员伤亡情况。
(7) 造成经济损失的情况和估计价值。
(8) 包装件的损坏情况和损害原因。
(9) 包装的质量是否符合要求,包装的鉴定单位在鉴定过程中是否有差错。包装方法、标记和标贴是否正确,包装件的存储情况和搬运情况。
(10) 事故发生的经过。

四、危险品事故和事件的报告

当发生危险品事故和事件时,都必须将发生情况报告国家的有关部门。航空公司有义务向主管部门报告那些没有申报或错误申报的危险品,以防止类似情况的再次发生。

不管是否有危险品方面的操作,都必须要建立危险品的应急程序。这些应急程序是由政府、机场当局或其他部门制定的。

事故调查结束后必须以书面形式将结果报告主管部门和公司领导,报告中应分析事故发生的原因,并对该事件作出结论,同时需提出预防类似事故再次发生的建议措施。调查人员还应将调查报告,全部运输文件的副本或复印件以及现场照片各准备两份,一份交上级领导,另一份存档。

当调查确认确定事故的责任属于托运人或货运销售代理人时,托运人或货运销售代理人须赔偿事故造成的损失并承担相应的法律责任。如果事故属于不可抗力的原因,公司则不承担赔偿责任。

五、各类危险品事故的处理

1. 第一类 爆炸品

进行爆炸品作业时,要进行无火花操作。在地面作业时,应轻装轻放,切勿震动、撞击,以防引起爆炸。机械工具应有防火装置。

(1) 破损包装件的处理。收运后发现包装件有破损时,应当按以下要求处理。
① 破损包装件不得装入飞机或集装箱。
② 已经装入飞机或集装箱的破损包装件,必须卸下。
③ 认真检查同一批货物的其他包装件是否有相似的损坏情况,或是否已受到污染。
④ 在破损包装件附近严禁烟火。
⑤ 将破损包装件及时转移到安全地点,并立即通知货运部门进行事故调查和处理。

⑥通知托运人或收货人。未经货运部门主管领导和技术主管部门同意，该包装件不得运输。

（2）发生火灾时的处理。

①立即报火警，并说明现场存在爆炸品以及爆炸品的分类和数量。

②报火警时，说明现场所备有的消防器材。

③将爆炸品包装件抢运到安全距离之外。

（3）洒漏处理。

①这里所指的洒漏处理是对运输的某一环节而言，危险品的运送作业已经完成，而在运送作业环境，如货仓、车厢或仓库留有的危险品残余物的处理。

②对爆炸品的洒漏物，应及时用水润湿，撒以锯末或棉絮等松软物品，轻轻收集后并保持相当湿度，报请消防人员或公安部门处理。

（4）注意事项

①对于1.4项的爆炸品包装件，除了含卤素灭火剂的灭火器之外，可以使用任何灭火器。对于在特殊情况下运输的1.1、1.2、1.3或1.5项爆炸品，应由政府主管部门预先制定可使用的灭火器的种类。

②属于1.4S配装组的爆炸品，发生事故时，其爆炸和喷射波及范围很小，不会妨碍在附近采取消防或其他应急措施。

③对于1.4S配装组之外的1.4项爆炸品，外部明火难以引起其包装件内装物品的瞬时爆炸。

2. 第二类　气体

（1）破损包装件的处理。收运后发现包装损坏，有气味或有气体溢漏迹象时，应当按以下要求处理。

①破损包装件不得装入飞机或集装器。

②已经装入飞机或集装器的破损包装件，必须卸下。

③认真检查同一批货物的其他包装件是否有相似的损坏情况，或是否已受到污染。

④包装件有溢漏迹象时，人员应避免在附近吸入漏出气体。如果易燃气体或非易燃气体包装件在库房内或在室内发生溢漏，必须打开所有门窗，使空气充分流通，然后由专业人员将其移至室外。如果毒性气体包装件发生溢漏，应由戴防毒面具的专业人员处理。

⑤在易燃气体破损包装件附近，不准吸烟，严禁任何明火，不得开启任何电器开关，任何机动车辆不得靠近。

⑥应立即通知货运主管部门进行事故调查和处理。

⑦通知托运人或收货人。未经货运部门主管领导和技术主管部门同意，该包装不得运输。

（2）发生火灾时的处理。发生火灾并可能危及易燃气体或毒性气体包装件的情况时，应当按以下要求处理。

①立即报火警，说明现场有易燃气体或毒性气体包装件存在。

②报火警时，说明现场所备有的消防器材。

③将气体包装件抢运到安全距离之外。

（3）注意事项。

①装有深冷液体的非压力包装件，如在开口处有少量的气体逸出，放出可见蒸气并在包装附近形成较低温度，属正常现象，不应看做事故。

② 在漏气包装件附近因吸入气体而出现中毒症状的人员，应立即送往医疗部门急救。

3. 第三类　易燃液体

（1）收运之后发现包装件漏损时，应当按以下要求处理。

① 漏损包装件不得装入飞机和集装器。

② 已经装入飞机或集装器的漏损包装件，必须卸下。

③ 认真检查同一批货物的其他包装件是否有相似的损坏情况，或是否已受到污染。

④ 在漏损包装件附近不准吸烟，严禁任何明火，不得开启任何电器开关。

⑤ 如果易燃液体在库房内或机舱内漏出，应通知消防部门，并应清除掉漏出的易燃液体，机舱被清理干净之前，飞机不准起飞。

⑥ 将漏损包装件移至室外，通知货运部门主管领导和技术部门进行事故调查和处理。

⑦ 通知托运人或收货人，未经货运部门主管领导和技术部门同意，该包装件不得运输。

（2）发生火灾并可能危及易燃液体包装件的情况时，应当按以下要求处理。

① 立即报火警，说明现场有易燃液体包装件存在，并应进一步具体说明其性质（包括易燃液体的UN或ID编号、运输专用名称、包装等级等）及数量。

② 报火警时，说明现场所备有的消防器材。

③ 将易燃液体包装件抢运到安全距离之外。

（3）关于洒漏处理，应当按以下要求处理

① 在库房内或机舱内易燃液体漏出，应通知消防部门，并清除洒漏出的易燃液体。

② 机舱在被清理干净之前，飞机不准起飞。

③ 易燃液体发生洒漏时，应及时以砂土覆盖或松软材料吸附后，集中至空旷安全地带处理。覆盖时特别要注意防止液体流入下水道、河道等地方，以防污染，更主要的是如果液体浮在下水道或河道的水面上，其火灾险情更严重。

④ 在销毁收集物时，应充分注意燃烧时所产生有毒气体对人体的危害，必要时应戴防毒面具。

（4）注意事项　如果包装件本身或漏出的液体起火，所使用的灭火剂不得与该易燃液体的性质相抵触。在这种条件下，通常不用水灭火。应按照消防部门根据液体性质指示的方法灭火。

4. 第四类　易燃固体、自燃物质和遇水释放易燃气体的物质

（1）收运后发现包装件破损时，应当按以下要求处理。

① 破损包装件不得装入飞机或集装器。

② 已经装入飞机或集装器的破损包装件，必须卸下。

③ 检查同一批货物的其他包装件是否有相似的损坏情况。

④ 在破损包装件附近，不准吸烟，严禁任何明火。

⑤ 自燃物品的包装件应远离任何热源。

⑥ 对于遇水燃烧物品的破损包装件，避免与水接触，应该用防水帆布盖好。

⑦ 通知货运部门主管领导和技术部门进行事故调查和处理。

⑧ 通知托运人或收货人，未经货运部门主管领导和技术部门同意，该包装件不得运输。

（2）发生火灾并可能危及易燃固体、自燃物质和遇水释放易燃气体的物质包装件的情况时，应当按以下要求处理。

① 立即报火警，说明现场有易燃固体、自燃物质和遇水释放易燃气体的物质包装件存在，

并进一步具体说明性质（包括它的UN或ID编号、运输专用名称、包装等级等）及数量。

② 报火警时，说明现场所具备的消防器材。

③ 将此类危险品包装件抢运到安全距离之外。

④ 关于散漏处理，应当易燃物品散漏量大的可以收集起来，另行包装，收集的残留物不得任意排放、抛弃，应作深埋处理。对与水反应的散漏物处理时不能用水，但清扫后的现场可以用大量的水冲洗。

（3）注意事项　如果包装件自身起火，所使用的灭火剂不得与内装物品的性质相抵触，对于4.3项遇水燃烧物品的包装件，不准用水灭火。应按照消防部门根据危险品性质指示的方法灭火。

5. 第五类　氧化性物质和有机过氧化物

（1）收运后发现包装件漏损时，应当按以下要求处理。

① 漏损包装件不得装入飞机或集装器。

② 已经装入飞机或集装器的漏损包装件，必须卸下。

③ 检查同一批货物的其他包装件是否有相似的损坏情况。

④ 在漏损包装件附近，不准吸烟、严禁任何明火。

⑤ 其他危险品（即使是包装完好的）与所有易燃的材料（如纸、硬纸板、碎布等）不准靠近漏损的包装件。

⑥ 使任何热源远离自燃物品的包装件。

⑦ 通知货运部门主管领导和技术部门进行事故调查和处理。

⑧ 通知托运人或收货人未经货运部门主管领导和技术部门同意，该包装件不得运输。

（2）发生火灾并可能危及氧化性物质或有机过氧化物包装件的情况时，应当按以下要求处理。

① 立即报火警，说明现场有氧化性物质或有机过氧化物包装件存在，并进一步具体说明性质及数量。

② 报火警时，说明现场所具备的消防器材。

③ 将氧化性物质或有机过氧化物包装件抢运到安全距离之外。

（3）关于散漏处理，应当按以下要求处理。

① 对较大量的氧化性物质散漏，应轻轻扫起，另行灌装。这些从地上扫起重新包装的氧化剂，因接触过空气，为防止发生变化，应储存在适当地方，观察24h后，才能重新入库堆存，再另行处理。

② 对散漏的少量氧化性物质或残留物应清扫干净，进行深埋处理。

（4）注意事项　有机过氧化物的包装件在靠近较强热源时，即使包装完好无损，里面的有机过氧化物的化学性质也会变得不稳定，随时都有爆炸的危险。当发生火灾时，应将这种包装件移至安全地方，必须由消防部门对其进行处理。

6. 第六类　有毒物质和感染性物质

（1）收运后发现有毒物质包装漏损，或有气味，或有轻微的渗漏时，应当按以下要求处理。

① 漏损包装件不得装入飞机或集装器。

② 已经装入飞机或集装器的漏损包装件，必须卸下。

③ 检查同一批货物的其他包装件是否有相似的损坏情况。

④ 现场人员避免皮肤接触漏损的包装件，避免吸入有毒蒸气。

⑤ 搬运漏损包装件的人员，必须戴上专用的橡胶手套，使用后扔掉；并且在搬运后5min内必须用流动的水把手洗净。

⑥ 如果毒害品的液体或粉末在库房内或机舱内漏出，应通知卫生检疫部门，尤其对被污染的库房、机舱及其他货物或行李进行消除污染。在消除机舱的污染之前，飞机不准起飞。

⑦ 将漏损的包装件单独存入小库房内，然后通知货运部门主管领导和技术主管部门进行事故调查和处理。

⑧ 通知托运人或收货人，未经货运部门主管领导和技术部门同意，漏损的包装件不得运输。

⑨ 对于毒性物质发生漏损事故时，如有意外沾染上毒性物质的人员，无论是否有中毒症状，均应立即送往医疗部门进行检查和治疗。为了有助于检查和治疗，应向医生说明毒性物质的运输专用名称。在紧急情况下，必须及时通知最近的医疗急救部门，急救部门电话号码应长期写在库房、办公室和可能发生事故地点的明显之处，以备急用。

（2）收运后发现传染性物质包装件漏损或有轻微的渗漏，应当按以下要求处理。

① 漏损包装件不得装入飞机或集装器。

② 已经装入飞机或集装器的漏损包装件，必须卸下。

③ 检查同一批货物的其他包装件是否有相似的损坏情况。

④ 对漏损的包装件最好不要移动或尽可能少移动。在不得不移动的情况下，如从飞机上卸下，为减少传染的机会，只由一人进行搬运。

⑤ 搬运漏损包装件的人员，严禁皮肤直接接触，必须戴上专用的橡胶手套。手套在使用后用火烧毁。

⑥ 接触漏损包装件的人员，严禁皮肤直接接触，必须戴上专用的橡胶手套，手套在使用后用火烧毁。

⑦ 及时向环境保护部门和卫生防疫部门报告，并说明以下情况：危险品申报单上所述的有关包装件的情况；与漏损包装件接触过的全部人员名单；漏损包装件在运输过程中已经过的地点，即该包装件可能影响的范围。

⑧ 通知货运部门主管领导和技术主管部门进行事故调查和处理。

⑨ 严格按照环保部门和检疫部门的要求，消除对机舱、其他货物和行李及运输设备的污染，对接触过传染性物质包装件的人员进行身体检查，对这些人员的衣服进行处理，对该包装件进行处理。

⑩ 通知托运人和收运人。未经检疫部门的同意，该包装件不得运输。

（3）关于散漏处理，应当按以下要求处理

① 如果毒害品的液体或粉末在库房内或机舱内漏出应通知卫生检疫部门，并由其对污染的库房、机舱及其他货物或行李进行处理。在消除污染之前，飞机不准起飞。一般来说，对固体毒害品，通常扫集后装入其他容器中；液体货物应以砂土、锯末等松软材料浸润，吸附后扫集盛入容器中；对毒害品的散漏物不能任意乱丢或排放，以免扩大污染，甚至造成不可估量的危害。

② 对于污染性物质撒洒漏物，应严格按照环保部门和检疫部门的要求，消除对机舱、其他货物和行李以及运输设备的污染，对接触过污染性物质包装件的人员进行身体检查，对这些人

员的衣服及该包装件进行处理。

7. 第七类　放射性物质

（1）收运后，包装件无破损，无渗漏现象，且封闭完好，但经仪器测定，发现运输指数有变化，如果包装件的运输指数大于申报的1.2倍，应将其退回。

（2）收运后发现包装件破损，或有渗漏现象，或封闭不严时，应当按以下要求处理。

① 该包装件不得装入飞机或集装器。

② 已经装入飞机或集装器的破损包装件，必须卸下。搬运人员必须戴上手套作业，避免被放射性物质污染。

③ 检查同一批货物其他包装件是否有相似的损坏情况。

④ 将破损包装件卸下飞机之前，应该划出它在机舱中的位置，以便检查和消除污染。

⑤ 除了检查和搬运人员之外，任何人不得靠近破损包装件。

⑥ 检阅危险品申报单，按照"ADDITIONAL HANDLING INFORMATION"栏中的文字说明，采取相应的具体措施。

⑦ 破损包装件应放入机场专门设计的放射性物质库房内。如果没有专用库房，应放在室外，距破损包装件至少在25m之内，禁止任何人员靠近，应该用绳子将这一区域拦起来并要做出表示危险的标记。

⑧ 通知环境保护部门和（或）辐射防护部门，由他们对货物飞机及环境的污染程度进行测量和做出判断。

⑨ 必须按照环保部门和（或）辐射防护部门提出的要求，消除对机舱、其他货物和行李以及运输设备的污染。机舱在消除污染之前，飞机不准起飞。

⑩ 通知货运部门主管领导和技术主管部门对事故进行调查。

⑪ 通知托运人或收货人。未经货运部门主管领导和技术货运部门同意，该包装件不得运输。

（3）注意事项

① 在测量完好包装件的运输指数或破损包装件及放射性污染程度时，应注意使用不同的仪器。

② 根据国际民航组织和国际原子能机构的规定，飞机的任何可解除表面的辐射剂量当量率不得超过$5\mu Sv/h$，并且非固定放射性污染不得超过DGR表9.4.A中的标准，否则飞机必须停止使用。

③ 受放射性污染影响的人员必须立即送往卫生医疗部门进行检查。

8. 第八类　腐蚀性物质

（1）收运后发现包装件漏损时，应当按以下要求处理。

① 漏损包装件不得装入飞机或集装器。

② 已经装入飞机或集装器的漏损包装件，必须卸下。

③ 检查同一批货物的其他包装件是否有相似的损坏情况。

④ 现场人员避免皮肤接触漏损的包装件，避免吸入有毒蒸气。

⑤ 搬运漏损包装件的人员，必须戴上专用的橡胶手套。

⑥ 如果腐蚀性物质漏洒到飞机的结构部分上，必须尽快对这一部分进行彻底清洗，从事清洗的人员应戴上手套，避免皮肤与腐蚀性物质接触。一旦发生这种事故应立刻通知飞机维修部门，说明腐蚀性物质的运输专用名称，以便及时做好彻底的清洗工作。

⑦ 其他危险品（即使是包装完好的）不准靠近该漏损包装件。
⑧ 通知货运部门主管领导和技术主管部门进行事故调查和处理。
⑨ 通知货运人或收货人，未经货运部门主管领导和技术主管部门同意，该包装件不得运输。

（2）关于散漏处理，应当按以下要求处理。

腐蚀性物质散漏时，应用干砂、干土覆盖吸收后再清扫干净，最后用水冲刷。当大量溢出或干砂、干土量不足以吸收时，可视货物的酸碱性，分别用稀碱、烯酸中和，中和时注意不要使反应太剧烈；用水冲刷时，不能直接喷射上去，而只能缓缓地浇洗，防止带腐蚀性水珠飞溅伤人。

（3）注意事项

① 发生漏洒事故后，如果清洗不彻底而飞机的结构部分上仍残留少量的腐蚀性物质，这很可能削弱飞机结构的强度，其后果是不堪设想的。因此，要通知飞机维修部门仔细检查飞机的结构部分，应该拆除地板或某些部件。
② 为了彻底清洗，有必要使用化学中和剂。

9. 第九类　杂项危险品

收运后发现包装件破损时，应当按以下要求处理。
① 破损包装件不得装入飞机或集装器。
② 已经装入飞机或集装器的漏损包装件，必须卸下。
③ 检查同一批货物的其他包装件是否有相似的损坏情况。
④ 检查飞机是否有损坏情况。
⑤ 通知货运部门主管领导和技术主管部门进行事故调查和处理。
⑥ 通知货运人或收货人，未经货运部门主管领导和技术主管部门同意，该包装件不得运输。

第二节
空中事故的处理

当飞行中出现的危险品事故不会危及飞行安全和机上人员健康时，机长可委派一名机组成员酌情处理该事故。但一旦在空中发生危险品严重事故时，机长应立即让飞机驶向可以紧急着陆的最近机场，并在通信联络中根据特种货物机长通知单上的内容将机上危险品的运输专用名称、UN编号、类别、主/次要危险性、数量以及装载位置等通知机场当局，以便地面人员提前做好救险的准备工作。

一、发生意外时所需考虑的事项

在评估发生涉及危险品的事故证候的情况下所应采取的适当行动时，需要考虑以下因素。不论涉及的航空器运载的是旅客、行李或货物都应将这些因素考虑在内。

（1）始终应该考虑尽快着陆。如果情况允许，应该按照国际民航组织文件《危险物品航空安全运输技术细则》（Doc9284）第七部分第四章所示通知有关的空中交通服务单位机上载有危险品。《危险物品航空安全运输技术细则》（Doc9284）第七部分第四章4.3机长在飞行中出现紧急情况时的报告：在飞行中出现紧急情况时，机长必须在情况允许下尽快通过有关的空中交通服务部门通知机场当局航空器上载运的任何危险品货物的情况。在一切有可能的情况下，通知内容应包括运输专用名称或联合固编号、类别/项别、第1类的配装组、查明的任何次要危险性、数量、在航空器上位置或可得到机长信息通知单存放地的电话号码。如认为没有可能包括所有内容，应把与当时情况最有关的内容或每一货仓中危险品的数量、类别或项别概况包括在内。

（2）始终应该执行该型航空器获准使用的适当的火情或烟雾排除紧急程序。飞行机组人员氧气罩和调节器必须打开，并选至100%氧气位置以防止吸入烟或烟雾。使用适当的烟雾排除应急程序应能减少任何污染物的集中，并有助于避免受污染空气的再循环。空气调节系统应开到最大功率，所有的舱内空气应排到舱外（没有空气的再循环），以便减少任何污染物在空气中的集中，并避免受污染空气的再循环。

（3）降低高度将会降低液体的汽化速率，也可降低渗漏速率，但可能加快燃烧速率。相反，增加高度将会降低燃烧速率，但是可能加快气化速率或渗漏速率。如果出现了结构损坏或爆炸危险，应该考虑保持尽可能低的压差。

（4）不应为了灭火而降低通风率，因为这将产生使旅客致残的影响，而对灭火却起不到多大作用。旅客可能在火被熄灭之前因缺氧而窒息。通过确保客舱最大的通风量，可显著增加旅客的幸存机会。

（5）在处理涉及火情和烟雾的事故征候时，应时刻带着气密呼吸设备，不应考虑使用带便携式氧气瓶的医疗面罩或旅客用降落式氧气系统来帮助处于充满烟或烟雾的客舱内的旅客，因为大量的烟或烟雾将通过面罩上的气门或气孔被吸入。帮助处于充满烟或烟雾的环境中的旅客的一个更加有效的方法，是使用湿毛巾或湿布捂住嘴和鼻子。湿毛巾或湿布可帮助过滤，且比干毛巾或干布的过滤效果更佳。如果烟或烟雾越来越多，客舱机组应迅速采取行动，将旅客从受影响区域转移，必要时提供湿毛巾或湿布，并说明如何通过它们来呼吸。

（6）一般而言，对溢出物或在有烟雾存在的情况下，不应使用水，因为它可能使溢出物扩散，或加快烟雾的增速。当使用水灭火器时，也应该考虑到电器组件的可能存在，请参见（10）。

（7）除了这些必须在航空器上携带的应急设备和一些经营人提供的应急响应包之外，还可以找到其他许多很有用的东西，包括：酒吧或配餐使用的箱子；烤炉抗热手套和抗火手套；聚乙烯袋子；毛毯；毛巾。

（8）在触摸可疑包装件或瓶子之前，应该将手保护好。抗火手套或烤炉抗热手套覆上聚乙烯袋子，可能提供适当的保护。

（9）在擦干任何溢出物或渗漏物时，应该时刻谨慎小心，确保在用了擦抹的物品与危险品之间不会产生反应。如果可能产生反应，就不应试图擦干溢出物，而应用聚乙烯袋子将其覆盖。如果没有聚乙烯袋子，则应注意确保用来盛装该物品的任何容器与该物品本身不会产生反应。

（10）如果已知或怀疑的危险品以粉末形式溢出，所影响的一切物品均应保持不动。不应该用灭火剂覆盖此类溢出，或用水加以稀释。应将旅客从受影响区域转移。应考虑关闭再循环风扇。应使用聚乙烯袋子或其他塑料袋和毯子覆盖有溢出物的区域。应将该区域隔离起来。着陆之后，只应由合格的专业人员负责处理情况。

（11）如果火已被熄灭，而且内包装显然完好无损，应考虑用水冷却包装件，从而避免再燃烧的可能性，请参见（6）。

（12）当有烟雾或蒸汽存在时，应该禁止吸烟。

（13）在任何事故征候中，如果援救和消防人员来到航空器上，那么无论危险品是造成事故征候的原因，还是在航空器载有危险品但并不与事故征候直接相关，此时都应规定一个程序，确保立即将机长的危险品通知单提供给援救和消防服务人员。这一程序可能要求在紧急撤离中第一个离开航空器的飞行组成员将机长的通知单交给资深的援救和消防人员。

（14）如果一起试过征候涉及某种可以（通过联合国正式运输名称或编号，或通过任何其他方法）查明的化学物质，在某些情况下可能能够从各国化学数据库中获取有用的信息。这些数据库通常保持电话24h畅通，因此可以用电话转接程序与之取得联系。这种数据库的例子包括：

美国——CHEMTREC，在美国境内拨打 800 424 9300；在美国境外拨打 703 527 3887。

加拿大——CANUTEC，拨打 613 996 6666。

在我国国内建议拨打国家化学事故应急咨询专线：0532-3889090。

二、出现危险品事件和事故时的措施

在飞行中，当出现危险品事件和事故时，机组应按下列检查单规定程序和内容进行检查并采取以下措施。

1. 遵循适当的航空器灭火或排烟应急程序
排除火情和烟雾。

2. 贴上禁烟标志
当有烟雾或蒸汽存在时，应执行禁烟令，并在飞行的剩余时间里持续禁烟。

3. 考虑尽快着陆
鉴于任何危险品事故征候所带来的困难和可能造成的灾难性后果，应考虑尽快着陆。应该提早而不是延迟做出在最近的合适的机场着陆的决定，延迟做出该决定可能使事故征候发展到一个非常关键的时刻，从而严重地限制操作上的灵活性。

4. 考虑关闭非必要的电源
因为事故征候可能是由电力问题引起的，或因为电力系统可能受到任何事故征候的影响，特别是因为灭火行动等可能损坏电力系统，故应关闭所有非必要的电气设备。仅保持为那些对维持航空器安全必不可少的仪器、系统和控制装置供电。不要恢复电力，直至这样做确实安全时为止。

5.查明烟/烟雾/火的来源

任何烟/烟雾/火的来源都有可能是难以查明的。事故征候的根源被查明后，才能最好地完成有效地灭火或控制程序。

6.对于发生在客舱内的危险物品事故征候，参见客舱乘务组检查单，并协调驾驶舱/客舱乘务组的行动

在客舱内发生事故的征候应由客舱乘务组按相应的检查单和程序来处理。客舱机组和飞行机组协调他们的行动，以及每一组成员都充分了解另一组成员的行动和意图是十分重要的。

7.确定应急响应操作方法代号

物品被查明后，应在机长的危险物品通知单上找到相应的条目。通知单上可能列出了适用的应急响应操作方法代号，如果没有给出，也可以通过找出通知单上的正式运输名称或联合国编号，并使用按字母顺序或按数字顺序排列的危险品一览表，查出该代号。如果引起事故征候的物品没有列在通知单上，应该设法确定该物质的名称或性质。然后可使用按字母顺序排列的表来确定应急响应操作方法代号。

8.使用航空器应急响应操作发放图表上的指南帮助处理事故征候

指定给每一种危险物品的操作方法代号由一个1~11中的数字，加上一个字母组成。参考应急响应操作方法的图标，每一个操作方法编号与一行有关该物质造成的危险的信息以及最好采取的行动指南相对应。操作方法字母在操作方法图表上分别列出；它表示该物质可能具有的其他危险。在一些情况下，由操作方法编号给出的指南可能由操作方法字母给出的信息加以进一步完善。

9.如果情况允许，通知空中交通管制部门机上运载的危险品

如果在飞行中出现紧急情况，且情况允许的话，机长应通知有关空中交通服务单位航空器上运载的危险品。在可能情况下，信息应该包括运输专用名称和/或联合国编号、类/项以及任何可查明的次要危险性、数量和航空器上的装载位置。当认为不可能包括所有信息时，那些被认为在当时情况下最后重要的信息应予提供。

10.在打开任何货舱门之前，让旅客和机组人员下机

虽然在着陆之后已无必要完成紧急撤离，仍在试图打开货舱门之前和在采取任何进一步行动来处理危险品事故征候之前，让旅客和机组成员下机。货舱门打开时应有应急服务人员在场。

11.通知地面人员/应急服务人员危险物品的性质及其存放的地点

到达后，采取必要的步骤为地面工作人员指出物品存放的位置。以可利用的最快方式传递所有关于该物品的信息，适当是包括一份机长通知单。

12.在飞行记录本上做适当的记录

应该在飞行记录本上写明：需要进行检查以确保任何危险品的渗漏或移除均未损坏航空器的结构或系统，以及一些航空器设备（如灭火器、应急响应包等）可能需要补充或更换。

三、附飞机应急反应预先设置方案表

飞机应急反应预先设置方案见表10-1。

表 10-1 飞机应急反应预先设置方案

1. 完成相应的航空器应急响应程序
2. 考虑尽快着陆
3. 使用以下图表中的操作方法

操作方法代号	固有危险	对航空器的危险	对乘员的危险	溢出或渗漏的处理程序	灭火程序	其他考虑
1	爆炸可能引起结构破损	起火和/或爆炸	操作方法字母所指出的危险	使用100%氧气;禁止吸烟	使用所有可用的灭火剂;使用标准灭火程序	可能突然失去增压
2	气体、非易燃物,压力可能在火中产生危险	最小	操作方法字母所指出的危险	使用100%氧气;对于操作方法字母为"A""I"或"P"的物品,要建立和保持最大通风量	使用所有可用的灭火剂;使用标准灭火程序	可能突然失去增压
3	易燃液体或固体	起火和/或爆炸	烟、烟雾和高温;以及操作方法字母所指出的危险	使用100%氧气;建立和保持最大通风量;禁止吸烟;尽可能最少地使用电气设备	使用所有可用的灭火方法;对于操作字母为"W"的物品禁止使用水	可能突然失去增压
4	当暴露于空气中时,可自发燃烧或起火	起火和/或爆炸	烟、烟雾和高温;以及操作方法字母所指出的危险	使用100%氧气;建立和保持最大通风量	使用所有可用的灭火方法;对于操作字母为"W"的物品禁止使用水	可能突然失去增压;如果操作方法字母为"F"或"H",尽可能最少地使用电气设备
5	氧化剂,可能引燃其他材料,可能接触产生高温并爆炸	起火和/或爆炸,可能的腐蚀损坏	刺激眼睛、鼻子和喉咙,接触造成皮肤损伤	使用100%氧气;建立和保持最大通风量和保持手套不可接触	使用所有可用的灭火方法;对于操作字母为"W"的物品禁止使用水	可能突然失去增压
6	有毒物质,如果吸入、摄取或被皮肤吸收,可能致命	被有毒的液体或固体污染	剧毒,后果可能会延迟发作	使用100%氧气;建立和保持最大通风量和保持手套不可接触;不要戴	使用所有可用的灭火方法;对于操作字母为"W"的物品禁止使用水	可能突然失去增压;如果操作方法字母为"F"或"H",尽可能最少地使用电气设备
7	从破损的/未防护的包装件中产生的辐射	被溢出的放射性物质污染	暴露于辐射中,并对人员造成污染	不要移动包装件;避免接触	使用所有可用的灭火剂	请一位有资格的人员接机

续表

操作方法代号	固有危险	对航空器的危险	对乘员的危险	溢出或渗漏的处理程序	灭火程序	其他考虑
8	具有腐蚀性，烟雾如果被吸入人或与皮肤接触可致残	可能造成腐蚀损坏	刺激眼睛、鼻子和喉咙；接触造成皮肤损伤	使用100%氧气；建立和保持最大通风量；不戴手套不可接触	使用所有可用的灭火剂；对于操作方法字母为"W"的物品禁止使用水	可能突然失去增压；如果操作方法字母为"F"或"H"，尽可能最少地使用电气设备
9	没有一般的固有危险	操作方法字母所指出的危险	操作方法字母指出的危险	使用100%氧气；对于操作方法字母为"A"的物品，要建立和保持最大通风量	使用所有可用的灭火剂；对于操作方法字母为"W"的物品禁止使用水	无
10	气体、易燃、如果有任何火源，极易着火	着火和/或爆炸	烟、烟雾和高温，以及操作方法字母所指出的危险	使用100%氧气；建立和保持最大通风量；禁止吸烟；尽可能最少地使用电气设备	使用所有可用的灭火剂	可能突然失去增压
11	感染性物质，如果通过黏膜或外露的伤口吸入、摄取、或吸收，可能会对人或动物造成影响	被感染性物质污染	对人或动物延迟发作的感染	不要接触。在受影响区域保持最低程度的再循环和通风	使用所有可用的灭火剂。对于操作方法字母为"Y"的物品禁止使用水	请一位有资格的人员接机

操作方法字母	附加危险	操作方法字母	附加危险
A	有麻醉作用	M	有磁性
C	有腐蚀性	N	有害
E	有爆炸性	P	有毒（TOXIC）*（POISON）
F	易燃	S	自动燃烧或发火
H	高度可燃	W	如果潮湿，释放有毒或易燃气体
I	有刺激性/催泪	X	氧化剂
L	其他危险低或无	Y	根据感染性物质的类别而定。有关国家主管当局可能需要对人员、动物、货物和航空器进行隔离

* Toxic与Poison（有毒）意思相同。

四、采取措施

在飞行中，当出现危险品事故，客舱机组应按下列检查单规定程序和内容进行检查并采取措施。

飞行中客舱内危险品不安全事件客舱乘务组检查单如下。

1. 最初行动
（1）通知机长；
（2）查明物品。

2. 如果发生火情
使用标准程序/检查水的使用。

3. 如果出现溢出或渗漏
（1）取出应急处置或其他有用的物品；
（2）戴上橡胶手套和防烟面具——便携式氧气瓶；
（3）将旅客从该区域撤走；
（4）将危险品装入聚乙烯袋子中；
（5）存放聚乙烯袋子；
（6）采用处理危险品的方式来处理被污染的座椅垫/套；
（7）覆盖地毯/地板上的溢出物；
（8）定期检查所存放的物品/被污染的陈设。

4. 着陆之后
（1）向地面工作人员指明危险品及其存放地点；
（2）在客舱记录本上适当的记录。

第三节 地面人员的应急程序

一、国际航协推荐的地面人员标准应急程序

（1）首先立即报告主管人员并寻求危险品专家的协助。
（2）识别危险品（如可通过危险品运输文件或包装件上的标记标签确定发生事故的危险品的危险性）。
（3）在能确保安全的情况下，将事故包装件与其他包装件或财产隔离开。
（4）隔离发生事故的区域。
（5）避免接触包装件内装物。

如果人或衣服沾上包装件内的物品：
① 用大量的水彻底冲洗身体；
② 脱掉受污染的衣物；
③ 不要吸烟或进食；
④ 不要用手接触眼、鼻、口等部位；
⑤ 寻求医疗处理。

所有涉及危险品事故/事件的人员应留在现场直到他们的姓名被记录完毕为止。

二、受污染货物或行李的处理

如果承运人得知未认定含有危险品的货物或行李已受到污染，并且怀疑污染源可能来自危险品，在被污染的货物或行李进行装载前，承运人必须采取合理的步骤去确定污染的性质及其来源。如果发现或怀疑污染物质被国际航协《危险品规则》规则分类为危险品，承运人必须隔离这些行李或货物，并在其继续空运前采取适当的措施排除任何已确定的危险性。

三、危险品紧急处理流程

危险品紧急处理流程见表10-2。

表10-2　危险品紧急处理流程

危险性类别/项别和适用的配装组	危险品分类	危险性描述	应立即采取的行动（尽量避免泄漏和接触其他货物）
1.3C 1.3G		起火和较小的爆炸危险和/或较小的喷射危险	
1.4B 1.4C 1.4D 1.4E 1.4G	爆炸物（仅限货机运输）	起火 但不存在其他显著危险	通知消防部门灭火
1.4S	爆炸物（安全）	较小的起火危险	
2.1 2.2 2.2	易燃气体 非易燃无毒气体 深冷液化气体	泄漏时会被点燃 高压时气瓶爆裂 过冷	通知消防部门灭火 撤离货物到通风区域 保持至25m的距离
2.3	有毒气体（仅限货机运输）	高压气瓶爆裂和吸入有毒气体	

第十章　危险品紧急情况处置程序

续表

危险性类别/项别和适用的配装组	危险品分类	危险性描述	应立即采取的行动（尽量避免泄漏和接触其他货物）
3	易燃液体	释放易燃蒸气	通知消防部门灭火 在任何情况下不得使用水
4.1 4.2 4.3	易燃固体 易自燃 遇湿有危险性的物品	易燃，会引起火灾 与空气接触燃烧 遇水燃烧	
5.1 5.2	氧化剂 有机过氧化物	接触时引起燃烧 与其他物质接触发生强烈反应	通知消防部门灭火 不得使用水
6.1 6.2	有毒物质 感染性物质	吞咽、吸入或与皮肤接触时会造成伤害 会使人畜生病	隔离区域 寻求专家协助
7 Ⅰ级 7 Ⅱ/Ⅲ级	放射性物质——白色 放射性物质——黄色	放射性辐射污染并对健康有害	不得触摸 保持至少25m距离
8	腐蚀性物质	对金属和皮肤有伤害	通知消防部门灭火避免与皮肤接触
9	聚合物颗粒 磁性物质 固体二氧化碳（干冰） 杂项危险品	含有少量易燃气体 影响导航系统 导致过冷或窒息 杂项危险品	避免与皮肤接触 无需立即采取措施

第四节 灭火措施和常见危险品的急救措施

一、灭火措施

危险品一旦发生火灾，除了及时报火警之外，在专业消防人员到来之前，现场工作人员还应采取适当的灭火措施积极进行补救，以减少国家财产的损失。现场工作人员可选用如下措施对各类危险品进行灭火。

1. 爆炸品

现场抢救人员应戴防毒面具，应站在上风头，并用水和各式灭火设备扑救。

2. 气体

现场抢救人员应戴防毒面具，应避免站在气体钢瓶的首、尾部。在情况允许时，应将火势未及区域的气体钢瓶迅速移至安全地带。用水或雾状水浇在气体钢瓶上，使其冷却，并用二氧化碳灭火器扑救。

3. 易燃气体

现场抢救人员应戴防毒面具或使用其他防护面具，应站在上风头。易燃液体燃烧时，可用二氧化碳灭火器、1211灭火器、砂土或干粉灭火器扑救。

4. 易燃固体、自燃物质或遇水释放易燃其他的物质

现场抢救人员应戴防毒口罩。对于易燃固体、自燃物质，可用砂土、石棉毯、干粉灭火器或二氧化碳灭火器扑救。

5. 氧化剂和有机过氧化物

有机过氧化物着火时应使用砂土、干粉灭火器、1211灭火器或二氧化碳灭火器扑救。

其他氧化剂着火时应该用砂土或雾状水扑救，并且要随时防止水溶液与其他易燃易爆物品接触。

6. 毒性物质

现场抢救人员应做好全身性的防护，除了防毒面具之外，还应穿戴防护服和手套等。

7. 放射性物质

现场抢救人员应使用辐射防护面具，应站在上风头，应用雾状水灭火，并且要防止水流扩散而造成大面积污染。

8. 腐蚀性物质

现场抢救人员除了防毒面具之外应穿戴防护服和手套等，应站在上风头，应使用砂土或干粉灭火器扑救。

二、急救措施

1. 乙炔（Acetylene）

急性吸入乙炔气体主要引起神经系统损害，应将患者转移至空气新鲜处，对呼吸困难者应吸氧。

2. 二氧化碳（Carbon Dioxide）

立即将中毒者转移至空气新鲜处平卧并保温，有呼吸衰竭时，立即进行人工呼吸或输氧。

3. 正丁烷（丁烷）（Butane）

立即将患者移出现场吸氧，并注意保暖。呼吸停止时应进行人工呼吸以及其他对症治疗。烧伤时应以干净衣服保护伤口，将患者转移至新鲜空气处，并送往医院治疗。

4. 甲烷（Methane）

立即将吸入甲烷气体的患者脱离污染区，并进行吸氧和注意保暖。对呼吸停止的患者，应立即进行人工呼吸以及其他对症治疗。

5. 氟里昂22（氯二氟甲烷）（Chlorodifluoromethane）

立即将患者转移至新鲜空气处。

6. 煤气（Coal Gas）

立即将患者转移至新鲜空气处，并保持安静和保暖，再送往医院治疗。患者因呼吸中枢麻痹而停止呼吸，但心脏仍搏动，必须进行人工呼吸至出现呼吸正常为止。

7. 乙二醇（甘醇）（Ethylene Glycol）

吸入蒸气者应立即离开污染区，立即用清水冲洗，并用肥皂洗净。

8. 乙醇（Ethylene Alcohol）

吸入蒸气者应立即离开污染区，并安置其休息和注意保暖。眼部受到刺激应用水冲洗，严重者应就医治疗。口服中毒者应大量饮水，严重者应就医治疗。

9. 乙醚（Ether）

眼部受到刺激应用水冲洗，并就医治疗。口服中毒者应立即漱口，并就医治疗。

10. 丁醛（Butanal）

应立即将吸入蒸气的患者带离污染区，并安置其休息和注意保暖。眼部受到刺激应用水冲洗，严重者就医治疗。皮肤接触应先用水冲洗，再用肥皂彻底洗涤。口服中毒者应立即漱口，并就医治疗。

11. 凡立水（Varnish）

烧伤的伤口用干净衣服保护和注意保暖，并送往医院治疗。

12. 丙酮（Acetone）

应立即将吸入蒸气的患者带离污染区，安置其休息和注意保暖，并就医治疗。眼部受到刺激应用水冲洗，严重者就医治疗。皮肤接触应先用水冲洗，再用肥皂彻底洗涤。口服中毒者应立即漱口，并就医治疗。

13. 丙醛（Propionaldehyde）

应立即将吸入蒸气的患者带离污染区，安置其休息和注意保暖。眼部受到刺激应用水冲洗，严重者就医治疗。口服中毒者应立即漱口，并就医治疗。

14. 石油（Crude Oil）

擦掉溢漏到皮肤上的液体，脱去被污染的衣服，用肥皂水冲洗患处。眼睛接触石油时应用水冲洗15min，再进一步治疗。烧伤的伤口以干净衣服保护、保暖，将患者转移至空气新鲜处，送医院治疗。

15. 甲苯（Toluene）

应立即将吸入蒸气的患者带离污染区，安置其休息和注意保暖。眼部受到刺激应用水冲洗，严重者就医治疗。皮肤接触应先用水冲洗，再用肥皂彻底洗涤。口服中毒者应立即漱口，并就医治疗。

16. 甲醛溶液（Formaldehyde solution）

立即将患者转移至空气新鲜处。皮肤接触应先用水冲洗，再用酒精擦洗，最后涂上甘油。

17. 油漆类（Paints）

立即将患者转移至新鲜空气处，安置其休息和注意保暖。严重者就医治疗。烧伤的伤口以干净衣服保护，注意身体保暖，并送往医院治疗。

18. 苯（Benzene）

发现作业人员面色不正常时，将患者转移至空气新鲜处，安置其休息和注意保暖，并就医治疗。皮肤接触应先用水冲洗，再用肥皂彻底清洗。口服中毒者应先漱口，并就医治疗。

19. 沥青（Pitch）

将患者转移至空气新鲜处，安置其休息和注意保暖，呼吸困难时应输氧。皮肤或眼部接触应先用水冲洗15min，严重者就医治疗。

20. 煤油（Kerosene）

将患者转移至空气新鲜处，松开衣服。呼吸困难时应输氧，呼吸停止时应进行人工呼吸。皮肤接触应先用水冲洗，再用肥皂彻底洗涤。眼部接触应先用水冲洗15min，严重者就医治疗。

21. 氢氧化钠（Sodium Hydrate）

将患者转移离开污染区，并安置其休息和就医治疗。眼睛接触时用水冲洗，并就医治疗。

皮肤接触应先用水冲洗，再用肥皂彻底洗涤。口服中毒者应立即漱口、饮水、并就医治疗。

22. 钠（Sodium）
眼睛接触时用水冲洗，并就医治疗。烧伤时应立即就医治疗。

23. 黄磷（Phosphorus）
将患者转移离开污染区，并安置其休息、保暖、严重者就医治疗、皮肤接触应先用水冲洗，但不可涂油。口服中毒者应立即漱口、饮水、并就医治疗。

24. 萘（Naphthalence）
将吸入患者转移离开污染区，并安置其休息、保暖。眼睛接触时用水冲洗。皮肤接触应先用水冲洗，再用肥皂彻底洗涤。口服中毒者应立即漱口，并就医治疗。

25. 硝化纤维（Nitrocellulose）
中毒时，立即将患者送往医院救治。

26. 赛璐珞（Celluoid）
将患者转移至空气新鲜处，供给氧气并帮助呼吸，保持身体温暖，严重者就医治疗。

27. 丁基苯酚（Butylphenol）
皮肤接触时用肥皂水或水冲洗。误食应立即大量喝水，并送医院治疗。

28. 禾大壮（Molinate）
眼睛和皮肤接触时，用水冲洗。中毒时，应大量饮水至呕吐，以减轻毒害。

29. 滴滴涕（Dichlorodiphenyltrichloroethane）
皮肤接触时用肥皂水或水洗涤。

30. 氢氧化钠（Sodium Hydroxide）
皮肤接触时用大量水冲洗。口服中毒者应立即漱口，并就医治疗。

? 练习思考题

请判断下列说法是否正确：
1. 在货物、邮件、行李或备用品中发现未经申报或错误申报的危险品是危险品事件。
2. 危险品事故是与危险品航空运输有关，造成致命或严重人身伤害或财产损失的事故。
3. 对于遇水释放易燃气体的物质，可用砂土或石棉毯进行覆盖，也可用粉末灭火器扑救。
4. 气体着火，现场抢救人员应戴防毒面具，应避免站在气体钢瓶的首、尾部。
5. 有毒物质发生泄漏，对于意外沾染的人员，无论有无症状均应立即送往医院检查治疗。
6. 易燃气体发生泄漏，包装件附近不得开启任何电器开关。
7. 有毒包装件破损，现场人员应避免皮肤接触，避免吸入。
8. 搬运漏损包装件的人员，必须戴上专用的橡胶手套。

附录

附录一 危险品的安全航空运输
（国际民航公约附件18）

第 8 次 修订 的 封面
(AMENDMENT 8 TO ANNEX 18)

国际标准和建议措施

国 际 民 用 航 空 公 约

附件18

危险品的安全航空运输

2001年7月第三版

国 际 民 用 航 空 组 织

附件18修订一览表

	生效日期	适用日期
第三版 （收编了第1至6次修订）	2001年7月16日	2001年11月1日
第7次修订 （理事会于2003年2月24日通过）	2003年7月14日	2003年11月27日
第8次修订 （理事会于2005年2月16日通过） 替换第（iii）、（vii）、（viii）、9-1、12-1和13-1页	2005年7月11日	2005年11月24日

发送说明

国际标准和建议措施

(国际民用航空公约附件18)

危险品的安全航空运输

第8次修订

1. 为收编自2005年11月24日起适用的第8次修订，在附件18（第三版）中插入以下替换页：

    a)（iii）页　　　　　　　—目录

    b)（vii）、（viii）页　　—前言

    c) 9-1页　　　　　　　　—第9章

    d) 12-1页　　　　　　　—第12章

    e) 13-1页　　　　　　　—第13章

2. 在第（ii）页登记该次修订。

11/7/05

目录

	页码
前言	(v)
第1章　定义	1-1
第2章　适用范围	2-1
2.1　总的适用范围	2-1
2.2　危险品技术指南	2-1
2.3　国内民用航空器的经营	2-1
2.4　例外	2-1
2.5　通知与技术指南的差异	2-1
2.6　地面运输	2-2
2.7　国家当局	2-2
第3章　分类	3-1
第4章　航空运输危险品的限制	4-1
4.1　允许航空运输的危险品	4-1
4.2　除经豁免外禁止航空运输的危险品	4-1
4.3　在任何情况下都禁止航空运输的危险品	4-1
第5章　包装	5-1
5.1　总的要求	5-1
5.2　包装物	5-1
第6章　标签与标志	6-1
6.1　标签	6-1
6.2　标志	6-1
6.3　标志使用的文字	6-1
第7章　托运人的责任	7-1
7.1　总的要求	7-1

	页码
7.2　危险品运输凭证	7-1
7.3　使用的文字	7-1
第8章　经营人的责任	8-1
8.1　运输的接收	8-1
8.2　接收检查清单	8-1
8.3　装货和装载	8-1
8.4　检查破损或渗漏	8-1
8.5　客舱或驾驶舱的装运限制	8-1
8.6　污染的清除	8-1
8.7　分离与隔离	8-1
8.8　危险品装载的固定	8-2
8.9　货机的装载	8-2
第9章　信息的提供	9-1
9.1　向机长提供信息	9-1
9.2　向飞行机组成员提供信息与指示	9-1
9.3　向旅客提供信息	9-1
9.4　向其他人提供信息	9-1
9.5　机长向机场当局提供信息	9-1
9.6　航空器发生事故或事故征候的信息	9-1
第10章　制定训练大纲	10-1
第11章　遵照执行	11-1
11.1　检查制度	11-1
11.2　各国间的合作	11-1
11.3　处罚	11-1
11.4　邮件中的危险品	11-1
第12章　危险品事故和事故征候报告	12-1
第13章　危险品的保安规定	13-1

前言

历史背景

本附件中的材料，是航行委员会为了满足各缔约国要求在国际上有统一的管理危险品安全航空运输的规定而制定的。为了力求能和其他危险品运输方式适用的规定取得一致，本附件的规定是以联合国危险品运输专家委员会的建议以及国际原子能机构安全运输放射性物质的规定为基础制定的。

本附件与《危险品安全航空运输技术指南》的关系（Doc 9284）

附件18的规定是管理危险品的国际航空运输。本附件中概括性的规定，由《危险品安全航空运输技术指南》（Doc 9284）中的具体规定予以详细说明。

缔约国的行动

通知差异 提请各缔约国注意公约第38条所规定的义务。此项义务要求各缔约国将其本国规章和措施与本附件中的《国际标准》及对其作出的修订之间的任何差异通知本组织。如果通知这种差异对航行安全是重要的话，请各缔约国将这种通知扩大到本附件中的建议措施及对其各次修订之间的任何差异。此外，还请各缔约国将随后可能出现的任何差异或撤销前已通知的任何差异随时通知本组织。本附件的每次修订获得通过之后，一项有关通知差异的特别要求将立即发送各缔约国。

除公约第38条规定的各国义务外，还请各国注意《附件15》的规定，即关于通过航行资料服务公布其本国规章和措施与有关的国际民航组织的"标准和建议措施"之间的差异的规定。

应当指出，在本附件第2.2.1款的具体情况下，各国只有在不能接受技术指南的约束时方通知差异。与技术指南中具体规定不同的做法，应按照本附件第2.5款的要求报告国际民航组织，以便在该文件中予以公布。这种与技术指南不同的具体做法将不在本附件的补篇中与其他差异一同公布，也不按照《附件15》的规定予以公布。

资料公布 关于按照本附件规定的标准而提供的影响航空器运行的设施、服务和程序的设置、撤销和更改的资料，应按照《附件15》予以通告和生效。

附件各组成部分的地位

附件由以下各部分组成，但不一定每一附件都具有所有这些部分，各部分的地位如下：

1. 组成附件正文的材料：

a) 标准和建议措施 是根据公约的规定由理事会通过的。其定义如下：

标准 凡有关物理特征、结构、材料、性能、人员或程序的规格，其统一应用被认为对国际航行的安全与正常是必要的，各缔约国将按公约予以遵守：如不可能遵照执行时，则根据公约第38条必须通知理事会。

建议措施 凡有关物理特征、结构、材料、性能、人员或程序的规范，其统一应用被认为对国际航行的安全、正常或效率是有利的，各缔约国将力求按照公约予以遵守。

b) 附录 理事会通过的"标准和建议措施"的一部分，为了方便起见而单独组成的材料。

c) 定义 "标准和建议措施"中所用的术语，这些术语由于在字典中找不到可接受的词义，所以不能自明其意。定义本身并无独立的地位，但它是使用此项术语的每一标准和建议措施中的一个重要部分，因为术语含义的改变将会影响规定的意义。

d) 表和图 附在"标准和建议措施"之后，或用于说明"标准和建议措施"。它是有关的"标准和建议措施"的一部分，并享有同等的地位。

2. 经理事会批准与"标准和建议措施"一起出版的材料：

a) 前言 是根据理事会的行动编写的历史性和解释性材料，其中包括根据公约和通过的决议而产生的各国在适用"标准和建议措施"方面所承担的义务的解释。

b) 引言 是解释性材料，列在附件各篇（部分）、章或节的开头以帮助理解正文的适用范围。

c) 注 在正文中适当地方所加的注解，用以说明有关"标准和建议措施"的事实资料或参考材料，但不构成"标准和建议措施"的一部分。

d) 附篇 对"标准和建议措施"的补充材料，或作为对适用"标准和建议措施"而列入的指导材料。

文字的选择

本附件以中文、阿拉伯文、英文、法文、俄文和西班牙文六种文字通过。要求各缔约国从中选择一种文本直接使用或译成本国文字，以便在本国实施或用于公约规定的其他用途，并相应地将此通知国际民航组织。

编辑上的安排

为了一目了然地表明各条的地位，采用了下列做法："标准"用细体字（中文译本用5号宋体字——译注）；"建议措施"用细斜体字（中文译本用5号楷体字——译注）并冠以"建议"二字以表明其地位；"注"用细斜体字（中文译本用5号楷体字——译注），并冠以"注"字以表明其地位。

应予以注意的是，在英文本中，在编写各项规范时，采用了以下办法："标准"使用助动词"必须（shall）"，而"建议措施"则用助动词"应该（should）"。

凡援引本文件中用编号和/或标题标明的某个部分时，均包括该部分的所有各分款。

前言 *附件18-危险品的安全航空运输*

表A-附件18的修订

修订	根据	内容	通过/批准日期 生效日期 适用日期
第一版	航行委员会的研究		1981.06.26 1983.01.01 1984.01.01
1	危险品专家小组第六次会议	为了与联合国专家委员会及国际原子能机构的建议取得一致的杂项修订。	1982.11.26 1983.03.26 1984.01.01
2	危险品专家小组第五、六和七次会议	改进外包装和单元载运装置的定义；与联合国专家委员会的包装件和外包装的定义保持一致；增加了有关运进或运出机场的地面运输的段落；对向机长提供信息的要求作了修改以表明何时应提供此信息。	1983.06.01 1983.10.01 1984.01.01
3	危险品专家小组第八次会议	对可能允许豁免的情况以及有毒或传染性物质与动物或食品的隔离要求作了澄清。	1985.03.25 1985.07.29 1986.01.01
4 （第二版）	危险品专家小组第十一次会议	通过删除技术细节对附件18的规定进行一般的简化，对各项规定的杂项修订。	1989.02.24 1989.07.23 1989.11.16
5	危险品专家小组第十四和十六次会议	对各国履行《危险品安全航空运输技术指南》（Doc 9284号文件）各项修订责任的澄清。对旅客和机组成员携带危险品例外的澄清。	1999.03.10 1999.07.19 1999.11.04
6 （第三版）	危险品专家小组第七次会议和对附件6第1部分的25次修订	a）对危险品、机组成员、飞行机组成员和机长定义的修改； b）对被飞越国在特殊情况下给予豁免为载运危险品的航空器飞越其领土提供方便的规定的修改； c）有关包装物的规定与技术指南一致； d）增加规定以涵盖根据技术指南对装载和贮藏危险品的要求； e）修改规定，即应由国家承担向旅客提供信息的全部责任； f）修改规定以确保在发生事故或事件后将航空器上作为货物运输 的危险品的情况及时通告处理紧急事态的人员； g）修改规定，采取行动防止货主蓄意违反危险品运输规则方面加强各国之间的合作；和 h）修改驾驶员在紧急情况下提供机上载有危险品情况的规定。	2001.03.07 2001.07.16 2001.11.01
7	危险品专家小组的第18次会议	a）将负责危险品的有关国家当局通知国际民航组织；和 b）提供关于危险品的应急响应信息。	2003.02.24 2003.07.14 2003.11.27

(vii)

24/11/05
No.8

附件18-危险品的安全航空运输 前言

修订	根据	内容	通过/批准日期 生效日期 适用日期
8	危险品专家组第十九次会议	a）改进了第9.6.1段，明确只有在可能涉及危险品的严重事故征候的情况下，才需要报告危险品的存在；和 b）新增第13章，要求各国制定危险品保安措施。	2005.02.16 2005.07.11 2005.11.24

国际标准和建议措施

第1章 定义

下列术语在本附件中使用时具有如下含义：

货机 除客机以外载运物品或物资的任何航空器。

托运物 经营人一次从一个地址、一个托运人处接收的，作为一批中的一件或多件的危险品包装件，运往一个目的地的地址交付给一个收货人。

机组成员 由经营人指定在飞行值勤期内在航空器上担任勤务的人。

危险品 能对健康、安全、财产或环境构成危险，并在技术指南的危险品清单中列明和根据指南进行分类的物品或物质。

危险品事故 与危险品航空运输有关联，造成致命或严重人身伤害或财产损失的事故。

危险品事故征候 不同于危险品事故，但与危险品航空运输有关联，不一定发生在航空器上，但造成人员受伤、财产损害、起火、破损、溢出、液体或放射性渗漏或包装未能保持完整的其他情况。任何与危险品运输有关并严重危及航空器或机上人员的事件也被认为构成危险品事故征候。

例外 本附件对危险品的某一具体项目免除对其通常所适用的要求的规定。

豁免 有关国家当局给予免受本附件规定约束的许可。

飞行机组成员 在飞行值勤器内对航空器运行负有必不可少的职责并持有执照的机组成员。

不相容 对如果将其混合将会导致释放危险的热或气体或产生腐蚀性物质的危险品加以说明。

经营人 从事或提出从事航空运营的个人、组织或企业。

外包装 为便于作业和装载，一托运人将一个或多个包装件放入一个封闭物之中组成一个作业单元。

注：此定义不包括单元载运装置。

包装件 包装作业的完整产品，包括包装和准备运输的内装物。

包装物 具有容纳作用的容器和任何其他部件或材料。

注：放射性材料，见技术指南第2部分7.2段。

客机 除机组人员外，载运任何人员、具有官方身份的经营人的雇员、国家有关当局授权的代表或货运物或其他货物的押运人的航空器。

机长 由经营人（如是通用航空则由所有人）指定的指挥飞行并负责飞行安全操作的驾驶员。

重伤 人在事故中受伤并：

a) 自受伤之日起7天内需住院48小时以上；或

b) 造成任何骨折（手指、足趾或鼻部的简单骨折除外）；或

c) 裂伤引起严重出血，神经、肌肉或腱的损伤；或

d) 涉及内脏器官损伤；或

e) 二度或三度烧伤或影响全身面积5%以上的烧伤；或

f) 经核实曾暴露于传染性物质或有害的辐射。

始发国 货物首先在该国领土内装上航空器的国家。

经营人国家 经营人在该国有主要的业务场所或

如无此业务场所，有永久性住所地的国家。

联合国编号 联合国危险品运输专家委员会用于识别一种物质或一组特定的物质所指定的四位数字编码。

单元载运装置 任何类型的货物集装箱、航空器集装箱、带网的航空器托盘或带网集装棚的航空器托盘。

注：此定义不包括外包装。

第2章 适用范围

2.1 总的适用范围

本附件中的标准和建议措施适用于所有民用航空器的国际运营。在极端紧急或不适宜使用其他运输方式或完全遵照规定的要求与公共利益相违背的情况下，有关国家对这些规定可予以豁免，但在此情况下必须尽全力使运输的总体安全水平达到与这些规定要求的同等的安全水平。对于被飞越国，如果没有相应的予以豁免标准，可依据认为是否已达到同等的航空运输安全水平予以豁免。

注1：有关国家指货运托运的始发、过境、飞越和目的地国家以及经营人国家。

注2：参阅第4.2关于国家对一般属禁运的危险品可给予豁免。

注3：参阅第4.3在任何情况下禁止航空运输的危险品。

注4：本附件无意被理解为要求经营人承运特殊物品或物质，也无意阻止经营人为运输特殊物品或物质制定特殊的要求。

2.2 危险品技术指南

2.2.1 各缔约国必须采取必要的措施，以遵守根据国际民航组织理事会制定的程序而定期批准、公布和修改的载于《危险品安全航空运输技术指南》（9284号文件）中的具体规定。各缔约国还必须采取必要的措施，以遵守某一期技术指南规定的适用期内公布的对此技术指南所做的任何修订。

2.2.2 建议：各缔约国应将执行技术指南中遇到的困难以及任何希望对其进行的修订通知国际民航组织。

2.2.3 建议：如果出于安全的原因对技术指南修订的立即适用尚未在一缔约国得以实施，但该国应对其他缔约国根据此项修订托运至其国家领土内的危险品运输提供便利，前提是这些物品完全符合修订过的要求。

2.3 国内民用航空器的运营

建议：为了安全和尽可能减少危险品在国际运输中的中断，各缔约国也应采取必要措施使国内民用航空器的运营遵守本附件和技术指南。

2.4 例外

2.4.1 本来可能被归类于危险品的某些物品和物质，但根据有关的适航要求和运营规则，或因技术指南列明的其他特殊原因需要装上航空器时，应作为本附件规定的例外。

2.4.2 在航空器上载运2.4.1中所述物品和物质的替换物，或因替换被卸下的物品和物质时，除技术指南允许外，必须按本附件规定运输。

2.4.3 旅客或机组成员携带的特定物品和物质在技术指南规定的范围内不受本附件规定的限制。

2.5 通知与技术指南的差异

2.5.1 如果一缔约国采用的规定不同于技术指南的规定时，则必须将这种国家的差异立即通知国际民航组织，以便在技术指南中公布。

注：如缔约国不能接受技术指南的约束时，希望能按公约第38条通知其与第2.2.1规定的差异。如缔约国采用的规定不同于技术指南中的规定时，则只需按照第2.5款的规定报告。

2.5.2 建议：当经营人制定了比技术指南的规定更加严格的要求时，经营人国家应采必要的措施确保将经营人要求的差异通知国际民航组织，以便在技术指南中公布。

2.6 地面运输

建议：各国应做出规定，使准备交付空运并已根据国际民航组织技术指南准备就绪的危险品应能为地面运输所接受，以运进或运出机场。

2.7 国家当局

每一缔约国必须在其政府内指定一个负责保证遵守本附件的有关当局，并向国际民航组织详细说明。

第3章 分类

应根据技术指南的规定对物品或物质进行分类。

注：危险品分类的详细定义载于技术指南之中。分类列明了与危险品航空运输相关的潜在风险并列举了联合国危险品运输专家委员会建议的分类。

———————

第4章 危险品航空运输的限制

4.1 允许航空运输的危险品

除按本附件和技术指南规定的详细规格和程序外,必须禁止航空运输危险品。

4.2 除经豁免外禁止航空运输的危险品

除非有关国家根据第2.1规定给予豁免或技术指南的规定指明经始发国批准允许运输之外,下列危险品禁止装上航空器:

a) 技术指南中列明禁止在正常情况下运输的物品和物质;

b) 有传染病的活动物。

4.3 在任何情况下都被禁止航空运输的危险品

任何航空器均不得载运技术指南中特别指名或归类禁止在任何情况下由航空运输的物品和物质。

第5章 包装

5.1 总的要求

危险品必须按照本章的规定和技术指南的规定进行包装。

5.2 包装物

5.2.1 航空运输的危险品必须使用优质包装物，该包装物必须构造严密，能够防止在正常的运输条件下由于温度、湿度或压力的变化，或由于振动而引起渗漏。

5.2.2 包装物必须与内装物相适宜，直接与危险品接触的包装物必须能够抗拒该危险品的化学作用或其他作用。

5.2.3 包装物必须符合技术指南中有关材料和构造规格的要求。

5.2.4 包装物必须按照技术指南的规定进行测试。

5.2.5 对基本用于盛装液体的包装物，则必须承受技术指南中所列明的压力而不渗漏。

5.2.6 内包装物的包装、固定或垫衬，必须能使其在航空运输的正常条件下防止破损或渗漏，并能控制其在外包装物内的活动。垫衬和吸湿材料不得与容器内所装物品产生危险反应。

5.2.7 包装物必须在检查后证明其未受腐蚀或其他损坏时，方可再次使用。当包装物再次使用时，必须采取一切必要措施防止随后装入的物品受到污染。

5.2.8 如由于先前内装物的性质，未经清洁的空包装物可能造成危害时，必须将其严密封闭，并按其构成危害的情况加以处理。

5.2.9 包装件外侧不得黏附构成危害数量的危险物质。

第6章 标签与标志

6.1 标签

除技术指南另有规定外，危险品的每个包装件必须贴上适当的标签，并且符合技术指南中的规定。

6.2 标志

6.2.1 除技术指南另有规定外，每一危险品包装件必须标明货物内容的正确运输名称，如指定有联合国编号，则需标明此联合国编号以及技术指南中规定的其他标志。

6.2.2 包装物的规格标志 除技术指南另有规定外，每一按照技术指南的规格制做的包装物，必须按照技术指南中有关的规定予以标明；不符合技术指南中有关包装规格的包装物，不得在其上标明包装物规格的标志。

6.3 标志使用的文字

建议：除始发国要求的文字外，在未制定和采用一种全球更为适宜的表达形式之前，标志上应加用英语以标明有关的危险品。

第7章 托运人的责任

7.1 总的要求

任何人在将危险品的包装件或外包装件提交航空运输前，必须按照本附件和技术指南的规定，保证该危险品不是航空运输禁运的危险品，并正确地进行分类、包装、加标志、贴标签和附带有正确填制的危险品运输凭证。

7.2 危险品运输凭证

7.2.1 除技术指南另有规定外，凡将危险品提交航空运输的人必须为经营人填写、签署和提供危险品运输凭证，凭证中须包括技术指南所要求的资料。

7.2.2 运输凭证必须有危险品托运人的签字声明，完整准确地列明承运的危险品货物的正确名称，并表明危险品是按照有关规定进行分类、包装、加标志和贴标签，并符合航空运输的条件。

7.3 使用的文字

*建议：*除始发国要求的文字外，在未制定和采用一种全球更为适宜的表达形式以前，危险品运输凭证应加用英文。

第8章 经营人的责任

8.1 运输的接收

经营人不得接收危险物品进行航空运输：

a) 除非危险品附带有填制齐备的危险品运输凭证,技术指南表明不需要此类凭证的除外。

b) 除非按照技术指南的接收程序对包装件、外包装或盛装危险品的货物集装箱进行过检查。

注1：参阅第12章关于危险品失事与事故的报告。

注2：有关接收外包装的具体规定载于技术指南。

8.2 接收检查清单

经营人必须制定和使用接收检查清单以协助遵守第8.1的规定。

8.3 装货和装卸

装有危险品的包装件和外包装以及装有放射性材料的货物集装箱必须按照技术指南的规定装货和装载。

8.4 检查损坏或渗漏

8.4.1 装有危险品的包装件、外包装件和装有放射性材料的货物集装箱在装上航空器或装入单元载运装置之前，必须检查是否有渗漏和破损的迹象。渗漏或破损的包装件、外包装件或货物集装箱不得装上航空器。

8.4.2 单元载运装置未经检查并经证实其内装危险品无渗漏或无破损迹象之前不得装上航空器。

8.4.3 装上航空器的危险品的任何包装件如出现破损或渗漏，经营人必须将此包装件从航空器上卸下，或安排由有关当局或机构卸下，在此之后必须保证该托运物的其余部分状况良好并符合航空运输，并保证其他包装件未受污染。

8.4.4 装有危险品的包装件、外包装件和装有放射性材料的货物集装箱在卸下航空器或单元载运装置时，必须检查是否有破损或渗漏的迹象。如发现破损或渗漏的迹象，则必须对航空器装载危险品或单元载运装置的部位进行破损或污染的检查。

8.5 客舱或驾驶舱的装卸限制

除技术指南规定允许的情况之外，危险品不得装载在有旅客乘坐的航空器客舱或驾驶舱内。

8.6 清除污染

8.6.1 当在航空器上发现由于危险品渗漏或破损造成任何有害污染时，必须立即进行清除。

8.6.2 受到放射性材料污染的航空器必须立即停止使用，在任何可接触表面上的辐射程度和非固定污染未符合技术指南规定的数值之前不得重新使用。

8.7 分离与隔离

8.7.1 装有危险品的包装件如相互有危害作用，则不得在航空器上相邻放置或装在发生渗漏时可相互产生作用的位置上。

8.7.2 有毒物质和传染物质的包装件应根据技术指南的规定装载在航空器上。

8.7.3 装有放射性材料的包装件装载在航空器上时，应按照技术指南的规定将其与人员、活动物和未冲洗的胶卷分隔开。

8.8 危险品货物装载的固定

当符合本规定的危险品装载上航空器时，经营人必

附件18-危险品的安全航空运输　　　　　　　　　　　　　　　　　　　　　　　　　　　　　　　　　第2章

须保护危险品不受损坏，必须将这些物品在航空器上加以固定以免在飞行中出现任何移动，而改变包装件的方向。对装有放射性材料的包装件，必须有足够的固定以保证在任何时候都符合第8.7.3款规定的间隔要求。

8.9 货机的装载

除技术指南另有规定之外，标有"只许装货机"标签的危险品包装件，其装载必须使机组人员或其他授权的人员在飞行中能够看到和对其进行处理，并且在体积和重量允许的条件下将它与其他货物分隔开。

第9章 信息的提供

9.1 向机长提供信息

装运危险品的航空器的经营人必须在航空器起飞前尽早向机长提供技术指南中规定的书面信息。

9.2 向机组成员提供信息与指示

经营人必须在运营手册中提供信息，使机组成员能履行其对危险品运输的职责，同时必须提供在出现涉及危险品的紧急情况时应采取的行动的指示。

9.3 向旅客提供信息

各缔约国必须保证其所公布的信息足以能警告旅客关于技术指南规定禁止在航空器上运输的危险物品种类。

9.4 向其他人提供信息

与危险品航空运输有关的经营人、托运人或其他机构必须向其人员提供信息使其能履行与危险品运输有关的职责，并提供在出现涉及危险品的紧急情况时所应采取的行动的指示。

9.5 机长向机场当局提供信息

如果在飞行中发生紧急情况，如情况许可机长必须按照技术指南的规定尽快将机上载有危险品的信息通报有关空中交通服务单位，以便通知机场当局。

9.6 航空器发生事故或事故征候的信息

9.6.1 如出现下列情形：

a）航空器发生事故；或

b）发生作为货物运输危险品可能涉及的严重事故征候。

作为货物运输危险品的航空器经营人必须尽快地将机上危险品的信息，即向机长提供的书面资料所示一样，提供给处理事故或严重事故征候的应急服务机构。经营人也必须尽快将此信息提供给经营人所在国和事故或严重事故征候发生所在国的有关当局。

9.6.2 如航空器发生事故征候，作为货物运输危险品的航空器经营人，如果有要求，必须尽快地将机上危险品的信息，即向机长提供的书面资料所示一样，提供给处理事故征候的应急服务机构和事故征候发生所在国的有关当局。

注：附件13对"事故"、"严重事故征候"和"事故征候"的术语作了定义。

第10章 制定训练大纲

必须按照技术指南中的规定制定和更新危险品训练大纲。

第11章 遵照执行

11.1 检查制度

各缔约国必须建立检查、监督和强制执行程序，以遵守危险品管理规则。

注：这些程序预期应包括检查凭证、货物和经营人的操作的规定以及制定调查涉嫌违章行为的方法（参阅11.3）。

11.2 各国间的合作

建议：各缔约国应就违反危险品管理规则参与和其他国家合作的努力，目的在于消除这种违章行为。合作的努力应包括调查和执行行动的协调；交换管制方遵守规定的信息；联合检查和其他的技术联络，交流技术人员，联席会议和协调会议。可以交换的有关资料包括安全告警、期刊或危险品咨询；建议和完成的管理行动；事故征候报告；事故征候调查得出的文件和其他证据；建议的和最后执行的行动；和适宜公开散发的辅导/宣传材料。

11.3 处罚

11.3.1 各缔约国必须采取其认为适当的措施以实现遵守危险品管理规则，包括对违章行为规定适当的处罚。

11.3.2 建议：各缔约国应采取适当的措施以实现遵守其危险品管理规则，包括当从其他缔约国收到违章行为情报时，例如发现危险品的货物在抵达某一缔约国时未能遵守技术指南的要求，且该国将此事报告给始发国，对违章行为规定适当的处罚。

11.4 邮件中的危险品

建议：各缔约国应建立程序，控制将危险品通过其邮政服务提交航空运输。

注：万国邮政联盟已经建立了控制通过邮政服务将危险品提交航空运输的国际程序。

第12章 危险品事故和事故征候报告

12.1 为避免危险品事故和事故征候的再次发生,各缔约国必须制定程序,对发生在其领土内的涉及来自或发往其他国家的危险品运输的此类事故和事故征候进行调查和编制有关资料。必须根据技术指南的具体规定对这些事故和事故征候进行报告。

12.2 **建议**：为了避免危险品事故和事故征候的再次发生,各缔约国应制定程序,对12.1规定以外的有关发生在其领土内的这类事故和事故征候进行调查和编制有关资料,应根据技术指南的具体规定对这些事故和事故征候进行报告。

第13章 危险品的保安规定

每一缔约国必须制定适用于托运人、经营人和参与航空运输危险品的其他个人的危险品保安措施,用来将可能危害人员、财产或环境的盗窃和滥用危险品的情况,减少到最低限度,这些措施应与其他附件和技术指南中的保安规定相一致。

—— 完 ——

> 《危险品安全航空运输技术指南》是由理事会批准、公布和加以修订，并进一步详述了附件18的基本规定。它们包含危险品安全国际航空运输所需的全部详细指南。尽管其本身不是"标准"，但根据附件18，2.2.1的"标准"，它们享有"标准"的特性。鉴于此，技术指南的详细要求被认为对各国具有约束力，除非缔约国不能接受技术指南的约束，并按照公约第38条通知其与附件18，2.2.1段规定的差异。技术指南由国际民航组织在9284号文件中予以公布，它代表唯一正式的材料来源。

国际民航组织技术出版物

下述概要不仅说明了国际民用航空组织出版的各系列技术刊物的地位，还大体地说明内容。非专属某一系列内容的专业性刊物不包括在内，如《航空图目录》或《国际空中航行气象表》。

国际标准及建议措施 是理事会依据《国际民用航空公约》第54、37和90条通过的，并为方便起见，定为公约的附件。缔约各国对国际标准中所包含的规范的统一应用，被认为是对国际航行的安全或正常是必需的，同时，对建议措施中的规范的统一应用，被认为是对国际航行的安全、正常或效率是有利的。了解一个国家的本国规章或措施与国际标准所建立的规章或措施之间的差异，对于国际航行的安全或正常是必需的。事实上，依据公约第38条，一个国家若不遵守国际标准，则有义务将任何差异通知理事会。了解与建议措施之间的差异对航行安全也是重要的，虽然公约对此没有强加任何义务，但理事会已提请各缔约国，除了与国际标准之间的差异之外，也将这类差异通知理事会。

航行服务程序（PANS） 由理事会批准，在世界范围内实施。它主要包括那些作为国际标准和建议措施还尚不成熟的操作程序，以及具有较永久性质但若编入附件又过于具体的材料或由于经常修订而对公约来说处理起来又过于烦琐的材料。

地区补充程序（SUPPS） 与航行服务程序有相似的地位，即它们都是经理事会批准的，但只在各自地区内实施。由于某些程序适用于重叠的地区或在两个或两个以上的地区是通用的，所以将它们编写成合订本。

以下出版物是依据理事会批准的原则和政策，由秘书长授权编号的。

技术手册 是国际标准、建议措施和航行服务程序的补充材料，并为其便利实施提供指南和信息。

航行计划 对国际民航组织各航行地区的国际航行的设施和服务提出了详细的要求。它们是在地区航行会议的建议和理事会所采取的相应的行动的基础上，由秘书长授权编写的。计划定期地进行修改，以反映出要求的变化和建议的设施和服务实施状况的变动。

国际民航组织通报 对缔约各国感兴趣的问题提供专门信息，包括对技术问题的研究。

附录二

中国民用航空危险品运输管理规定（CCAR-276）

中国民用航空总局令121号

A章 总 则

第276.1条 目的和依据

为了加强民用航空危险品运输管理，保障飞行安全，根据《中华人民共和国民用航空法》和《国务院对确需保留的行政审批项目设定行政许可的决定》（国务院令第412令），制定本规定。

第276.3条 适用范围 本规定适用于下列航空器的运行：

（a）在中华人民共和国登记的民用航空器；

（b）在中华人民共和国境内运行的外国民用航空器。

第276.5条 定义

本规定中用语的含义在附录A中规定。

第276.7条 基本要求

（a）使用民用航空器（以下简称航空器）载运危险品的运营人，应先行取得局方的危险品航空运输许可。

（b）实施危险品航空运输应满足下列要求：

（1）国际民用航空组织发布的现行有效的《危险品航空安全运输技术细则》（Doc 9284-AN/905），包括经国际民用航空组织理事会批准和公布的中国民用航空危险品运输管理规定（民航总局令第121号）补充材料和任何附录（以下简称技术细则）；

（2）局方的危险品航空运输许可中的附加限制条件。

第276.9条 例外

（a）本来可能被归类于危险品的某些物品和物质，但根据有关适航和运行规章要求，或因技术细则列明的其他特殊原因需要装上航空器时，不受本规定的限制。

（b）对于航空器上载运的物质是用于替换或属于被替换的（a）中所述物品和物质时，除技术细则允许外，应当按本规定运输。

（c）在技术细则规定范围内，旅客或机组成员携带的特定物品和物质不受本规定的限制。

第276.11条 管理机构

（a）中国民用航空总局（以下简称民航总局）对本规定276.3条适用范围内的危险品航空运输活动实施监督管理；民航地区管理局依照授权，监督管理本辖区内的危险品航空运输活动。

（b）局方应当根据管理权限，对危险品航空运输活动进行监督检查。

（c）局方实施监督检查，不得妨碍被检查单位正常的生产经营活动，不得索取或者收受被许可人财物，不得谋取其他利益。

第276.13条　监督检查

（a）从事航空运输活动的单位和个人应当接受局方关于危险品中国民用航空危险品运输管理规定（民航总局令第121号）航空运输方面的监督检查，以确定其是否符合本规定的要求。

（b）局方可根据本条（a）款检查的结果或任何其他证据，确定该单位和个人是否适于继续从事相关航空运输活动；对违反本规定的行为，按本规定N章要求追究其法律责任。

B章　危险品航空运输的限制

第276.23条　一般原则

除符合本规定和技术细则规定的规范和程序外，禁止危险品航空运输。

第276.25条　限制运输

除民航总局予以豁免或者按照技术细则规定经始发国批准允许运输的情况外，下列危险品禁止装上航空器：

（a）技术细则中规定禁止在正常情况下运输的物品和物质；

（b）被感染的活体动物。

第276.27条　禁止运输

技术细则中规定的在任何情况下禁止航空运输的物品和物质，任何航空器均不得载运。

第276.29条　豁免

有下列情形之一的，民航总局可针对本规定第276.25条给予豁免：

（a）情况特别紧急；中国民用航空危险品运输管理规定（民航总局令第121号）；

（b）不适于使用其他运输方式；

（c）公众利益需要。

第276.31条　航空邮件

（a）除技术细则中另有规定外，不得通过航空邮件邮寄危险品或者在航空邮件内夹带危险品。

（b）不得将危险品匿报或者谎报为普通物品作为航空邮件邮寄。

C章　危险品航空运输的申请和许可

第276.41条　申请

（a）危险品航空运输的申请人应当按规定的格式和方法提交申请书，申请书中应当包含局方要求申请人提交的所有内容。

（b）民航地区管理局负责为申请人提供咨询信息，回答申请人提出的关于进行危险品航空运输应满足条件的相关问题，为申请人提供法规、规章和其他相应的规范性文件以及申请文件的标准格式。

（c）申请危险品航空运输的国内运营人，应当在提交申请书的同时，提交下列文件：

（1）拟运输危险品的类别和运行机场的说明；

（2）危险品手册；

（3）危险品训练大纲；

（4）为实施危险品航空运输而进行的人员训练说明；

（5）危险品事故应急救援方案；中国民用航空危险品运输管理规定（民航总局令第121号）；

（6）符合性声明；
（7）局方要求的其他文件。
（d）申请危险品航空运输的外国运营人，应当在提交申请书的同时，提交下列文件：
（1）运营人所在国颁发的危险品航空运输许可文件；
（2）拟运输危险品的类别和运行机场的说明；
（3）运营人所在国认可的危险品手册或等效文件；
（4）运营人所在国批准的危险品训练大纲或等效文件；
（5）符合本规定第276.159条（b）款训练要求的说明；
（6）局方要求的其他文件。
（e）对于本条（d）款中所要求提交的许可、批准及豁免文件，如使用的是中文或英文以外的其他文字，应附带准确的中文或英文译本。

第276.43条　受理

申请人按照本规定第276.41条的要求准备其申请文件，向民航地区管理局提出正式申请。民航地区管理局应在五个工作日内作出是否受理申请的决定。如受理申请，对后续的审查工作作出安排；如不受理，应当书面通知申请人并说明理由。

第276.45条　审查

（a）文件审查

中国民用航空危险品运输管理规定（民航总局令第121号）民航地区管理局对申请人的危险品训练大纲、手册和相关文件进行详细审查，对危险品训练大纲进行初始批准，对危险品手册予以认可。

（b）验证检查

申请人按初始批准的训练大纲进行训练，按认可的危险品手册建立相关管理和操作程序；民航地区管理局对训练质量和相关程序进行验证检查，确保其符合本规定和技术细则的要求。

第276.47条　决定

（a）经过审定，确认申请人符合下列全部条件后，局方为申请人颁发危险品航空运输许可文件：
（1）危险品训练大纲获得局方批准，危险品手册和相关文件获得局方的认可；
（2）配备了合适的和足够的人员并按训练大纲完成训练；
（3）按危险品手册建立了危险品航空运输管理和操作程序、应急方案；
（4）有能力按本规定、技术细则和危险品手册实施运行。
（b）审查不合格的，局方在作出不许可决定前，告知申请人可在5个工作日内申请听证；作出不许可决定后，书面告知申请人，说明理由，并告知其进行复议和诉讼的权利。

第276.49条　期限

局方受理危险品航空运输申请后，应当在二十个工作日内对申请人的申请材料进行审查并作出许可决定。需要进行专家评审时，评审时间不计入前述二十个工作日的期限，局方应将所需评审时间书面告知申请人。

第276.51条　许可的形式和内容

局方通过颁发运行规范或批准函的形式给予危险品航空运输许可，许可应包含下列内容：
（a）说明该运营人应按本规定和技术细则的要求，在局方批准的运行范围内实施运行；

（b）批准运输的危险品类别；
（c）批准实施运行的机场；
（d）许可的有效期及限制条件；
（e）局方认为必需的其他项目。

第276.53条　许可的有效期

危险品航空运输许可有效期最长不超过两年。出现下列情形之一的，危险品航空运输许可失效：

（a）运营人书面声明放弃；
（b）局方撤销许可或中止该危险品航空运输许可的有效性；
（c）运营人的运行合格证被暂扣、吊销或因其他原因而失效；
（d）对于外国航空运营人，其所在国颁发的危险品航空运输许可失效。

第276.55条　许可的变更与延续

（a）危险品航空运输被许可人要求变更许可事项的，应当向民航地区管理局提出申请；符合本规定要求的，局方应当依法办理变更手续。

（b）危险品航空运输被许可人需要延续许可有效期的，应当在许可有效期满三十个工作日前向民航地区管理局提出申请；局方应在许可有效期满之前作出是否准予延续的决定；逾期未作决定的，视为准予延续。

D章　危险品手册的要求

第276.57条　一般要求

（a）运营人应制定危险品手册，并获得局方的认可；
（b）危险品手册可以编入运营人运行手册或运营人操作和运输业务的其他手册；
（c）运营人应当建立和使用适当的修订系统，以保持危险品手册的最新有效；
（d）运营人应当在工作场所方便查阅处，为危险品航空运输有关人员提供其所熟悉的文字写成的危险品手册。

第276.59条　手册的内容

危险品手册至少应包括下列内容：

（a）运营人危险品航空运输的总政策；
（b）有关危险品航空运输管理和监督的机构和职责；
（c）危险品航空运输的技术要求及其操作程序；
（d）旅客和机组人员携带危险品的限制；
（e）危险品事件的报告程序；
（f）托运货物和旅客行李中隐含的危险品的预防；
（g）运营人使用自身航空器运输运营人物质的管理程序；
（h）人员的训练；
（i）通知机长的信息；
（j）应急程序；
（k）其他有关安全的资料或说明。

第276.61条 实施

运营人应采取所有必要措施,确保运营人及其代理人雇员在履行相关职责时,充分了解危险品手册中与其职责相关的内容,并确保危险品的操作和运输按照其危险品手册中规定的程序和指南实施。

第276.63条 局方通知

局方可通过书面通知要求运营人对危险品手册的相关内容、分发或修订做出调整。

E章 危险品的运输准备

第276.73条 一般要求

航空运输的危险品应根据技术细则的规定进行分类和包装,提交正确填制的危险品航空运输文件。

第276.75条 包装容器

(a)航空运输的危险品应当使用优质包装容器,该包装容器应当构造严密,能够防止在正常的运输条件下由于温度、湿度或压力的变化,或由于振动而引起渗漏。

(b)包装容器应当与内装物相适宜,直接与危险品接触的包装容器不能与该危险品发生化学反应或其他反应。

(c)包装容器应当符合技术细则中有关材料和构造规格的要求。

(d)包装容器应当按照技术细则的规定进行测试。

(e)对用于盛装液体的包装容器,应当承受技术细则中所列明的压力而不渗漏。

(f)内包装应当进行固定或垫衬,控制其在外包装容器内的移动,以防止在正常航空运输条件下发生破损或渗漏。垫衬和吸附材料不得与内装物发生危险反应。

(g)包装容器应当在检查后证明其未受腐蚀或其他损坏时,方可再次使用。当包装容器再次使用时,应当采取一切必要措施防止随后装入的物品受到污染。

(h)如由于先前内装物的性质,未经彻底清洗的空包装容器可能造成危害时,应当将其严密封闭,并按其构成危害的情况加以处理。

(i)包装件外部不得粘附构成危害数量的危险物质。

第276.77条 标签

除技术细则另有规定外,危险品包装件应当贴上适当的标签,并且符合技术细则的规定。

第276.79条 标记

(a)除技术细则另有规定外,每一危险品包装件应当标明货物的运输专用名称。如有指定的联合国编号,则需标明此联合国编号以及技术细则中规定的其他相应标记。

(b)除技术细则另有规定外,每一按照技术细则的规格制作的包装容器,应当按照技术细则中有关的规定予以标明;不符合技术细则中有关包装规格的包装容器,不得在其上标明包装容器规格的标记。

第276.81条 标记使用的文字

国际运输时,除始发国要求的文字外,包装上的标记应加用英文。

F章 托运人的责任

第276.91条 人员资格要求

托运人应当确保所有办理托运手续和签署危险品航空运输文件的人员已按本规定和技术细

则要求接受相关危险品知识训练。

第276.93条　托运要求

（a）将危险品的包装件或合成包装件提交航空运输前，应当按照本规定和技术细则的规定，保证该危险品不是航空运输禁运的危险品，并正确地进行分类、包装、加标记、贴标签、提交正确填制的危险品航空运输文件。禁止以非危险品品名托运危险品。

（b）托运国家法律、法规限制运输的危险品，应当提供相应主管部门的有效证明。

第276.95条　危险品航空运输文件

（a）除技术细则另有规定外，凡将危险品提交航空运输的人应当向运营人提供正确填写并签字的危险品航空运输文件，文件中须包括技术细则所要求的内容。

（b）运输文件中应当有危险品托运人的签字声明，完整准确地列明交运的危险品货物的运输专用名称，表明危险品是按照技术细则的规定进行分类、包装、加标记和贴标签，并符合航空运输的条件。

第276.97条　使用的文字

国际运输时，除始发国要求的文字外，危险品航空运输文件应加用英文。

G章　运营人的责任

第276.107条　货物收运

（a）运营人应当制定检查措施防止普通货物中隐含危险品。

（b）运营人接收危险品进行航空运输应当符合下列要求：

（1）除技术细则另有要求外，附有完整的危险品航空运输文件；

（2）按照技术细则的接收程序对包装件、合成包装件或盛装危险品的专用货箱进行过检查；

（3）确认危险品航空运输文件由托运人签字，并且签字人已按本规定的要求训练合格。

第276.109条　收运检查单

运营人应制定和使用收运检查单以协助遵守第276.107条的规定。

第276.111条　装载

装有危险品的包装件和合成包装件以及装有放射性物质的专用货箱应当按照技术细则的规定装载。

第276.113条　检查损坏或泄漏

（a）装有危险品的包装件、合成包装件和装有放射性物质的专用货箱在装上航空器或装入集装器之前，应当检查是否有泄漏和破损的迹象。泄漏或破损的包装件、合成包装件或专用货箱不得装上航空器。

（b）集装器未经检查并经证实其内装危险品无泄漏或无破损迹象之前不得装上航空器。

（c）装上航空器的危险品的任何包装件如出现破损或泄漏，运营人应将此包装件从航空器上卸下，或安排由有关当局或机构卸下。在此之后应当保证该交运货物的其余部分状况良好并符合航空运输，并保证其他包装件未受污染。

（d）装有危险品的包装件、合成包装件和装有放射性物质的专用货箱在卸下航空器或集装器时，应当检查是否有破损或泄漏的迹象。如发现破损或泄漏的迹象，则应当对航空器或集装器装载危险品的部位进行破损或污染的检查。

第276.115条　客舱或驾驶舱的装载限制

除技术细则规定允许的情况之外,危险品不得装载在驾驶舱或有旅客乘坐的航空器客舱内。

第276.117条　清除污染

(a)当在航空器上发现由于危险品泄漏或破损造成任何有害污染时,应当立即进行清除。

(b)受到放射性物质污染的航空器应当立即停止使用,在任何可接触表面上的辐射程度和非固着污染未符合技术细则规定的数值之前,不得重新使用。

第276.119条　分离和隔离

(a)装有性质不相容危险品的包装件,不得在航空器上相邻放置或装在发生泄漏时可相互产生作用的位置上。

(b)毒害品和感染性物质的包装件应根据技术细则的规定装载在航空器上。

(c)装有放射性物质的包装件装载在航空器上时,应按照技术细则的规定将其与人员、活动物和未冲洗的胶卷分隔开。

第276.121条　危险品货物装载的固定

当符合本规定的危险品装上航空器时,运营人应当保护危险品不受损坏,应当将这些物品在航空器上加以固定以免在飞行中出现任何移动而改变包装件的指定方向。对装有放射性物质的包装件,应当充分固定以保证在任何时候都符合第276.119条(c)款规定的间隔要求。

第276.123条　仅限货机危险品的装载

除技术细则另有规定外,标有"仅限货机"标签的危险品包装件,其装载应当使机组人员或其他经授权的人员在飞行中能够看到和对其进行处理,并且在体积和重量允许的条件下将它与其他货物分开。

第276.125条　存储

运营人应确保收运危险品的存储符合下列要求:

(a)国家法律、法规对相关危险品存储的要求;

(b)技术细则中有关危险品存储、分离与隔离的要求。

第276.127条　文件保存

运营人应在载运危险品的飞行终止后,将危险品航空运输的相关文件保存十二个月以上。上述文件至少包括收运检查单、危险品航空运输文件、航空货运单和机长通知单。

H章　信息的提供

第276.133条　向机长提供信息

装运危险品的航空器的运营人应当在航空器起飞前尽早向机长提供技术细则中规定的书面信息。

第276.135条　向机组成员提供信息与指示

运营人应当在运行手册中提供信息,使机组成员能履行其对危险品航空运输的职责,同时应当提供在出现涉及危险品的紧急情况时应采取行动的指南。

第276.137条　向旅客提供信息

运营人及机场当局应向旅客提供足够信息,告知有关技术细则规定禁止旅客带上航空器的危险品种类。

第276.139条　向托运人提供信息

在货物收运处，运营人及机场当局应当向托运人提供足够信息，告知危险品航空运输的相关要求和法律责任。

第276.141条 向其他人提供信息

与危险品航空运输有关的运营人、托运人或机场当局等其他机构应当向其人员提供信息，使其能履行与危险品航空运输有关的职责，同时应当提供在出现涉及危险品的紧急情况时应采取行动的指南。

第276.143条 机长向机场当局提供信息

如果在飞行中发生紧急情况，如情况许可，机长应当按照技术细则的规定尽快将机上载有危险品的信息通报有关空中交通管制部门，以便通知机场当局。

第276.145条 航空器发生事故或事故征候的信息

（a）载运危险品货物的航空器发生事故，运营人应当尽快将机上危险品的信息提供给处理机载危险品的应急服务机构，该信息应与向机长提供的书面资料相同。

（b）载运危险品货物的航空器发生事故征候，如有要求，运营人应尽快将机上危险品的信息提供给处理机载危险品的应急服务机构，该信息应与向机长提供的书面资料相同。

第276.147条 危险品事故或事件的信息

（a）运营人应向局方和事故或事件发生地所在国报告任何危险品事故或事件。

（b）初始报告可以用各种方式进行，但所有情况下都应尽快完成一份书面报告。

（c）若适用，书面报告应当包括下列内容：

（1）事故或事件发生日期；

（2）事故或事件发生的地点、航班号和飞行日期；

（3）有关货物的描述及货运单、邮袋、行李标签和机票等的号码；

（4）已知的运输专用名称（包括技术名称）和联合国编号；

（5）类别或项别以及次要危险性；

（6）包装的类型和包装的规格标记；

（7）涉及数量；

（8）发货人或旅客的姓名和地址；

（9）事故或事件的其他详细情况；

（10）事故或事件的可疑原因；

（11）采取的措施；

（12）书面报告之前的其他报告情况；

（13）报告人的姓名、职务、地址和联系电话。

（d）相关文件的副本与照片应附在书面报告上。

I章 训 练

第276.155条 一般要求

（a）无论运营人是否持有按本规定颁发的危险品航空运输许可文件，都应保证第276.159条中相关类别的人员训练合格。运营人应当：

（1）制定符合技术细则要求的训练大纲，并按训练大纲进行训练；该训练大纲：

（i）对于国内运营人，应符合本规定第276.157条的要求并获得局方的初始批准和最终批准；

（ii）对于外国运营人，应获得局方的认可。

（2）根据训练大纲要求，提供实施训练所需的教材和考试题等资料，并使其保持现行有效。

（3）提供合适的足够的教员，以实施所要求的训练。

（b）危险品的托运人，包括包装人员和托运人的代理人应确保其人员按技术细则的要求训练合格。

（c）下列机构应确保其人员按经局方批准的训练大纲训练合格：

（1）代表运营人对货物进行接收、操作、装载、卸载、搬运或其他操作的代理机构；

（2）驻地在机场，代表运营人从事旅客作业的代理机构；

（3）驻地不在机场，代表运营人办理旅客乘机手续的代理机构；

（4）运营人以外参与货物操作的机构；

（5）机场当局对货物、邮件、旅客及其行李进行安全检查的机构。

（d）为保证知识更新，应在二十四个日历月内完成复训；在要求进行训练的那个日历月之前一个或之后一个的日历月中完成了复训的人员，都被视为在所要求的那个日历月中完成了训练。

（e）负责每一段训练的每个教员或主管人员，在完成这些训练后，应当对被训练人员的知识水平做出合格证明。这种合格证明应当作为该人员训练记录的一部分。

第276.157条 训练大纲的制订要求

（a）训练大纲应根据各类人员的职责需要来制订，并且符合技术细则的要求。

（b）每种训练大纲应包括初始训练和定期复训两个类别，其中包含课程设置和考试要求。每一课程设置中应当列明所训练的内容、计划小时数和考试的相关要求等。

（c）每种训练大纲还应当包括下列内容：

（1）受训人员的进入条件及训练后应当达到的质量要求；

（2）将使用的训练机构、设施、设备的清单；

（3）所使用的教员的资格要求；

（4）若适用，运营人危险品手册的使用要求；

（5）国家相关的法律法规要求。

第276.159条 运营人及其代理人的训练要求

（a）除本条（b）款的规定外，下列各类人员未按经局方批准的危险品训练大纲进行训练或训练不合格，运营人不得安排其从事相关工作，该人员也不得接受运营人安排的相关工作：

（1）运营人及其代理人的危险品收运人员；

（2）运营人及其代理人从事货物及行李地面操作、存储及装载的人员；

（3）旅客作业人员和负责对货物、邮件、旅客及其行李进行安全检查的人员；

（4）飞行机组和配载员；

（5）飞行机组以外的其他机组成员；

（6）运营人及其代理人除第（1）项以外的货物收运人员。

（b）外国运营人应确保其在中华人民共和国境内从事航空运输活动的上述人员按下列要求训练合格：

（1）运营人所在国批准的训练大纲；或

（2）局方批准的训练大纲。

（c）按局方批准的训练大纲训练合格的人员，可为不同运营人代理（a）款中同一类别人员的工作，但运营人应确保其符合以下条件：

（1）在同等职责范围内，其训练水平足以胜任指定的工作；

（2）遵守运营人危险品手册要求。

第276.161条　训练大纲及其修订的批准

（a）申请训练大纲及其修订的初始批准和最终批准时，运营人或相关机构应当向局方提交按本规定第276.157条制订或修订的训练大纲，并提供局方要求的有关资料。

（b）对于符合本章要求的训练大纲或其修订，局方以书面形式发出初始批准，运营人或相关机构即可依照该大纲进行训练。在训练中局方对该训练大纲的训练效果做出评估，指出应当予以纠正的缺陷。

（c）运营人或相关机构按照初始批准的训练大纲所进行的训练，能使每个受训人员获得充分的训练，完成其指定任务的，局方可为其颁发该训练大纲或其修订的最终批准。

（d）当局方认为，为了使已经获得最终批准的训练大纲继续保持良好训练效果，应当对其作某些修订时，则运营人或相关机构在接到局方的通知之后，应当对大纲进行相应的修改。运营人或相关机构在接到这种通知后三十日之内，可向局方提出重新考虑的请求。在对重新考虑的请求未做出决定的期间，该通知暂停生效。

第276.163条　训练记录

按本规定要求进行训练的人员应将训练记录保存三年，并随时供局方查阅。

J章　保安要求

第276.175条　保安

危险品托运人、运营人和涉及危险品航空运输的其他人员应遵守国家对危险品的保安规定，并采取适当措施防止危险品被盗或不正当使用而使人员或财产受到危害。

N章　法律责任

第276.301条　局方工作人员

局方工作人员违反行政许可法关于办理许可事项的有关规定，对不符合规定条件的申请人颁发危险品航空运输许可，或者对符合规定条件的申请人不予颁发危险品航空运输许可的，由其上级行政机关或者监察机关责令改正，对直接负责的主管人员和其他直接责任人员依法给予行政处分。

在办理危险品航空运输许可、实施监督检查的过程中，索取、收受他人财物或者谋取其他利益，构成犯罪的，依法追究刑事责任；尚不构成犯罪的，由其上级行政机关或者监察机关依法给予行政处分。

第276.303条　托运人

（a）托运人违反本规定，交运危险品有任何下列情形之一的，由局方责令改正，并可处以警告或一千元以上一万元以下的罚款：

（1）未按规定对危险品进行妥善包装；

（2）未作相应分类、标记、标签，或者所分类、标记、标签内容错误；

（3）未填制、未如实填制或者未正确填制危险品航空运输文件。

（b）在托运的普通货物中夹带危险品或者将危险品匿报、谎报为普通货物托运，由局方责令改正,并可处以警告和一万元以上三万元以下的罚款。

(c)托运人有(b)款所述行为,构成犯罪的,依照刑法的有关规定,依法追究刑事责任。

第276.305条 运营人

(a)运营人违反本规定,未取得危险品航空运输许可,擅自从事危险品航空运输,根据《中华人民共和国民用航空法》第一百九十四条规定,由局方没收违法所得,可以并处违法所得一倍以下的罚款。

(b)运营人有(a)款行为,导致发生重大事故的,没收违法所得,判处罚金;并对直接负责的主管人员和其他直接责任人员依照刑法的有关规定追究刑事责任。

(c)运营人违反本规定,收运危险品有下列情形之一的,由局方责令改正,可处警告或一千元以上三万元以下的罚款,暂扣运营人危险品航空运输许可一至六个月;情节严重的,可吊销运营人危险品航空运输许可:

(1)不认真检查危险品航空运输文件及相应有效证明造成误收、误运;

(2)未按规定收运、储存、装载和检查危险品包装件、合成包装件和专用货箱;

(3)不按规定提供相关信息或者文件;

(4)不按规定进行事故和事件报告;

(5)不按规定保留相关文件。

第276.307条 航空邮件

违反本规定,航空邮寄或者在航空邮件内夹带危险品,或者将危险品匿报、谎报为普通物品航空邮寄的,按国家有关规定处理。

第276.309条 训练

(a)运营人、托运人或第276.155条(c)款要求的相关机构不按规定对其人员进行危险品训练或者训练不符合本规定要求的,由局方责令改正,并可处以警告或一千元以上三万元以下的罚款。

(b)任何人员违反本规定训练要求从事相关航空运输活动的,由局方处以警告或一千元以下的罚款。

P章 附 则

第276.329条 施行

本规定自2004年9月1日起施行。民航总局1996年2月27日发布的《中国民用航空危险品运输管理规定》同时废止。

附录A 定 义

下列术语在本规定中使用时具有如下含义:

危险品:能对健康、安全、财产或环境构成危险,并在技术细则的危险品清单中列明和根据技术细则进行分类的物品或物质。

技术细则:是指国际民用航空组织发布的现行有效的《危险品航空安全运输技术细则》(Doc 9284-AN/905)的文件,包括经国际民用航空组织理事会决定批准和公布的补充材料和任何附录。

运营人:从事或提供航空器运行的人、组织或企业。

局方:指民航总局、民航地区管理局及其派出机构。

境内运行：本规定所指的境内运行包括航空器在中华人民共和国境内起飞、着陆和飞越的运行。

货机：除客机以外载运物品或物质的任何航空器。

客机：除机组成员以及其他执勤的运营人雇员、国家有关当局授权的代表或托运货物或其他货物的押运人外，载运任何人员的航空器。

托运货物：运营人一次从一个地址、一个托运人处接收的运往一个目的地地址交付给一个收货人的作为一批中的一件或多件的危险品包装件。

机长：由运营人或通用航空的所有人指定的在飞行中负有指挥职能并负责飞行安全操作的驾驶员。

机组成员：由运营人指定在飞行值勤期内在航空器上执行勤务的人员。

飞行机组成员：在飞行值勤期内对航空器运行负有必要责任并持有执照的机组成员。

危险品事故：与危险品航空运输有关联，造成致命或严重人身伤害或财产损失的事故。

危险品事件：不同于危险品事故，但与危险品航空运输有关联，不一定发生在航空器上，但造成人员受伤、财产损失、起火、破损、溢出、液体或放射性物质渗漏或包装未能保持完好的其他情况。任何与危险品航空运输有关并严重危及航空器或机上人员的事件也视为危险品事件。

例外：本规定对危险品的某一具体项目免除对其通常所适用的要求的规定。

豁免：民航总局给予免受本规定约束的许可。

不相容：对如果将其混合将会导致危险地释放热量或气体或产生腐蚀性物质的危险品性质的描述。

运营人物质（COMAT）：运营人拥有或使用的物质。

包装件：包装作业的完整产品，包括包装和准备运输的内装物。

合成包装件（overpack）：为便于作业和装载，一托运人将一个或多个包装件放入一个封闭物之中组成一个作业单元，此定义不包括集装器。

集装器（unit load device）：任何类型的货物集装箱、航空器集装箱、带网的航空器集装板或带网和棚的航空器集装板。

包装容器：具有容纳作用的容器和任何其他部件或材料。对于放射性物质，见技术细则第2部分7.2段。

重伤：人在事故中受伤并：

（a）自受伤之日起7天内需住院48小时以上；或

（b）造成任何骨折（手指、足趾或鼻部的简单骨折除外）；或

（c）裂伤引起严重出血，神经、肌肉或腱的损伤；或

（d）涉及内脏器官损伤；或

（e）二度或三度烧伤或影响全身面积5%以上的烧伤；或

（f）经核实曾暴露于感染性物质或有害的辐射。

始发国：货物最初在该国领土内装上航空器的国家。

运营人国家：运营人在该国有主要的业务场所，或者，如无此业务场所，有永久性居住地的国家。

联合国编号：联合国危险品运输专家委员会用于识别一种物质或一组特定的物质所指定的

四位数字编码。

地面操作代理人：指代表运营人接收、操作、装卸、转运或以其他方式参与货物、旅客或行李作业服务的人。

配载员：就危险品而言，是指运营人所任命的负责以下一种或者多种职责的人员：

（a）指明危险品应当装在航空器上的位置；

（b）指明危险品与其他危险品、其他货物或者旅客在航空器上的必要间隔；

（c）准备供机长使用的信息；

（d）为机长提供危险品应急反应信息。

参考文献

[1] 白燕. 民航危险品运输基础知识. 北京：中国民航出版社，2010.
[2] 刘敏文，范贵根，方洪仙，陆东，王俊. 危险货物运输管理教程. 北京：人民交通出版社，2002.